Niederen Tauern
Mariazell
Hieflau
Selzthal
Trieben
Schoberpaß
Triebener Tauern
Bruck an der Mur
Kapfenberg
Leoben
Seckauer Tauern
St. Michael
Gaaler Tauern
Knittelfeld
Zeltweg
Scheifling
Judenburg
Graz
Wolfsberg

AUFERBAUER / NIEDERE TAUERN

Stocker

Günter u. Luise Auferbauer

NIEDERE TAUERN

LEOPOLD STOCKER VERLAG
GRAZ UND STUTTGART

Umschlagentwurf:
Atelier Geyer, Albersdorf

Umschlagfoto:
Ausblick vom Windsfeld über die hintere Lantschfeldalm zum Hochfeindkamm. V.l.n.r.: Hochfeind, Große Guglspitze, Rothenkarscharte und Zwillingwand. Vor der Rothenkarscharte die Labspitze. Links von ihr die Jokasalm (zum Teil nicht einsehbar), rechts von der Labspitze die Gebreinspitze.
Foto: G. Auferbauer

Vorsatz und Nachsatz:
Überblick auf die Gebirgsgruppe Niedere Tauern, deren größter Teil im Bundesland Steiermark liegt.

Skizzen:
G. Auferbauer

CIP-Kurztitelaufnahme der Deutschen Bibliothek
Auferbauer, Günter:
Niedere Tauern / Günter und Luise Auferbauer. — Graz; Stuttgart: Stocker, 1987
ISBN 3-7020-0531-5

NE: Auferbauer, Luise:

ISBN 3-7020-0531-5

Printed in Austria.
Druck- und Verlagshaus, M. Theiss, Ges. m. b. H.,
Schleifen 11, A-9400 Wolfsberg

Inhaltsverzeichnis

Niedere Tauern

Das Bergsteigen feiert in diesem Gebirge bald ein Jubiläum, denn vor rund 200 Jahren erstiegen Lungauer Bürger den Hochgolling. Damals war nicht nur der höchste Gipfel der Niederen Tauern erreicht, sondern erst recht ein Tor zur alpinen Erlebniswelt aufgestoßen worden. Es war just jene Zeit, in der Menschen dem weitreichenden Ruf Jean-Jacques Rousseaus folgten: „Zurück zur Natur."

Nie war die Sehnsucht der Menschen nach naturnahem Erleben so groß wie jetzt.

Wenn wir Ihnen die Niederen Tauern vorstellen, dann geben wir mit allen Texten und Bildern jene Einladung an Sie weiter, die auch an uns ergangen ist: aus Erzählungen, Berichten, Schilderungen und erst recht aus einer Fülle eigener Tourenerlebnisse während dreier Jahrzehnte.

Was uns jedoch im besonderen bewogen hat, die Niederen Tauern in einem solchen Band vorzustellen, ist das Bedürfnis, unsere Steiermark einmal mehr als ein Land der Vielfalt darzustellen. Wohl hat das Bundesland Salzburg mit den Radstädter Tauern sowie mit einem großen Teil der Schladminger Tauern einen beachtlichen Anteil an den Niederen Tauern. Doch dieses insgesamt 130 km lange und rund 3500 km² große Gebirge erstreckt sich mit seinem erheblichsten Anteil bis in die Mitte der Steiermark.

Die Niederen Tauern haben in der Gegenwart auch auf politischer Ebene eine besondere Aufmerksamkeit erhalten. Die Gründe dafür liegen in der Schaffung eines künftigen Nationalparks.

Dieses Buch ist deshalb keineswegs nur eine oberflächliche Einladung, in einem Teil dieses Gebirges frohe Tage oder zumindest frohe Stunden zu verbringen. Dazu hätte es nicht entstehen müssen. Viel eher sollten die Niederen Tauern als jenes Ganze erfaßt werden, dessen Einheit in die Zukunft übertragen werden muß. Die Täler, Seen, Waldstufen, Almböden, Karlandschaften und schließlich die Gipfelregionen bedingen einander.

Dieses Buch widmen wir allen gleichgesinnten Menschen, vor allem aber unseren Freunden.

Graz, im Sommer 1987 *Günter und Luise Auferbauer*

Auf dem Weg zum Nationalpark

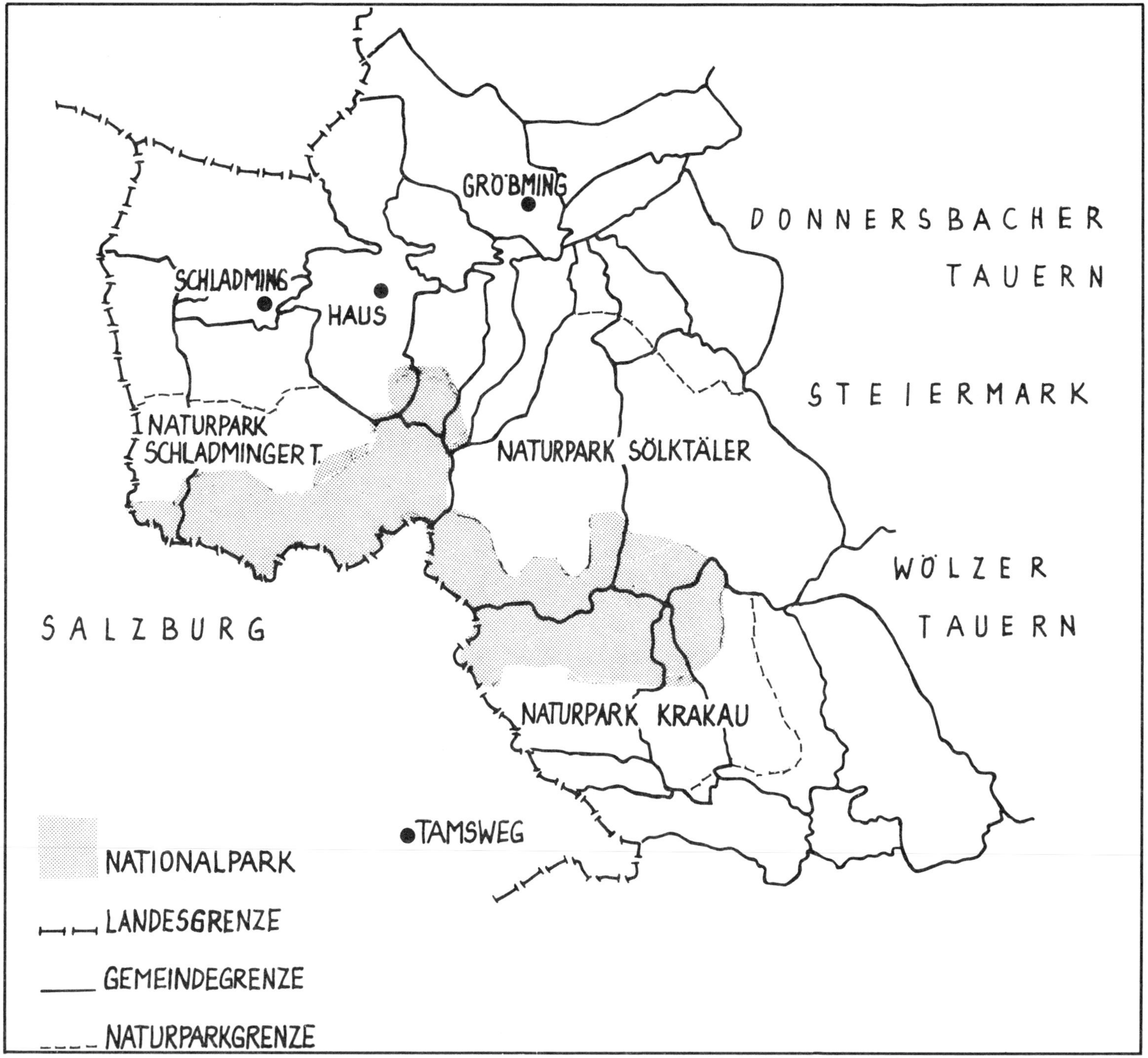
DONNERSBACHER
TAUERN
STEIERMARK
WÖLZER
TAUERN
GRÖBMING
SCHLADMING
HAUS
NATURPARK
SCHLADMINGER T.
NATURPARK SÖLKTÄLER
SALZBURG
NATURPARK KRAKAU
TAMSWEG
NATIONALPARK
LANDESGRENZE
GEMEINDEGRENZE
NATURPARKGRENZE

Auf dem Weg zum Nationalpark

Im Jahre 1913 war Prof. Paschinger gewillt, ein 150 km² großes Gebiet für einen „Nationalpark Schladminger Tauern“ zu erwerben.

Der aus Wien stammende Erschließer der Schladminger Tauern, Hans Wödl, hält in seinem 1924 erschienenen „Führer durch die Schladminger Tauern“ die naturkundlich hervorragende Bedeutung dieser Berggruppe fest, die des Status eines Nationalparks würdig sei.

Im Erzherzog-Johann-Gedenkjahr 1959 stellte der Alpenverein an die Steiermärkische Landesregierung den Antrag, die Schladminger Tauern zum Naturschutzgebiet zu erklären.

Sepp Streicher von der OeAV-Sektion Schladming erstellte 1960 einen Drei-Zonen-Plan, in welchem die Schladminger Tauern als Naturschutzgebiet die Kernzone bilden sollten.

1970 war das Europäische Naturschutzjahr eine Art Sternstunde: Weltweit sind seither Menschen dabei tätig, die naturbedingte Ausgewogenheit nicht nur zu sichern, sondern vielmehr wiederherzustellen.

In diese Aufbruchstimmung fallen wichtige legistische Maßnahmen auf nationalen wie regionalen Ebenen, erst recht auf Ebene der Bundesländer, wie in Österreich, wo der Naturschutz in die Landeskompetenz fällt.

Am 30. Juni 1976 hat der Landtag das Steiermärkische Naturschutzgesetz beschlossen. Damit wurde das alte Reichsnaturschutzgesetz abgelöst.

Das neue Naturschutzgesetz sieht unter anderem die Schaffung von Nationalparks vor. Dazu ist im § 9 u. a. festgehalten: Schutzgebiete können durch Verordnung der Landesregierung die Bezeichnung „Nationalpark“ erhalten, wenn sie

a) durch charakteristische Geländeformen sowie Tier- und Pflanzenarten für den Gesamtstaat repräsentative Bedeutung haben;

b) der Wissenschaft und Erholung dienen;

c) allgemein zugänglich sind;

d) in mindestens eine Kernzone (Naturschutzgebiet) und eine Randzone (Landschaftsschutzgebiet) gegliedert sind und wenn

e) eine ständige Verwaltung und wissenschaftliche Betreuung gesichert ist.

Vor Erlaß einer Verordnung sind die Bundesregierung und die anderen Länder zu hören. Soll ein in der Steiermark gelegenes Gebiet zusammen mit einem Gebiet, das in einem anderen oder in mehreren anderen Ländern liegt, einen Nationalpark bilden, so kann der Landeshauptmann Vereinbarungen über nähere Bestimmungen abschließen.

In jenem Jahr 1976 wurde von seiten des Österreichischen Alpenvereins in der Steiermark eine Unterschriftenaktion zur Schaffung eines „Nationalparks Niedere Tauern" ins Leben gerufen.

Bei der im Herbst 1977 in Schladming stattgefundenen Hauptversammlung des Österreichischen Alpenvereins wurde der Antrag zur Schaffung eines Nationalparks Niedere Tauern einstimmig angenommen und dieses Vorhaben sowohl vom Touristenverein „Die Naturfreunde", vom Österreichischen Touristenklub und von der „Alpinen Gesellschaft Preintaler" unterstützt.

Die Österreichische Gesellschaft für Natur- und Umweltschutz beauftragte über Antrag des Österreichischen Naturschutzbundes das in Graz ansässige Institut für Umweltwissenschaften und Naturschutz der Österreichischen Akademie der Wissenschaften, eine Studie zur Schaffung eines Nationalparks Niedere Tauern zu verfassen.

Im Dezember 1977 beschloß der Steiermärkische Landtag einstimmig, die Landesregierung aufzufordern, „alles in ihrer Macht stehende zu tun, um möglichst bald einen Nationalpark in den Niederen Tauern im Bereich der Schladminger Tauern zu errichten."

Die Grazer Studie wurde im Jänner 1978 vom Salzburger Dr. Herbert Moritz, damals Vorsitzender der Gesellschaft für Natur- und Umweltschutz, und in Anwesenheit von Prof. Kurt Jungwirth, in seiner Funktion als politisch zuständiger Referent in der Steiermärkischen Landesregierung, der Öffentlichkeit vorgestellt.

Auch der Naturschutzbeirat des Landes Steiermark hat sich einstimmig für das Nationalpark-Projekt eingesetzt. Beim Steirischen Naturschutztag im April 1978 erfolgte eine öffentliche Diskussion mit den Bürgermeistern der zuständigen Gemeinden.

Eine gründliche Aufklärung der Bevölkerung des Nationalpark-Gebietes wurde als besonders vordringlich erachtet.

Ende 1985 hat die Steiermärkische Landesregierung die finanziellen Voraussetzungen für die Einrichtung des Nationalparks Niedere Tauern geschaffen. Unverzüglich wurden von der Naturschutzabteilung alle notwendigen Vorarbeiten in die Wege geleitet, um eine Diskussionsgrundlage für alle vom Nationalpark Berührten zu schaffen. Dies geschah in Form eines „Vorkonzeptes Nationalpark Niedere Tauern" und liegt seit Herbst 1986 in den Gemeinden auf, um mit den Grundeigentümern und sonstigen Interessenten besprochen zu werden.

Dazu gehören Gespräche, Planung und Förderungsaktionen. Von einer ausgewogenen Form soll die weitere Arbeit bestimmt sein. Seit dieser jüngeren Aufbruchstimmung wurden von seiten der Behörden legistische Maßnahmen gesetzt, die geeignet sind, in kleinen Schritten eine große Hoffnung zu verwirklichen.

Und weil das Verständnis in der Bevölkerung immer weitergetragen wird, läßt sich die bis in das Jahr 1913 zurückreichende Idee auf einen sich allmählich nähernden Abschluß mit dem Satz zusammenfassen: „Auf dem Weg zum Nationalpark Niedere Tauern".

Warum Nationalpark?

Die Schladminger Tauern zählen zu den hervorragendsten Gebirgslandschaften des Ostalpenraumes. Der Hochgolling ist mit 2863 m die höchste Erhebung dieses Gebietes. Obwohl heute ohne Gletscher, weisen die Schladminger Tauern zahlreiche Eiszeitspuren auf, die noch deutlich in der Landschaft zu beobachten sind. Viele Gipfel erheben sich wie steile Pyramiden, umgeben von Karen. In vielen dieser Kare liegen Erosionsseen, insgesamt mehr als 300 in unterschiedlicher Größe. Die Täler — einst waren sie eiszeitliche Gletscherrinnen — haben zahlreiche Steilstufen mit Wasserfällen.

Die geologische und mineralogische Vielfalt des Gebietes im Übergangsbereich zwischen zentralalpinen Ablagerungen (Quarzit) und ostalpinem Grundgebirge (Gneis) bringt eine reichhaltige Flora hervor. In der Tierwelt dieses Gebietes sind mit Ausnahme des Schwarzwildes alle heimischen Schalenwildarten vertreten, darüber hinaus das Auer-, Birk- und Haselwild, Schneehühner, der Steinadler und der Uhu.

Seckauer Tauern.
Bild oben links:
Am östlichen Ausläufer der Niederen Tauern, bei St. Michael in der Obersteiermark, war das größte Gut der Bevölkerung der Frieden. Denn größer als alle Schrecknisse, schlimmer als Feuer und Seuchen war das Gefecht am 25. Mai 1809 zwischen französisch-italienischen und österreichischen Truppen. Es war das letzte Mal, daß Napoleons Soldaten durch die Steiermark zogen.
Bild oben rechts:
Das Kirchlein Maria Schnee auf der Seckauer Hochalm (1816 m), die höchstgelegene Wallfahrtskirche der Steiermark.
Bild unten links:
Bildstock bei Prankh, Bezirk Knittelfeld. Im Jahre 1982 wurden in der Steiermark landesweit Bildstöcke renoviert. Es war dies eine Initiative der Steirischen Landjugend.
Bild unten rechts:
In Wasserleith am Eingang des Feistritzgrabens. Das einstige Sensenhammerwerk von Wertheim & Schmölzer (vorher Christof Weinmeister) erzeugte jährlich rund 100.000 Sensen, die meist nach Rußland exportiert wurden. Die Fabriksmarke war in Form von Tannenbaum und Pflug dargestellt.
Fotos: G. Auferbauer

GEFECHT
25/V 1809

Kulturlandschaft

Der Charakter der Niederen Tauern wird geprägt vom Ineinanderfließen eines weitgehend unberührten Naturraumes und jener Kulturlandschaft, welche der einheimischen Bevölkerung als Lebens- und Wirtschaftsraum dient.

Das Kernstück der Kulturlandschaft in den Hochlagen sind die Almen. Die blumenreichen Bergweiden und Wiesen stehen in reizvollem Gegensatz zur Urlandschaft der Felsen, alpinen Matten, Seen und Wasserfälle.

Die Bergwälder ab der Fichten-Lärchen-Stufe bis in die Kampfwaldzone und zur subalpinen Strauchzone, die von Latschen, Grünerlen und Zwergwacholder bestimmt wird, sind besonders wichtige Bestandteile des Ökosystems und ebenfalls schon jahrhundertelang von Menschenhand beeinflußt.

In tiefen Lagen, also in der Umgebung ganzjährig bewohnter Siedlungen, dominieren meist naturnah bewirtschaftete Kulturflächen.

Diese gesamte, von Bauernhand erhaltene und gepflegte Kulturlandschaft ist unersetzbarer Bestandteil eines zukünftigen Nationalparks Niedere Tauern.

Gefährliche Entwicklungen

Während die bergbäuerliche Bevölkerung in ihrem jahrhundertelangen Ringen um Nutzflächen gleichzeitig eine überaus ansprechende, naturhafte Alplandschaft geschaffen hat, sind in jüngeren Jahrzehnten für dieses organisch gewachsene Landschaftsbild nachhaltig wirksame Bedrohungen sichtbar geworden:

Sie entstanden einerseits durch Einflüsse von außen, zum anderen Teil wurden sie leider auch mit Hilfe einzelner Ortsansässiger ermöglicht. Eine besondere Rolle spielen dabei der Fremdenverkehr und jene Forderungen, die in seinem Sog als unverzichtbar dargestellt werden.

Mit dem Schlagwort „Sicherung der Energieversorgung“ wurde von verschiedenen

Bild oben:
In den Gaaler Tauern: Abendstimmung über Kleinem und Großem Ringkogel.
Bild unten:
Ein traditionsreiches Almgelände: Die Grafenalm in den Seckauer Tauern, am Weg zum Kirchlein Maria Schnee.
Fotos: G. Auferbauer

Seiten versucht, Bäche der Niederen Tauern zu „verstromen", ja sogar einen der schönsten Seen in einen Speicher zu verwandeln.

Auch allzu großspurige Erschließungsabsichten waren bereits wiederholt angeklungen, und jederzeit können solch bedrohliche Ideen aktiviert werden.

Im Sinne für die Zukunft wichtiger almwirtschaftlicher Überlegungen bieten sich jedoch durchaus empfehlenswerte Lösungen an, wie sich zum Beispiel an der Oberen Gföllalm am Riesachsee oder auf der Tuchmoaralm im Bereich des Naturparks Sölktäler beweisen läßt: Beide Almbetriebe wahren nicht nur überlieferte Bewirtschaftungsformen, sondern verbinden sich mit den zeitgemäßen Anforderungen.

Für die Natur und für den Menschen

„Wir haben die Erde nur geborgt und sollten sie an unsere Kinder so weitergeben, wie wir sie übernommen haben."

Dies müßte unser aller Leitsatz für einen sorgfältigen, schutzvollen Umgang für jede Natur- und Kulturlandschaft sein. Wenn auf breitester Ebene für die Schaffung eines Nationalparks in den Niederen Tauern eingetreten wird, so deshalb, um damit nicht nur der Natur, sondern erst recht dem Menschen zu dienen. Denn die Erhaltung einer intakten und gesunden Umwelt dient nicht zuletzt der langfristigen Sicherung unserer materiellen Lebensgrundlage.

Was ist ein Nationalpark?

Der erste Nationalpark der Welt wurde im Jahre 1872 in Yellowstone (USA) gegründet. Diesem Vorbild folgten zahlreiche Länder. Weltweit gibt es heute mehr als 1000 Nationalparks unterschiedlicher Größe und Gestalt. Die Schutzbestimmungen für die jeweiligen natürlichen und landschaftlichen Schönheiten oder das Angebot für die Besucher weichen sehr stark voneinander ab. Manche Naturparks sind eher auf organisierten Touristenbetrieb abgestimmt.

Anders hingegen wird im Schweizer Nationalpark der Natur absoluter Vorrang zuerkannt und Besucher werden lediglich als Gäste geduldet und haben sich den Erfordernissen der natürlichen Umgebung anzupassen.

Nationalparks gewährleisten wirkungsvollste Schutzmaßnahmen, weil sie sich über größere Flächen erstrecken und mit ihren strengeren Auflagen den Vorrang der Natur vor der Ausbeutung durch den Menschen schützen.

In Europa ist die Zahl der Nationalparks eher gering, doch liegen sie vorwiegend in zwei bestimmten Bereichen:

Einerseits in Skandinavien, wo die Nationalparks vor allem entlegene und teilweise unerschlossene Gebiete umfassen. Zum anderen finden wir Nationalparks im alpinen Bereich. Sie liegen in Frankreich ebenso wie in der Schweiz, in Italien und in Jugoslawien, wobei Naturlandschaften wie Kulturlandschaften einbezogen sind.

Merkmale eines Nationalparks

Auf Vorschlag der Internationalen Union zur Erhaltung der Natur und der natürlichen Hilfsquellen (IUCN) wurde 1959 von der UNO eine Resolution gefaßt, die den Mitgliedsländern die Erstellung einer Liste der Nationalparks und gleichwertigen Gebiete empfahl. Seither gibt es eine Reihe von Versuchen, einheitliche und international anerkannte Kriterien für Nationalparks festzulegen. Auch für einen Nationalpark Niedere Tauern gelten folgende Merkmale:

Ein hoher Grad an Naturbelassenheit und Ursprünglichkeit ist eine wesentliche Voraussetzung. Das Gebiet soll Ökosysteme umfassen, die von Menschen nicht oder nur gering beeinflußt werden und von besonderer wissenschaftlicher oder ästhetischer Bedeutung sind. Der Nationalpark kann in Zonen unterschiedlichen Schutzes gegliedert sein. Unabdingbar ist das Vorhandensein einer Kernzone von mindestens 1000 ha, worin der Natur absolut Vorrang eingeräumt werden muß.

Das Gebiet eines Nationalparks muß rechtlich so abgesichert sein, daß ein ausreichender Schutz durch die höchste zuständige Stelle gewährleistet wird. Voraussetzung für einen wirksamen Schutz ist die Ausstattung der Nationalparkverwaltung mit entsprechendem Personal und ausreichenden Geldmitteln.

Nationalparks stehen grundsätzlich für Besucher offen. Im Sinne des Naturschutzes können aber Einschränkungen oder Bedingungen für den Zugang festgelegt werden.

Der Bergwald ist unverzichtbarer Bestandteil des Ökosystems alpiner Nationalparks. Die Abgrenzung sollte daher auch Bergwaldgebiete einschließen, deren forstliche Gestaltung den Schutzbestimmungen Rechnung trägt.

Die Abgrenzung des Nationalparks soll auch im Gelände erkennbar sein. Sinnvollerweise bieten sich dafür vor allem Höhenzüge und Geländekanten an.

In der Nationalpark-Kernzone, also in den Sonderschutzgebieten, hat der Naturschutz absoluten Vorrang. In diesem Gebiet dürfen die vorhandenen Naturgüter — wie Bodenschätze, Gewässer, Wald und Wild — nicht ausgenutzt werden. Ökologische Gleichgewichte können zum Teil jedoch nur durch regulierende Eingriffe gewährleistet werden. Beispiele sind die Regulierung des Schalenwildbestandes oder forstliche Lenkungsmaßnahmen zur Erreichung eines natürlichen Waldbestandes.

Althergebrachte naturnahe Bewirtschaftungsformen, z. B. die Almwirtschaft, werden durch die Unterschutzstellung grundsätzlich nicht beeinträchtigt.

Der allgemeine Kraftfahrzeugverkehr muß aus der Kernzone ausgeschlossen sein, ebenso der Bau von dauerbesiedelten Wohnstätten oder Sportanlagen.

Unterschied zwischen Nationalpark und Naturpark

Während im Nationalpark der Naturschutz eindeutig Vorrang hat, stehen in einem Naturpark die Ziele des Naturschutzes und die Anforderungen einer allerdings naturnahen Bewirtschaftung gleichrangig da.

Das Prädikat „Naturpark“ kann von der Landesregierung für ein Gebiet verliehen werden, wenn es

— besonders günstige Voraussetzungen in der Vermittlung von Wissen über die Natur und zum Zwecke der Erholung bietet;
— besondere Naturschönheiten aufweist;
— zumindest als Landschaftsschutzgebiet ausgewiesen ist;
— durch Pflege und Gestaltungsmaßnahmen in seinem Erlebnis- sowie Bildungs- und Erholungswert gesteigert wird. Dazu zählen sowohl Anlagen von Wanderwegen, Naturlehrpfaden und Tiergehegen, weiters von Rastplätzen, Aussichtspunkten u. ä., wie Maßnahmen im Rahmen eines Landschaftspflegeplanes.

Ein Naturpark enthält folgende Zielvorstellungen:

- Schutz und Erhaltung der natürlichen Ressourcen;
- Erhaltung und Pflege wertvoller Kulturlandschaften durch die Sicherung traditioneller Bewirtschaftungsformen;
- Nutzung des Landschaftsraumes als Erholungsraum;
- Information und Bildung breiter Bevölkerungskreise im Hinblick auf ein besseres Verständnis für Natur und Umwelt.

Derzeit bestehen in der Steiermark neben dem Naturpark Sölktäler noch die Naturparks Grebenzen und Pöllauer Tal.

Der künftige Nationalpark Niedere Tauern

Der Nationalpark soll ein überschaubares Gebiet von Natur- und Kulturlandschaften umfassen. Weil intensiv genutzte land- und forstwirtschaftliche Flächen vom Nationalpark ausgeklammert bleiben, kann ein Schutz aller einbezogenen Bereiche in hohem Maße gewährleistet werden. Wegen der überschaubaren Größe könnte die Betreuung mit einem ausreichenden finanziellen und personellen Aufwand sichergestellt werden.

Entsprechend den internationalen Kriterien und mit Rücksicht auf eine sinnvolle, im Gelände erkennbare Abgrenzung sollen auch Bergwaldgebiete in den Nationalpark eingeschlossen werden. Deren forstliche Bewirtschaftung muß den Schutzbestimmungen Rechnung tragen.

Der Nationalpark Niedere Tauern soll auf das Gebiet der vorläufig abgegrenzten Kernzone — sie wurde inzwischen zum Teil als Naturschutzgebiet ausgewiesen — beschränkt werden. Dem Nationalpark sollen im Norden wie im Süden Naturparks vorgelagert sein, die sich als Landschaftsschutzgebiete mit kleinräumigen geschützten Landschaftsteilen oder Teilnaturschutzgebieten darstellen.

Der Abgrenzungsvorschlag bezieht sich nur auf den steirischen Bereich der Schladminger Tauern, eine Erweiterung des Nationalparks auf die Salzburger Tauern-Südseite im Lungau wäre sinnvoll und unbedingt anzustreben.

Den Anforderungen der IUCN entsprechend, soll der allgemeine Kraftfahrzeugverkehr aus dem Nationalpark ausgeschlossen werden. Die bestehenden Wege dürfen jedoch von nutzungsberechtigten Wald- und Almbesitzern sowie Hüttenbewirtschaftern befahren werden, ebenso in Zusammenhang mit der Bewirtschaftung und Betreuung des Nationalparks.

Weitere Erschließungen sollen nur im unbedingt notwendigen Ausmaß in nationalparkverträglicher Art und Weise realisiert werden.

Die Schutzbestimmungen im Nationalpark sollten denen eines Naturschutzgebietes nach dem Steiermärkischen Naturschutzgesetz entsprechen. Teile des geplanten Nationalparkgebietes (Klafferkessel, Bodensee) und die steirischen Hochlagen der Tauern-Südseite in den Gemeinden Krakauhintermühlen, Krakaudorf und Schöder stehen derzeit bereits unter Naturschutz.

In Anlehnung an die internationalen Kriterien sollten — ähnlich den Bestimmungen im Nationalpark Hohe Tauern — „Sonderschutzgebiete" eingerichtet werden. Diese betreffen besonders interessante alpine Ökosysteme, in denen die Natur vor allen störenden Eingriffen der Menschen geschützt werden soll. Die konkreten Bereiche können jedoch nur im Einvernehmen mit den betroffenen Grundbesitzern festgelegt werden.

Werden durch die Schutzbestimmungen des Nationalparks derzeitige Nutzungen und ausgeübte Rechte eingeschränkt, sind angemessene Entschädigungen zu leisten.

Der Nationalpark Niedere Tauern umfaßt sowohl geschützte Natur- als auch geschützte Kulturlandschaften mit althergebrachten Wirtschaftsformen, deren Erhaltung und Pflege eine wichtige Zielsetzung innerhalb des Nationalparks darstellt. Deshalb sollen die nationalparkgerechte Bewirtschaftung und die Pflege entsprechender Einrichtungen — wie Schutzhütten, Almhütten, Alm- und Wanderwege, aber auch Informationseinrichtungen — gefördert werden.

Der Nationalpark Niedere Tauern kann ausschließlich auf Privatgrundbesitz realisiert werden. Seine Errichtung ist daher auf das Zusammenspiel und die Trägerschaft vieler „Akteure" angewiesen. Dazu gehören Grundbesitzer, Gemeinden, Interessensgruppierungen, Fremdenverkehrsvertreter und andere.

Weil die Nationalparkregion aus geographischen Gründen in eine Tauern-Nordseite und Tauern-Südseite geteilt würde, erscheint es zielführend, die Trägerschaft und Verwaltung entsprechend zu gliedern.

Der Erfolg des Nationalparks ist von seiner Einbettung im Umfeld und einer Abstimmung der verschiedenen Entwicklungsmaßnahmen abhängig. Daher sollten parallel zur Realisierung des Nationalparks auch Entwicklungskonzepte für die Land- und Forstwirtschaft wie für den Aufbau eines sanften Tourismus in der Nationalparkregion erarbeitet werden. Dies kann nur unter intensiver Mitarbeit der beteiligten Interessensgruppen erfolgen.

Die Errichtung des Nationalparks muß von einer umfassenden Informations- und Öffentlichkeitsarbeit begleitet werden. Alle Vereine und Gruppierungen, aber auch Einzelpersonen, die an einer Mitarbeit Interesse zeigen, sind eingeladen, einen Beitrag zur Realisierung des Nationalparks zu leisten.

Wie groß soll der Nationalpark Niedere Tauern sein?

Die vorgeschlagene Fläche von 215 km^2 erscheint für einen repräsentativen Nationalpark ausreichend groß und ist vergleichsweise größer als jene der ausländischen Nationalparks Berchtesgaden (210 km^2), Bayrischer Wald (139 km^2) und Engadin (169 km^2).

Unter Bezug auf die derzeit vorliegenden Abgrenzungen haben folgende zehn Gemeinden Anteil am Nationalpark:

Pichl-Preunegg	6 km²	
Rohrmoos	76 km²	
Haus	2,5 km²	
Gössenberg	9 km²	
Pruggern	3,5 km²	
Kleinsölk	40 km²	
St. Nikolai	16 km²	
Nationalpark Niedere Tauern Nord		153 km²
Krakauhintermühlen	41 km²	
Krakaudorf	5 km²	
Schöder	16 km²	
Nationalpark Niedere Tauern Süd		62 km²
Nationalpark Niedere Tauern		215 km²

Bilder rechts:
Oben:
Spätherbst in den Seckauer Tauern. Ausblick vom Großen Ringkogel (Gaaler Tauern) in die Westhänge von Brandstätterkogel, Maierangerkogel, Schwarzriedel und Seckauer Zinken (v.l.n.r.).
Unten:
Gaaler Tauern.
Das Schloß Wasserberg in Ingering II gehört dem niederösterreichischen Zisterzienserstift Heiligenkreuz. Die erste urkundliche Erwähnung des Schlosses Wasserberg geht auf das Jahr 1261 zurück. Damals war Otto von Wasserberg als Besitzer genannt. Ab 1274 wird Wasserberg als Besitz der Bischöfe von Seckau genannt. Bis 1843 stand das Schloß mit Ringmauer, Türmen und Zugbrücke. Seit 1844 wechselte das Schloß 13mal seinen Besitzer. 1912 kam es an das Stift Heiligenkreuz.

Bilder umseitig:
Oben:
Das Erholungsdorf St. Oswald ob Mörderbrugg; es liegt an der westseitigen Zufahrt zum Sommertörl in den Gaaler Tauern. Der Kirchenbau von St. Oswald reicht bis in das Jahr 1353 zurück. Der gegenwärtige zweischiffige, gotische Kirchenbau wurde 1469 begonnen und 1476 vollendet.
Im Hintergrund rechts Ausläufer der Rottenmanner Tauern mit dem Bruderkogel. Zu den Umgebungszielen von St. Oswald gehören Wildingerhöhe, Lorettokapelle und Rosenkogel.
Unten:
Die Erholungslandschaft von Pusterwald in den östlichen Wölzer Tauern wird in zunehmendem Maße von Schitourengästen aufgesucht, es kommen aber auch Langläufer gerne in dieses einladende Tal. Freilich ist Pusterwald vor allem für Sommergäste ein gut gewähltes Ziel.
Zu den umliegenden Bergen gehören Gipfel wie Kasofen, Kleinhansl, Großhansl, Hohenwart, Gruber Hirnkogel.
Fotos: G. Auferbauer

Damit liegt gleichzeitig ein ausgewogenes Verhältnis zwischen Naturlandschaft und Kulturlandschaft vor:

Almfläche	66 km²	31 %
Bergwald	34 km²	16 %
Ödland	115 km²	53 %
Nationalpark	215 km²	100 %

Bilder umseitig:
Triebener Tauern.
Oben links:
Beim Abstieg vom Großen Grießstein über die Zirbenleiten.
Oben rechts:
Am Gamskögelgrat, der beliebtesten Klettertour in den Triebener Tauern.
Unten links:
Auf der Mödringalm: Rückblick zum Brandriedel und mit dem Höhenzug, der sich vom Kettentalkogel zum Speikleitenberg erstreckt.
Unten rechts:
Spaß für Kinder: Schneeballwerfen im Frühsommer am Eberlsee. Vom See zieht eine gut befahrbare Firnrinne ins Eberlkar hinauf. Aus ihm ist der Große Grießstein auf Steigspuren zu erreichen.
Fotos: G. Auferbauer

Bilder links:
Triebener Tauern.
Oben links:
Martin Findl aus Knittelfeld auf dem Westlichen Gamskogelturm, unweit des Gipfelkreuzes, nach einer Schitour durch den Gaalgraben – entlang dem Musenbach und durch den Bärentritt. Im Hintergrund links Geierhaupt, rechts Hochreichart.
Oben rechts:
Roman Findl aus Knittelfeld bei der zweiten Begehung des „Jungbergsteigerpfeilers" am 2. Oktober 1983 in der zweiten Seillänge. Diese Tour führt auf den Mittleren Gamskogel-Ostgipfel.
Unten links:
Schi- und Bergführer Hans Bärnthaler aus Knittelfeld am Verbindungsgrat Ostgipfel – Westgipfel des Östlichen Gamskogelturmes anläßlich der ersten Begehung des „Gamskögelmarathons" am 25. Mai 1986. Sein Seilgefährte war damals Roman Findl. Diese überaus lange Tour wird mit zahlreichen schwierigen Varianten vom Östlichen Gamskogel bis zum Gamskogel-Westgipfel geklettert, wie mit „Knittelfelderweg", „Irmipfeiler", „Wiggerlweg" und „Jungbergsteigerpfeiler". Dabei werden 15 Seillängen im 4. und 5. Schwierigkeitsgrad geklettert.
Unten rechts:
Roman Findl im „Gamsstubn-Eisfall" im Ingeringtal in den Gaaler Tauern. Fotos: M. und K. Findl

Vorgelagerte Naturparks

Dem Nationalpark könnten drei Naturparks vorgelagert sein, und zwar:

Der bestehende, 200 km^2 große Naturpark Sölktäler, flächenmäßig um jenen Teilbereich reduziert, der in den Nationalpark einbezogen wird.

Der 108 km^2 große Naturpark Krakau, welcher vor allem die attraktive Kulturlandschaft des Krakauer Hochtales und Schöderberges einbeziehen soll. Mit ihm wäre später der Anschluß an die naturkundlich besonders interessante Hochmoorlandschaft auf Salzburger Gebiet herstellbar.

Der Naturpark Schladminger Tauern (57 km^2), der das Preuneggtal ab Strickbrunnen, das Obertal etwa ab Bärnhoferwirt und das Untertal ab Gasthof Tetter umfassen könnte.

Wirtschaften im Nationalpark

Almwirtschaft

Die Betreuung der Almen steht grundsätzlich nicht im Widerspruch zu den Zielen des Naturschutzes. Vielmehr ist die Aufrechterhaltung der Almwirtschaft eine wesentliche Voraussetzung zur Erhaltung und Pflege der Kulturlandschaft im Nationalpark. Die Almbewirtschaftung soll jedoch weiterhin in schonender und naturnaher Form erfolgen.

Dabei sind zu vermeiden:

Großflächige maschinelle Planierungs- und Meliorierungstätigkeit, Chemieeinsatz für Düngung oder gegen Unkraut, der Bau von Ausflugsstraßen auf Almen, landschaftsfremde Bauweise von Almgebäuden und Eingrenzungen, wie der Bau von Berghotels und Ausflugsrestaurants.

Die Almen stellen einen wesentlichen Bestandteil der Kulturlandschaft des geplanten Nationalparks dar. Von 68 erfaßten Almen werden 60 bewirtschaftet und davon wiederum 11 offiziell als Jausenstationen geführt.

Waldbewirtschaftung

Die Rückführung der Waldfläche in einen weitgehend von der Natur bestimmten Bergwald ist ein Ziel im geplanten Nationalpark. Er hat Vorrang gegenüber Erschließungsplänen. Weitere unumstrittene Ziele im Sinne des Nationalparks sind die Regulierung des Wildbestandes, die Ordnung von Wald und Weide zur Verringerung von Waldschäden sowie die Einschränkung des gewerbsmäßigen Sammelns von Beeren und Pilzen.

93 Prozent des Bergwaldes im Nationalpark haben die wichtige Funktion eines Schutzwaldes.

Die Forderung nach einer naturnahen Waldbewirtschaftung ergibt sich damit aus den von der Natur ohnehin vorgegebenen Möglichkeiten.

Fischerei und Jagd

Geringere wirtschaftliche Bedeutung hat die Fischerei, deren intensive Nutzung sich im wesentlichen auf den steirischen Bodensee beschränkt. Der Fischbesatz in den Gewässern besteht allgemein aus verschiedenen Forellenarten und Saiblingen.

Im geplanten Nationalpark liegen insgesamt 59 Jagdreviere. Darin hat das Gamswild zahlenmäßig die größte Bedeutung vor Reh- und Rotwild. Zu erwähnen sind noch die verschiedenen Hahnenarten, weiters die Murmeltiere und — vor allem auf der Tauern-Südseite — das Steinwild.

Die Jagdwirtschaft wird zum Teil intensiv ausgeübt. Für einen Nationalpark sind keine extremen Situationen nützlich, also weder ein absolutes Jagdverbot noch eine reine Trophäenjagd. Der brauchbare Mittelweg liegt in einer „ökologisch ausgerichteten" Jagd im Einvernehmen zwischen den Jagdberechtigten und der Nationalparkverwaltung. Eine ähnliche Leitlinie sollte für die Fischerei gelten.

Wasserkraftnutzung

Derzeit beschränkt sich die Wasserkraftnutzung im geplanten Nationalparkgebiet auf private Kleinstkraftwerke zwecks Versorgung einzelner Fremdenverkehrsbetriebe bzw. Schutzhütten. Alle diese kleinen Anlagen belasten sowohl den Naturhaushalt sowie das Landschaftsbild nur unwesentlich und dienen ausschließlich der eigenen Versorgung.

Diese sanfte Form der Wasserkraftnutzung kann auch für die Zukunft beibehalten bleiben. Hingegen sind sogenannte „Geldmühlen" als Abschreibungsobjekte potentieller Interessenten mit den Zielen eines Nationalparks unvereinbar.

Wegebau und Erschließung

Der Bereich des geplanten Nationalparks ist bereits jetzt grundsätzlich frei von allgemeinem Fahrzeugverkehr. Bestehende Wege werden im wesentlichen allein zum Zweck der Alm-, Jagd-, Forst- und Schutzhüttenbewirtschaftung befahren. Eine Handhabung der Absperreinrichtungen wie die Kontrolle der Durchfahrtsrechte ist in Teilgebieten allerdings noch unzureichend.

Besonders in Zusammenhang mit Erschließungsprojekten ist festzuhalten, daß der Nationalpark nicht als Glassturz gilt. Denn wenn die Almen als Kulturlandschaft erhalten bleiben sollen, sind die für ihre Bewirtschaftung erforderlichen Erschließungsmaßnahmen anzuerkennen.

Solche Erschließungen haben aber so zu erfolgen, daß die Landschaft nur in geringster Weise belastet wird. Dies bedeutet Zusammenarbeit und Abstimmung beim Forstwegebau, sanftere Bauweise mit entsprechend günstigen Böschungswinkeln in besonders sorgfältig auszuwählenden Trassen.

Erholung

Der Nationalpark ist zwar allgemein zugänglich, über besonders sensible Bereiche können jedoch Betretungsverbote erlassen werden, wie z. B. bei Hochmooren oder Pflanzenschutzgebieten.

In Teilbereichen des geplanten Nationalparks ist derzeit ein mehrfaches Nebeneinander von Wegen und Steigen gegeben, während in anderen Gebieten sinnvolle Verbindungen fehlen. Im Zuge der Detailplanung sowohl des Nationalparks wie der Naturparks sollen wichtige Verbindungen verbessert bzw. neue errichtet werden, hingegen überzählige Wege aufgelassen, wenn möglich sogar rekultiviert werden.

Es ist davon auszugehen, daß Wege im alpinen Gelände durchaus nicht den Ansprüchen von Halbschuhtouristen gerecht werden müssen. Beschilderung und Markierung sollten einheitlich sein und den Sicherheitsansprüchen bei Schlechtwetter und Nebel gerecht werden.

Impulse für die Nationalparkregion

Die bestehenden Nationalparks zeigen deutliche positive Auswirkungen auf den Fremdenverkehr. Auch Gästebefragungen in der Steiermark signalisieren ein zunehmendes Umweltbewußtsein und lassen eine steigende Nachfrage an Erholungsräumen in möglichst ursprünglicher Natur erwarten.

Mit der Schaffung eines Nationalparks kann wohl ein unverwechselbarer Akzent gesetzt werden. Es ist jedoch verfehlt, anzunehmen, daß eine solche Auszeichnung allein als touristisches „Mascherl" anzusehen wäre. Vielmehr hängen mit einem Nationalpark auch Konsequenzen für die künftige touristische Entwicklung zusammen.

Erfahrungen mit dem Schweizer Nationalpark weisen nach, daß sich die Zahl der Gäste innerhalb von 25 Jahren um das Zehnfache erhöhte. Diese Steigerung erfolgte, obwohl der Besuch einem strengen Reglement unterliegt und für den Nationalpark nicht geworben wird.

Ähnliche Erfahrungen beziehen sich auf den Nationalpark Bayrischer Wald wie auf den Nationalpark Berchtesgaden.

Nationalparks reichen mit ihrem Angebot weit über das touristische Interesse hinaus: Fachwissenschaftler verschiedener Sparten, Studenten, Vertreter einschlägiger Behörden, fachbezogene Besuche, Seminare und Tagungen.

Das naturnahe Angebot eines Nationalparks Niedere Tauern enthält aber nicht zuletzt nachhaltige Impulse für einen Sommertourismus, wie er vor allem auch Jugendliche und Familien ansprechen sollte.

Der Nationalpark mit seinen ihn umgebenden drei Naturparks bietet deshalb Entwicklungen auch für jene Gebiete, in denen der Fremdenverkehr vergleichsweise eher gering erscheint.

An dieser Stelle sollte ein weiteres Mal das Ineinandergreifen von Almwirtschaft, Forstwirtschaft und Tourismus vermerkt sein.

Mitbestimmung und Mitverantwortung

Nach den internationalen Kriterien muß ein Nationalpark den Schutz der höchsten zuständigen Legislative genießen. Naturschutz wird nach österreichischer Verfassung auf Landesebene wahrgenommen. Daher ist das Land Steiermark sowohl in rechtlicher Sicht wie auch in bezug auf Verwaltung und Finanzierung ein wichtiger Träger.

Weil aber ein Nationalpark allein von seinem Namen her gesamtstaatliche Bedeutung ausdrückt, sind Mitberatung, Mitentscheidung und Mitfinanzierung auch auf Bundesebene einzubeziehen.

Das Gebiet des projektierten Nationalparks Niedere Tauern ist jedoch vor allem Lebens- und Wirtschaftsraum der ansässigen Bevölkerung im allgemeinen und der im Nationalpark wirtschaftenden Grundbesitzer und Nutzungsberechtigten im besonderen. Der Nationalpark muß daher von der Nationalparkregion gleichrangig mitgetragen werden.

Nicht zuletzt liegt bei jedem Besucher anteilsmäßige Verantwortung.

Das Erholungsdorf St. Johann am Tauern. Einer der idealen Ausgangsorte für Touren in den Gaaler Tauern, Triebener Tauern und Rottenmanner Tauern.
Ausblick zum Steinermandl. Dieser Gipfel liegt südlich des Bruderkogels. *Foto: G. Auferbauer*

Aus der Erschließungsgeschichte

Rottenmanner Tauern.
Bild oben links:
Beim Aufstieg durch das Geierkar auf den Wirtsspitz. Im Hintergrund der Schüttnerkogel. Der Zugang auf den Wirtsspitz beginnt bei den Jagdhäusern in der Strechen.
Bild oben rechts:
Das Erholungsdorf Hohentauern. Die Paßhöhe scheidet die Triebener und Rottenmanner Tauern. Hohentauern liegt an der Tauern-Bundesstraße am Übergang zwischen Trieben im Paltental und Judenburg im Murtal.
Bild unten links:
Am Aufstieg zum Großen Bösenstein, dem wohl bekanntesten Gipfel der Rottenmanner Tauern. Rückblick auf den Großen Scheibelsee.
Bild unten rechts:
Die Paßlandschaft um Hohentauern enthält nicht nur eine Reihe von Liftanlagen mit sportlichen Abfahrten, sondern wird auch von ausgezeichnet gepflegten Loipen durchzogen.
Im Hintergrund der Große Hengst, dessen nach rechts ziehende, ostseitige Flanke sich vor allem als Firnabfahrt empfiehlt. In Hohentauern findet der Besucher ein für die Steiermark typisches Angebot: Pisten, Loipen und Touren.
Fotos: G. Auferbauer

„In der Geschichte der Erschließung der Ostalpen finden wir wohl die größte Lücke und das wenigste geschichtliche und touristische Material in der Gruppe der Niederen Tauern. Räumlich eines der größten Gebiete, ausgestattet mit mancher ganz eigenartigen Schönheit, auch an Höhe nicht unbedeutend, sind diese zahlreichen Gipfelreihen dennoch bis heute selten begangen und wenig gewürdigt.“

Mit diesen Sätzen beginnt Hans Wödl seine Einleitung in Zusammenhang mit dem Thema „Die Niederen Tauern“, festgehalten im Band 3 „Die Erschließung der Ostalpen“. Damals schrieb man das Jahr 1894.

In seinem Tourenbuch, das aus dem Jahre 1886 stammt, hat der Tauernerschließer Hans Wödl festgehalten: „Unserem verehrten Obmann Edmund Forster verdanken wir es, daß wir unser alpines Interesse auf eine Gebirgsgruppe lenkten, welche bis jetzt gar stiefmütterlich bedacht wurde. Wohl ist dieselbe überragt von dem majestätischen Eispalaste der Hohen Tauern, doch die gewaltige Urgebirgsformation, welche diesen trägt, sie findet eine zwar weniger glanzvolle, aber ebenso würdige Fortsetzung in den bis ins Herz der Steiermark hineindringenden Gipfeln und Graten der sogenannten Niederen Tauern...“

Das Interesse an den Niederen Tauern reicht hundert Jahre zurück. Zahlreiche Beiträge, von verschiedenen Autoren verfaßt, folgten jener Aufbruchstimmung, die von Hans Wödl ausging.

Hingegen reichen die touristischen Tätigkeiten viel weiter zurück:

Nach einer Notiz Dr. Heinrich Wallmanns soll der Hochgolling am 8. August 1791 von mehreren Tamsweger Bürgern „urkundlich von Göriach aus“ zuerst erstiegen worden sein.

Zu einer Zeit, als Salzburg unter bayrischer Herrschaft stand, wurde 1811, wahrscheinlich auf Grund militärischen Befehls, auf dem Gollinggipfel eine 12 Fuß hohe Steinpyramide errichtet. In der nächsten Besteigung, ausgeführt von Waldmeister Paul Grill aus Schladming am 11. September 1811, ist bereits der Einfluß Erzherzog Johanns auf die Erschließung bemerkbar: „Denn Grill war mit dem Älpler Mathias Reitter und einem Jäger nach einem mißglückten Versuch, die Hochwildstelle zu ersteigen, am 10. September 1811 in der Unteren Steinwändalm im Steinriesental eingetroffen, und sie machten sich am 11. gleich nach Tagesanbruch auf den Weg nach Hochgalgen“, wie der Hochgolling damals genannt wurde; und die Gollingscharte hieß Galingscharte.

Hat Wödl im Band 3 der Ostalpen-Erschließung die Niederen Tauern insgesamt dargestellt und dabei reichlich Daten über Ersteigungen angeführt, so hat Hans Wödl andererseits in den Alpenvereins-Jahrbüchern 1890, 1891, 1892, 1893 und 1895 mit insgesamt fünf Gebietsthemen die erste Monographie der Niederen Tauern verfaßt.

Wenn in dieser Monographie vor allem die Berggruppen der Radstädter und Schladminger Tauern hervorgehoben, ja sogar bejubelt werden, verflacht diese Hochstimmung, je weiter nach Osten die Tauernberge beschrieben werden.

Einhundert Jahre später liegt die Bewertung dieses östlichen Teiles, also jener mit den Seckauer, Gaaler, Triebener, Rottenmanner, Wölzer und Donnersbacher Tauern, ungleich höher, weil sich hier eine beachtliche Aufbruchstimmung in Zusammenhang mit dem Schitourismus entwickelt hat: Die Niederen Tauern mit allen ihren Berggruppen sind zu einem Herzstück des klassischen Winteralpinismus geworden.

Die Ansätze dazu beschreiben J. Baumgärtner und Karl Sandtner im Alpenvereins-Jahrbuch 1911 mit ihren „Schneeschuhfahrten in den Niederen Tauern":

„Nicht bald ist eine Gebirgsgruppe zur Ausübung alpinen Schneeschuhlaufes (Schilaufens) so geeignet, wie die Niederen Tauern."

Baumgärtner und Sandtner schreiben von ihren Schitouren am Hochreichart, den sie am 26. März 1910 von Kalwang aus über Feistererhorn und Kleinen Reichart erstiegen.

Jene Märzwoche muß besonders schön gewesen sein, denn tags darauf waren die Tourengefährten auf dem Seckauer Zinken, übersiedelten anschließend aus den Seckauer in die Rottenmanner Tauern: Sie erstiegen von Trieben aus (!) den Großen Bösenstein, aber auch den Geierkogel und Bruderkogel: „Je seltener die unbewirtschafteten Hütten werden, desto mehr sehnt sich der anspruchsvolle Bergsteiger nach einfachen Unterkunftsstätten, welche die alte Alpinistenromantik aufleben lassen." Dieser im Jahre 1910 geschriebene Gedanke könnte ebensogut aus unserer Zeit stammen.

Die Berge um die Plannerhütte mit Plannereck, Schoberspitze, Karlspitze und Schreinl werden ebenso erstiegen wie die gegenüberliegenden Gipfel, nämlich Totenkarspitze und Dornkarspitze.

Baumgärtner und Sandtner haben gleichzeitig die Donnersbacher Tauern zum ersten Mal als Schitourengebiet durchstreift und vorgestellt.

Die Erschließung der Niederen Tauern wird ebenso mit populärwissenschaftlichen Beiträgen dokumentiert. Dr. Leopold Schleck setzt sich im Alpenvereins-Jahrbuch 1916 mit der geologischen Entwicklung auseinander: „Tektonisch ist die Schladminger Gneismasse als ein großes Gewölbe, eine Antiklinale, aufzufassen, die so ziemlich in der Gegend des Hochgollings die größte Erhebung erreicht. Das Streichen dieser Antiklinale stimmt nicht mit dem heutigen Gebirgsstreichen überein, sondern ist von Nordwest nach Südost gerichtet. Dieses von der Richtung des Gebirges abweichende geologische Streichen bringt es mit sich, daß im Hauptkamm der Niederen Tauern die harten Gneise schon im Hintergrund der Sölktäler unter der Schieferschale hinabtauchen."

Der Geologe Schleck erwähnt ebenso den komplizierten Bau der Radstädter Tauern und vergleicht ihn mit jenem einfachen Bau, wie er in den Rottenmanner und Wölzer Tauern zu erkennen ist.

Im selben Jahrbuch 1916 erwähnt L. V. Jäckle „die mustergültige Gesamtbeschreibung aus der Feder Hans Wödls“ und folgert: „Die Niederen Tauern sind in steigendem Maße das Ziel bergfreudiger Wanderer.“

Als bahnbrechend werden im gleichen Beitrag die Arbeiten der Wiener Alpinen Gesellschaft Preintaler gelobt: „Diese Vereinigung hat durch die Herstellung von mustergültigen Weganlagen und Hüttenbauten, besonders den östlichen und den zentralen Teil der Schladminger Tauern, also das Gebiet des Höchstein-Wildstell-Stockes und des Hochgollings sowie seiner Nachbarn, erschlossen. Mit gleicher Rührigkeit nahm die Sektion Wien unseres Vereins Anteil an der Erschließung des westlichen Teils der Schladminger Tauern. Durch die Erbauung der prächtigen, für Bergfahrten und Übergänge äußerst günstig gelegenen Giglachseehütte (erbaut 1910, nunmehr Ignaz-Mattis-Hütte benannt).

Früher schon hatte die Sektion Graz unseres Vereins sich des Prebergebietes angenommen und dort die Grazerhütte erbaut (1894).

Die Sektion Reichenstein arbeitet in den Seckauer, Rottenmanner und Wölzer Tauern, die Sektion Tauriskia in den Radstädter Tauern; auch der Österreichische Gebirgsverein hat sich dem gleichen Gebiet zugewandt und die alpine Gesellschaft ‚Stuhlecker‘ in Wien hat im südlichen Teil der Sölker Alpen die Rudolf-Schober-Hütte erbaut (1895). Man sieht, daß eine wirklich erfreulich-rege Tätigkeit sich entwickelt hat.“

Der Wiener Jäckle erzählt in barocker Form von seinen Fahrten zu den Tauernbergen und erst recht von Tauerngipfeln wie Schober, Himmeleck, Schrimpfkogel und Grießkogel, aber auch von Hochreichart, Hirschkarlgrat und Geierhaupt; weiters von Großem Bösenstein, Großem Knallstein, vom Dreistecken und sogar vom Höchstein; von der Steirischen und Lungauer Kalkspitze, um abschließend festzuhalten: „Manch anderes Berggebiet mag sich durch prachtvollere Bergformen auszeichnen, auch schöner sein, aber den Zauber der Ursprünglichkeit, der den steilen Bergen der Niederen Tauern innewohnt, den haben jene Gebiete, die mit Schutzhaus und Wegbauten überreichlich gesegnet sind, nicht mehr. Dessen bin ich aber gewiß: Wer einmal die stille Schönheit der Tauern auf sich einwirken ließ, wird immer und gerne wiederkehren.“

Von „Schneeschuhfahrten in den Schladminger Tauern“ war Grete Uitz tief berührt. In ihren Erinnerungen erzählt sie von Schitouren am Heiligen-Drei-König-Tag 1914 auf die Gasselhöhe und von jenen Tagen auf der Planai und am Krahbergzinken wie auf der Hochwurzen, auf dem Pleschnitzzinken und am Giglachsee.

„Der Klafferkessel in den Schladminger Tauern" wird von Hans Wödl im Alpenvereins-Jahrbuch 1918 ausführlich beschrieben.

Die touristische Erschließung des Klafferkessels steht in Zusammenhang mit dem Bau der Keilhütte (erbaut 1881 vom Österreichischen Touristenklub) wie mit der eifrigen touristischen Tätigkeit und Öffentlichkeitsarbeit des Grazer Professors Dr. Johannes Frischauf.

„Endlich erwählte im Jahre 1886 die Wiener Alpine Gesellschaft Preintaler die Schladminger Alpen zu ihrem Arbeitsgebiet. Der Bau der Preintalerhütte auf der Waldhornalm (1891), der Wödlhütte im Seewigtal (1897) und der Gollinghütte (1904), anstelle der durch eine Lawine zerstörten Keilhütte im hintersten Winkel des Steinriesentales, schuf einige ganz ausgezeichnete Stützpunkte für den Besuch, der sich auch stetig weiterentwickelte und in den letzten Jahren einen sehr erfreulichen Aufschwung nahm."

Das landschaftliche Juwel, der seen- und gipfelreiche Klafferkessel, verblieb damals dennoch in fast ungestörter Einsamkeit.

Im Jahre 1909 haben die Preintaler zwischen Gollinghütte und Preintalerhütte einen Verbindungssteig zu bauen begonnen, doch wegen Einspruch des Jagdbesitzers durfte der geplante, durch den Klafferkessel führende Steig damals nicht fertiggestellt werden.

Wödl beschreibt seine „Durchquerung des Klafferkessels" auf eindrucksvollen 24 Seiten, illustriert mit Fotos, aufgenommen von Dr. Karl Kirschbaum.

Wenn in der Gegenwart der gut markierte Zentralalpen-Weitwanderweg 02 im Klafferkessel hindurchführt und jährlich tausende Menschen dieses Herzstück eines künftigen Nationalparks durcheilen, dann nehmen diese Besucher bloß einen Bruchteil des Inhalts wahr. Wer den Klafferkessel in seinen Dimensionen erleben will, sollte der von Hans Wödl beschriebenen „Seenrunde" folgen, wie sie in seinem 1924 erschienenen „Führer durch die Schladminger Tauern" vorgestellt ist. Dieser Führer enthält 337 Tourenvorschläge.

In seinem Geleitwort beginnt Wödl: „Die Schladminger Tauern bilden den in bergsteigerischer und landschaftlicher Hinsicht bemerkenswertesten Abschnitt des als Fortsetzung der Hohen Tauern nach Osten ziehenden Urgebirgskammes, der den wissenschaftlichen Namen Niedere Tauern trägt."

Im Jahre 1924 schreibt auch der Grazer Geologe Dr. Robert Schwinner im Alpenvereins-Jahrbuch ein Geleitwort zum Erscheinen der Alpenvereinskarte der Schladminger Tauern. Mit der schwierigen Aufgabe der Kartenzeichnung wurde über Auftrag des Alpenvereins Hans Rohn betraut und Hans Wödl eingeladen, beratend und helfend mitzuwirken.

An Schwinners Beitrag reiht sich jener von Dr. Roman Lucerna aus Brünn, und zwar in Zusammenhang mit der Entstehungsgeschichte des Klafferkessels. Das Zentrum des heutigen Klafferkessels war vermutlich der Klafferkogel. Er überdeckte als mächtiger Gipfel zwischen Placken und Rauhenberg jenen Teil, der sich vom Gasthof Tetter aus als verlassenes Gletschertal zeigt.

Die Theorie in Zusammenhang mit der Entstehung des Klafferkessels läßt sogar die Annahme zu, daß der einst aufragende Klafferberg vielleicht sogar den Hochgolling an Höhe übertroffen hatte. Der Klafferkessel ist in seiner heutigen Form das Relikt beständiger Veränderungen:

„Wellenberg und -tal wechseln auch im Stein. Der Klaffer lehrt das starre Bild des Hochgebirges mildern und auflösen in Bewegtes. Betrachten wir heute den Gipfel, so sehen wir, wie er geworden, und was aus ihm weiter wird. Das Zickzack der Berge, der verschlungene Verlauf der Kämme gewinnt Bewegung, Leben, Bedeutung, Sprache, richten wir so den Blick in die Vergangenheit. Die Wogen eines steinernen Meeres sehen wir über die Alpen hinwegziehen. Die Schattenrisse der Gratlinien tauchen auf und versinken im gewaltigen Fortgang einer riesenhaften Formenbewegung."

In diesem Jahrbuch des Jahrganges 1924 liegt auch ein Beitrag Hans Wödls vor: „Altes und Neues aus den Schladminger Tauern". Der Tauern-Erschließer Wödl greift auf Tourenerlebnisse zurück und erzählt: „Was mir noch in jüngster Zeit in den Schladminger Tauern zu erleben gegönnt war." Wödl erwähnt jene Gipfel zwischen Neualmscharte und Höchstein: Dabei führte ihn eine Überschreitung, beginnend bei der Wödlhütte mit dem Aufstieg zur Neualmscharte, von hier zum Gruberberg, auf die Fallkarhöhe, durch die Gruberscharte zum Torwart und auf den Pulverturm. Bereits 1893, anläßlich der ersten touristischen Ersteigung, erbaute Hans Wödl auf dem Pulverturm einen Steinmann.

Erst 1915 gelang Wödl mit seinen Gefährten Dr. Pfaundler und Mackowitz die erste Überschreitung des Pulverturms. Wödl: „Ich gebrauche diesen Ausdruck, weil die Sache gar nicht leicht ist und ein großes Maß an Geschicklichkeit und Mut erfordert."

Auch mit seinem Sohn Gottlieb hat Hans Wödl den Pulverturm überschritten.

Zwischen dem Walcher und dem Pulverturm ist noch ein merkwürdig geformter großer Zahn eingenistet. Ihn haben Hans und Gottlieb Wödl 1919 erstmals erstiegen und in Erinnerung an Hans Wödls liebe Bergfreundin Rosa Zöhnle dem Felszahn deren Namen gegeben. Dieses „Zähnle" erhielt den Namen „Zöhnle". Ein Name, in dem Spaß und wohlverdiente Freude zum Ausdruck kommen sollten.

Wödl erinnert an seine Überschreitungen des Schneiders und des Himmelreiches, erzählt vom Weiterweg zur Wildlochhöhe. Abschließend schreibt Hans Wödl: „Die Schladminger Tauern sind mein Lieblingsrevier. Ich habe mich dort schon vor 38 Jahren angefreundet und meine alpinistische Laufbahn unter ihrer Flagge genommen. In früheren Jahren bin ich weit in die Welt hinausgezogen und habe von den höchsten und stolzesten Gipfeln unseres europäischen Erdteils einen vorurteilsfreien Blick für alles Schöne gewonnen, das uns die Berge bieten. Und doch kehrte ich immer wieder zu meiner alten Liebe zurück."

„Die östlichen Gruppen der Niederen Tauern" beschreibt L. V. Jäckle im Alpenvereins-Jahrbuch 1934. Wir erfahren Historisches in Zusammenhang mit den Wölzer Tauern, wobei für ihren nördlichen Teil erwähnt wird, daß sich langsam, aber stetig, besonders seit Eröffnung der beiden Plannerhütten, der Beiname Donnersbacher Tauern eingebürgert hat.

Während an der Nordseite der Wölzer Tauern die Sektion Reichenstein ihre Erschließungstätigkeit ausgeübt hat, hat der Österreichische Gebirgsverein an der Südseite Hütten erbaut und die Berglandschaft mit Alpenvereinswegen erschlossen.

Jäckle beschreibt ebenso die Rottenmanner Tauern wie die Triebener Tauern und ergänzt seine Ausführungen mit eindrucksvollen Schwarzweißbildern.

Die Seckauer Tauern werden von Jäckle in zwei Gruppen zerlegt, und zwar einerseits in die Bergrunde des Liesinggrabens samt Seitentälern und dem Zinkenstock. Als zweites nennt Jäckle die Gaaler Tauern und begründet diese Unterteilung: „Es ist dies keine müßige Spezialisierung, sondern die Anpassung an den Sprachgebrauch der Einheimischen genauso wie bei der Benennung der Triebener Tauern."

Jäckle faßt den touristischen Wert der östlichen Gruppen der Niederen Tauern zusammen: „Es sind mit wenigen Ausnahmen keine himmelstürmenden Berge. Keine Gletscher gibt's hier und auch nicht wie in manch anderem Alpenteil in jedem Tale oder Tälchen eine Schutzhütte. Auch von Wegbauten oder ähnlichem ist nur sehr wenig vorhanden, kurzum, diese Berggebiete sind noch nicht übererschlossen... Diese Berge sind nicht nur ein überaus wertvolles Schulungsgebiet für die bergsteigerische Jugend, sondern auch das reifere Alter wird hier viel Freudvolles finden und manchen Genuß haben, der in anderen übererschlossenen Gebieten schon längst verloren gegangen ist."

„Schiziele in den Donnersbacher Tauern" schildert der aus Wien stammende Fritz Pfeiffer, Bewirtschafter der Mörsbachhütte, im Alpenvereins-Jahrbuch 1937. Pfeiffers Vater war Arzt. In diesem Zusammenhang war für den jungen Fritz die berufliche Zukunft eher auf den medizinischen Bereich ausgerichtet gewesen, wäre es nach dem Willen seines Vaters gegangen.

Doch Fritz Pfeiffer hatte vielmehr Gefallen gefunden an den Donnersbacher Tauern und war hier, mit dem Wohlwollen der Sektion Reichenstein, die in diesem Tauernteil ihr Arbeitsgebiet hatte, Pächter der Mörsbachhütte geworden.

„Zwei Jahrzehnte sind verflossen, seitdem in diesen Blättern (gemeint sind die AV-Jahrbücher) zum letzten Mal die winterliche Bergwelt der nördlichen Wölzer Tauern Erwähnung fand. Der Schilauf nahm seit dieser Zeit seinen ungeahnten Aufschwung, und gerade die Gipfel dieses Teiles der Niederen Tauern erlangten wohlverdiente Beliebtheit", beginnt Fritz Pfeiffers Einleitung.

Rote Schindeln waren damals eine einfache, aber dauerhafte Markierungshilfe im Waldgelände.

Als Schiziele führt Pfeiffer an: Im Bereich der Planneralm u. a. Plannereck, Kleiner Rotbühel, Schoberspitze, Karlspitze, Jochspitze, Gläserkoppe, Großer Rotbühel, Goldbachseespitze, Schreinl; hingegen im Abschluß des Donnersbachtales sind es Ahornkogel, Wolfnalmspitze, Hochweber.

Schließlich schwelgt Pfeiffer in den Tourenbeschreibungen der Schiziele im Gebiet der Mörsbachhütte. Hier heißen die Gipfel Bärneck, Riesner Krischpen, Schwarzkarspitze, Mössnakopf, Steinkarlkoppe, Mörsbachspitze, Gstemmerzinken, Sonntagskarspitze und Lämmertörlkopf.

„Das Bergland des Tappenkars in den Radstädter Tauern" beschreibt Rudolf Wismeyer, langjähriger Vorsitzender der Alpenvereinssektion Edelweiß, im Jahrbuch 1955: „Führt man einen Unbekannten in eine Gesellschaft ein, so pflegt man ihn vorzustellen. Die Berge des Tappenkars sind in der alpinen Welt nahezu unbekannt. So mag es erlaubt sein, dieses bisher in unverdienter Unbekanntheit gebliebene Bergland etwas eingehender in die alpine Öffentlichkeit einzuführen."

Wismeyer sieht das Tappenkar-Bergland mit vier Gaben verbunden: Dazu zählen der Tappenkarsee, die ihn umgebenden einzigartigen Schauberge, drittens die Vorzüge eines kleinen Schiparadieses und schließlich der tiefe Friede urprünglicher Natur.

Mit einer Neuaufnahme dieses Gebiets seitens des Bundesamtes für Eich- und Vermessungswesen erfolgten die längst notwendigen Kartenrevisionen 1967 und 1968. Im gleichen Zuge wurde eine wissenschaftlich fundierte Grundlage zur Erschließung der Namen sowie für eine Weitergabe der Höhenangaben erstellt.

„Es gibt nur wenige Gebiete in den Ostalpen, die bis weit in dieses Jahrhundert nicht ein einziges richtiges alpines Schutzhaus aufweisen konnten", schreibt Wismeyer.

Die erste Hütte in den Radstädter Tauern schuf 1920 die DuOeAV-Sektion „Tauriskia" mit dem Bau ihrer Tauriskiahütte.

1928 folgte der Österreichische Gebirgsverein mit seiner Südwienerhütte.

In den dreißiger Jahren entstand am Zaunersee die Franz-Fischer-Hütte, und zur selben Zeit erbaute die in Dresden beheimatete Sektion „Meißner Hochland" am Südufer des Tappenkarsees ein Schutzhaus.

„Über dieser ersten Tappenkarseehütte schwebte der Unstern des Mißgeschicks."

Kaum war sie eröffnet, wurde ihr erster Aufschwung mit der über Österreich verhängten Ausreisesperre empfindlich getroffen. Im weiteren ließ der Zweite Weltkrieg nur schwer einen geregelten Betrieb zu. Am 23. Dezember 1947 zerstörte eine Staublawine diese erste Tappenkarseehütte.

1950 übernahm die Sektion „Edelweiß" das Tappenkar als Arbeitsgebiet und im Juni 1954 war die neue Tappenkarseehütte mit Hilfe von ERP-Mitteln fertiggestellt: In der Gegenwart werden erhebliche Verbesserungen an ihr vorgenommen.

Dipl.-Ing. Rudolf Wismeyer lobt das Tappenkar vor allem als Schitourengebiet. Ein stattlicher Winterraum bei der Tappenkarseehütte unterstreicht diesen Vorteil.

Wismeyer hält in seinem Nachwort zum Bergland des Tappenkars fest: „Eine Welt, zum Träumen wie geschaffen, ist aber überhaupt das Land um die neue Hütte im Tappenkar. Mit vielen Freunden bin ich im Laufe der Jahre dort gewandert. Mit vielen Menschen nach vollbrachter Fahrt in der Hütte im Gespräch gesessen und habe wahrhaft noch keinen Besucher getroffen, den der Zauber dieser Landschaft nicht ergriffen hätte."

In diesem Jahrbuch 1955 schreibt auch der Grazer Robert Hüttig über das „Tauernland nördlich der Mur". Hüttig nimmt zum Anlaß den 60jährigen Bestand der Grazer- wie der Rudolf-Schober-Hütte und zitiert Egon Filek: „Es sind die Sonderlinge unserer Alpen, die Niederen Tauern. Und sie erscheinen heute noch wie in alten Tagen vom Hauch des Rätselhaften und Unnahbaren umwittert. Es fehlen ihnen die schimmernden Gletscher, die weiten großen Seeflächen, die wildzerrissenen kühnen Felsformen der Kalkberge. Die Niederen Tauern liegen abseits der großen Verkehrslinien und stellen mit ihren langen Tälern den Wandersmann auf manche Geduldsprobe. Denn diese Tauern sind menschenscheu und wollen mit den Alltagstouristen, Gipfelstürmern und Kilometerfressern nichts zu tun haben.

Die Gletscherriesen der Hohen Tauern, die Kalkzinnen der Ennstaler Alpen, der vielgepriesene Dachstein lenken den Strom der Höhenwanderer von ihnen ab; und dennoch ist diese stille ernste Gebirgswelt wert, daß man sich mit ihr beschäftigt. Noch keinen von ihnen, die sie näher kennenlernten, hat die Mühe gereut."

Hüttig meint, die Vorzüge der Niederen Tauern gelten noch mehr für ihren Teil im Süden, z. B. für den Einzugsbereich aus dem Lungau. Und wenn der Preber von Hans Wödl in dessen Monographie „das monotone Bild eines riesigen Grasberges" sei, dann kann diese Feststellung nur für seine Südseite gelten. Und selbst diese wenig schmeichelhafte Bezeichnung verwandelt sich im Winter augenblicklich in ein Lob, sobald sich der Preber als Riesenschiberg mit 1500 Höhenmetern und sieben Kilometern hindernisloser Abfahrt anbietet.

Im Jahrbuch des Österreichischen Alpenvereins, Jahrgang 1959, skizziert der Grazer Oberarchivrat Dr. Wolfgang Sittig Erzherzog Johann als Bergsteiger. Für ihn wurde die Steiermark ab dem Jahre 1810 die eigentliche Heimat. Hier begann Erzherzog Johann sein Lebenswerk für die Menschen dieses Landes, aber auch sein Interesse für die steirische Bergwelt zu vertiefen.

Erzherzog Johanns erste Interessen zeigen sich standesgemäß: Als erstes wollte der Landesherr einen Besitz in der Sölk erwerben. Der Gedanke kam ihm nach einem ihn besonders befriedigenden Aufenthalt am Schwarzensee: „Es war eine herrliche Unterhaltung, die frohen Menschen, die Landsmusik, die Einfachheit ihrer Reden, ihre Aufrichtigkeit stimmte mich fröhlich. Ich mußte versprechen, aufs Jahr wiederzukommen. Wenn ich es kann, so komme ich gewiß. Ich verlebte in der schönen Natur einige meiner besten Tage ..."

„Will es Gott, so kaufe ich die Großsölk und will dann nichts scheuen, diese guten Obersteirer so zu bewahren, wie sie sind, und als ihr Patriarch recht wachsam sein, daß kein Gift sie verderbe." (Tagebuch vom 12. August 1811.)

Doch dieser Grunderwerb in der Sölk scheiterte. Erst 1818 erwarb der Erzherzog als seinen steirischen Besitz den Brandhof am Seeberg.

In den Niederen Tauern ist Erzherzog Johanns erste touristische Besteigung der Hochwildstelle am 19. August 1814 im besonderen hervorzuheben.

Am 28. August 1817 bestieg Erzherzog Johann den Hochgolling und einen Tag später ein zweites Mal die Hochwildstelle. Er hielt den Tourenablauf in Tagebüchern fest und verwies dabei nicht nur auf die technischen Schwierigkeiten im Gelände, sondern vor allem auf botanische Vorkommen, so z. B. anläßlich der Tour auf den Hochgolling: „Wir wandten uns von der (Golling-)Scharte auf der Südseite desselben durch die brüchigen Wände immer steil aufwärts. Die Tritte mußte man suchen. Hier beginnt eine schöne Alpenflora, der Ranunculus glacialis, das Geum reptans, 2 Saxifragen, oppositifolia und die andere rote, die aspera, Pedicularis, Arabis, höher oben die Myosotis nana, die einblumige, ganz schöne Teppiche bildend."

Erzherzog Johann war mit der Steiermark als Bergsteiger eng verbunden. Er schätzte seine Landsleute, vor allem jene in den Bergtälern.

Erzherzog Johann starb am 11. Mai 1859 in Graz. Das Gedenken anläßlich der 100. Wiederkehr seines Todestages würdigte seine Verdienste und auch seine innige Verbindung zu den Niederen Tauern.

Zwei Jahre nach diesem Erzherzog-Johann-Gedenkjahr, also im Alpenvereins-Jahrbuch 1961, schreibt Liselotte Buchenauer über die „Unbekannten Niederen Tauern" im Fahrtengebiet der Neunkirchnerhütte. Der Weg dorthin begann für Liselotte Buchenauer kurz nach Ende des Zweiten Weltkrieges:

„Im Herbst 1946 zog eine kleine Schar unserer Jungmannschaft zur Neunkirchnerhütte in den südlichen Wölzer Tauern. Die jungen Bergsteiger kamen nach einer Fahrtenwoche so begeistert zurück, daß sie von da an bei uns nur mehr ‚die Neunkirchner' hießen. Alles war großartig gewesen. Die trauliche Hütte, die wilden Berge und nicht zuletzt die Almkost."

Und Liselotte Buchenauer schreibt weiter: „13 Jahre hat es dann noch gedauert, bis ich wirklich zur Neunkirchnerhütte kam." Denn der Fahrten-Wunschzettel war immer wieder abgeändert worden.

Was lange braucht, wird gut. „Das Hintereggertor, eines der drei erhalten gebliebenen Stadttore von Oberwölz, erschien mir wie die Pforte in ein gelobtes Land. Durch dieses Tor wanderten wir auf schmaler Bergstraße zur Knappsäge und hinauf nach Pöllau am Greim."

Buchenauer schildert dieses Bergland, in dem Gipfel wie Greim, Schober, Idlereck, Talkenschrein und Hochstubofen stehen, auch Rötelkirchspitze, Krautwasch, Melleck, Alkerspitze und Laubtaleck.

Die Neunkirchnerhütte, 1925 von der niederösterreichischen Sektion Neunkirchen des Österreichischen Gebirgsvereins erbaut, hat sich ihre Vorzüge erhalten, wie Viktor Wedl und Anton Darrer wissen lassen: „Die Neunkirchnerhütte ist nicht nur ein Stützpunkt für eine Reihe lohnender Bergfahrten verschiedener Schwierigkeitsgrade, sondern auch günstig gelegen als Rast- und Nächtigungsstätte für Übergänge ins Ennstal, zur Planner- und zur Rudolf-Schober-Hütte. Eine Reihe von Gipfeln sind von der Neunkirchnerhütte auf bezeichneten wie auch unbezeichneten Wegen zu besteigen und vermögen vielfach auch den Bergsteiger strengerer Richtung und dem Winterbergsteiger manch genußreiche Stunden zu bieten."

Liselotte Buchenauer: „Ich überlege immer lange, bevor ich von unbekannten Bergen erzähle.

Ist es zu wünschen, daß die liebe Neunkirchnerhütte und ihr stilles Bergland entdeckt werden? Aber was man liebt, will man auch von anderen geliebt wissen."

Mit diesem Wunsch, der auch als Dank an die kleine Sektionsgruppe Neunkirchen aufzufassen ist, hat jene kleine Gemeinschaft geantwortet: „Wir glauben, daß echter Bergsteigergeist nichts anderes kennen darf als Kameradschaft, Verständnis und Einfühlung."

Im Alpenvereins-Jahrbuch 1970 werden die Radstädter Tauern und Schladminger Tauern vorgestellt. Rudolf Wismeyer beschreibt „Die Wandlung einer einsamen Paßhöhe zu einem Wintersportzentrum", wie sie sich in Obertauern so eindringlich ereignet hat:

Die schitechnische Erschließung auf der Paßhöhe hat ihre ersten Versuche 1949 erfahren, schließlich entstand 1953 als erste große Anlage der Sessellift auf den Grünwaldkopf, und ab 1960 führte eine Seilbahn zur Einfahrt ins Zehnerkar. Seit 1969, als zugleich vier Liftanlagen errichtet wurden, hat sich auf der Tauern-Paßhöhe jene Eigendynamik zu entwickeln begonnen, deren vielschichtige Dimensionen dem Ort Obertauern wohl zu einem Begriff im Wintersport verhalfen; der Sommertourismus läuft jedoch in einem ungleichen Verhältnis dazu ab.

Ing. Werner Toth-Sonns bringt „Prä-ski-historisches" in bezug zur Wintererschließung der Radstädter Tauern: „Erst im Kriegswinter 1915/16 wurde ein größerer Kreis von Schiläufern durch die in Wisenegg abgehaltenen Militär-Schikurse des Österreichischen Heeres mit dem Gebiet bekannt. Das damit geweckte Interesse führte schließlich (1920) zum ersten Schutzhüttenbau im Seekar nächst der Paßhöhe, wo ein ehemaliges Knappenhaus des aufgelassenen Silber- und Kupferbergbaues — auf dem Umweg über ein steckengebliebenes Hotelbauvorhaben — zum Bergsteigerheim umgestaltet wurde, das im Jahre 1925 ins Eigentum der Sektion Austria überging. Damit aber war der Unterkunftsbedarf wieder auf lange Zeit hinaus gedeckt."

Die nach dem Zweiten Weltkrieg fortschreitende Nutzung zugunsten eines Fremdenverkehrsbetriebes brachte jedoch große Verkehrsprobleme mit sich: Zwischen 1952 und 1967 wurden die bis zu 28 Prozent steilen Straßenstücke mit Hilfe neuer Trassen bis auf 8 Prozent Gefälle korrigiert.

Auf Grund der Lawinenkatastrophen im Winter 1964/65 wurde mit dem intensiven lawinensicheren Ausbau der Tauern-Paßstraße begonnen.

In Obertauern, modernst für den anspruchsvollen Wintersportgast ausgebaut, wurden neben zahlreichen privaten Hotels und Gasthöfen mehrere Vereinshäuser errichtet. Außer dem Seekarhaus entstand noch das Wismeyerhaus (Österreichischer Alpenverein), Vindobonahaus (Österreichischer Touristenklub), Dr.-Theodor-Körner-Haus (Naturfreunde Österreich) sowie das Ausbildungsheim des Deutschen Alpenvereins.

Über Wetter und Klima am Radstädter-Tauern-Paß schreibt der Salzburger Professor Dr. Hanns Tollner und begründet, warum es am Tauernpaß möglich ist, daß sich innerhalb von 24 Stunden ein Schneezuwachs bis zu hundert Zentimetern ergeben kann: Der Tauernpaß liegt im Schnittbereich zweier Klimazonen. Beträgt die Niederschlagsmenge im Jahresdurchschnitt für Radstadt 1077 mm, so erreicht sie in Obertauern am Tauernpaß 1633 mm, hingegen in St. Michael im Lungau nur 907 mm. Es ist bemerkenswert, daß an der Nordseite des Tauernpasses mehr Niederschlag als an der Südseite fällt.

Mit prächtigen Schwarzweißbildern stellen Willi End und Walter Wunderlich das Sommertourengebiet der Radstädter Tauern bzw. Schladminger Tauern vor.

Ernst Herrmann lockt mit „Höhenwegen durch die Radstädter Tauern“: „Einer der schönsten langen Wege von Hütte zu Hütte. Der herrliche Tauern-Höhenweg, der von Haus bei Schladming zunächst durch die Schladminger Tauern zum Radstädter-Tauern-Paß (1739 m) führt; nach Querung der Paßstraße von Radstadt nach Mauterndorf, die ja ein uralter Handelsweg von Norden nach Süden ist und schon zu Römerzeiten benutzt wurde, beginnt die Durchwanderung der Radstädter Tauern, die im Osten von diesem eben genannten Paß begrenzt werden und im Westen beim Murtörl (2260 m) enden. Von hier führt der Tauern-Höhenweg weiter in den Bereich der Hohen Tauern...“

Robert Hösch erzählt, im Gedenken an seinen Kameraden Franz Wolf, von „Bergfahrten im Hochfeindkamm“. Im besonderen erwähnt Robert Hösch in einem Nachtrag als Schlußwort den Wiener Bergsteiger Ludwig Sperlich, den er als „derzeit besten Gebietskenner der Radstädter Tauern“ schätzt. Sperlich kennt das Gebiet des Hochfeindkammes seit dem Jahre 1923 und legte zusammen mit seinen Gefährten Wolf, Ziepl und Dworschak die ersten Wegmarkierungen an, und zwar zwischen Taferlscharte und Rotenkarscharte.

1930 gelang Ludwig Sperlich mit Leo Jasczynski die erste Schiersteigung des Hochfeinds. Gemeinsam mit seinen Kameraden Anton Navratil und Rudolf Freund überschreitet Sperlich den gesamten Hochfeindkamm vom Speiereck bis zur Guglspitze. Seine Schitouren führten unter anderem von Tweng aus auf Vierteleck und Schwarzeck.

Als Höhepunkt seiner schitouristischen Erschließungstätigkeit gebühre Ludwig Sperlich — nach Meinung von Robert Hösch — für die Abfahrtsroute von der Dürchenwand durch das Fuchskar ein besonderes Lob.

Liselotte Buchenauer stellt im selben Jahrbuch (1970) die Berge um Giglachsee und Duisitzkar vor. Mit ihrem Beitrag sei übergeleitet zu ihrem im Jahre 1975 im Leykam-Verlag erschienenen Tauernbuch „Verliebt in die Heimat“. Prof. Liselotte Buchenauer weist die Niederen Tauern als ein Bergland der Weite, Wildheit und Vielfalt aus. Die eindrucksvollen Schwarzweißfotos von Max Puntigam, Otmar Walitsch, Peter Holl und Dr. Helmut Körner unterstreichen diese Charakteristik.

Im Jahre 1975 feierte Schladming die „50. Wiederkehr der zweiten Stadterhebung“. Der Historiker Walter Stipperger koordinierte nicht nur die Beiträge für die Festschrift, sondern lieferte wesentliche interessante Fakten, ausgehend von der zweiten Stadterhebungsfeier am 2. August 1925. Denn 400 Jahre zuvor war Schladming auf Grund des hier stattgefundenen Knappen- und Bauernaufstandes das Stadtrecht aberkannt worden.

Bei jener zweiten Stadterhebungsfeier war gleichzeitig ein Eisenbahn-Jubiläum zu feiern: So fuhr am Morgen des 15. August 1925 ein Jubiläumszug, gezogen von einer Lokomotive aus dem Jahre 1875, die den Namen „Dachstein" führte, von Bischofshofen nach Selzthal.

Der Fremdenverkehr hat in jenem Jahr der zweiten Stadterhebung den Namen Schladmings bereits weit hinausgetragen:

„Die Besucherzahl nahm ab 1922 rapid zu. Die Schutzhütten waren überfüllt, wie die seit dem Jahre 1920 bestehende Hochwurzenhütte. Die Schladmingerhütte auf der Planai wurde im Jubiläumsjahr 1925 errichtet."

Ab der Wintersaison 1925/26 organisierten die Alpenvereinssektionen Austria und Schladming Sportzüge von Wien nach Schladming, die von Dezember bis März verkehrten. Im Feber 1926 veranstaltete die AV-Sektion Schladming einen alpinen Abfahrtslauf von der Planai.

Am 29. Juli 1926 verkehrte der erste Autobus der Linie Schladming—Ramsau.

Der moderne Tourismus der Gegenwart setzte in Schladming ein, nachdem am 20. Juli 1973 die Planaibahn eröffnet worden war und am 22. Dezember desselben Jahres die erste Weltcup-Abfahrt stattgefunden hatte.

Die Durchführung der Alpinen Weltmeisterschaft für Damen und Herren im Jahre 1986, in Zusammenarbeit mit der Nachbargemeinde Haus im Ennstal, hat dem Ruf Schladmings als Zentrum im Fremdenverkehrsverband Dachstein—Tauern zu einem endgültigen Durchbruch verholfen.

Die Bergstadt Schladming ist der zentrale Ausgangsort nicht nur für das Dachsteingebirge, sondern erst recht für die Nordseite der Schladminger Tauern.

Mit dem Alpenvereins-Jahrbuch 1978 sind den östlichen Schladminger Tauern und den westlichen Wölzer Tauern zahlreiche Beiträge gewidmet. Im Vordergrund steht die Schaffung eines „Nationalparks Schladminger Tauern", dessen Kernzone touristisch und naturkundlich dargestellt wird.

Im Jahre 1985 ergaben sich drei Jubiläen: Die Alpine Gesellschaft Preintaler und die Alpenvereinssektion Lungau feierten jeweils ihren hundertjährigen Bestand; die OeAV-Sektion Tauriskia feierte ihr 75jähriges Bestehen.

Die Preintaler

Ihre „Constituierende Generalversammlung" fand am 6. Mai 1885 in Wien statt. Zweck der neugegründeten Gesellschaft war, nach § 2 der genehmigten Statuten die „Förderung des Touristenwesens sowie jeder Art alpiner Angelegenheiten".

Zur Mitgliederversammlung am 30. September 1885 erschien als Gast ein Mann namens Hans Wödl. Mit seiner Aufnahme als Mitglied am 9. September 1885 erhielt die hochalpine Richtung gewaltigen Auftrieb.

Schon zu Pfingsten 1886 durchforschten mehrere Gruppen der Preintaler die damals noch völlig einsamen und nahezu unbekannten Schladminger Tauern, unterstützt von den Bergführern Peter Gerhardter vlg. Grünstock aus Schladming und Traugott Wiesler vlg. Rodler aus dem Seewigtal.

Am 29. Oktober 1888 beschlossen die Preintaler, „Wegmarkierungen zu schaffen und Gedenkbücher auf Gipfeln zu hinterlegen".

Auch ein Baufonds wurde geschaffen.

Hans Wödl übernahm 1890 die Obmannstelle und führte die Gesellschaft bis 1895.

Am 15. August 1891 wurde die Preintalerhütte feierlich eröffnet; die Gesamtbaukosten betrugen die Summe von 934,68 Gulden. Wenn man den Gulden mit dem Kaufwert von gegenwärtig S 100,— bewertet, war der Hüttenbau damals eine beachtenswerte Leistung.

Die Preintaler verbanden ihre Erschließungstätigkeit mit engen Kontakten zur Bevölkerung und beschenkten vor allem Kinder von Bergbauern. Aus dieser engen Verbindung ist abzuleiten, daß die Preintaler aufmerksam gemacht wurden, auch im Seewigtal eine Hütte zu errichten. Auf Grund des Beschlusses vom 14. Mai 1895, einen

Wölzer Tauern.
Bild oben:
Im Schigebiet Lachtal läßt sich das Angenehme mit dem Nützlichen verbinden: Die Lachtal-Lifte sind eine willkommene Hilfe auch für Schießeck-Besucher.
Übergang vom Hohen Zinken zum Schießeck (rechter Bildrand). In Bildmitte das Plettentaljoch mit dem Übergang zu Sandlerkogel und Kühlnbrein. Auf der Schattseite Einfahrt in das Plettental Richtung Pusterwald.
Bild unten:
Die Tanzstattkapelle am Schönberg zählt zu den Wahrzeichen des Lachtalgebietes. Die Kapelle gehört zum Besitz des Gehöftes vlg. Schlatterer, weshalb der weitläufige Almboden zwischen Schönberg und Zinken als Schlattereralm bezeichnet ist. *Fotos: G. Auferbauer*

Hüttenbau in Erwägung zu ziehen, wurde am Nordufer des Hüttensees, auf der Unteren Pergantschenalm, ein Grund erworben.

Am 6. Juni 1897 wurde die Hans-Wödl-Hütte „feierlich unter reger Teilnahme der alpinen Kreise Österreichs und der einheimischen Bevölkerung eröffnet".

Die Preintaler hatten in ihrer Generalversammlung am 30. Mai 1886 beschlossen, angesichts der Verdienste, die sich Hans Wödl erworben hatte, die neue Hütte nach ihm zu benennen.

Mit Zustimmung des Bauern Reiter vlg. Steinwender aus Rohrmoos wurde auf dessen Grund auf der Steinwenderalm die dritte Hütte der Alpinen Gesellschaft Preintaler erbaut und im Jahre 1904 als „Gollinghütte" eröffnet.

Dem Verein der Preintaler — eine reine Männerrunde seit eh und je — gehörten damals bloß 21 Mitglieder an, und im Jubiläumsjahr 1985 zählten die Preintaler auch nur 33 Mitglieder. Seit ihrer Gründung ist eine ihrer vornehmen Aufgaben, eher in Form einer Tischgesellschaft ihre Vereinsziele wahrzunehmen.

Die Modernisierung der drei Schutzhütten war damit ebenso verbunden wie Bau und Erhaltung weitreichender Steiganlagen. Einer der hervorragendsten Befürworter des Wegbau-Gedankens, Robert Hoefert, sah seine Mitarbeit darin bedankt, daß der in den Jahren 1907/08 angelegte Steig — von der Hans-Wödl-Hütte über die Neualmscharte zur Preintalerhütte — seinen Namen trägt.

Der Verbindungsweg zwischen Preintalerhütte und Gollinghütte konnte erst in den Jahren 1919/20 fertiggestellt werden, nachdem die Bauarbeiten 1909 wegen Einspruch des Grafen Bardeau abgebrochen werden mußten.

Die Festschrift der Preintaler faßt das Wechselspiel aus klassischen Anfängen, zeit- und naturbedingten Rückschlägen sowie gegenwärtigen und künftigen Anforderungen zusammen: „Es ist ein weiter Weg gewesen, die stille Bahn, die die kleine Schar durch die Jahrzehnte gegangen ist, von den winzigen Hüttchen der Gründerzeit

Wölzer Tauern.
Bild oben:
Ein wesentliches Merkmal der Kulturlandschaft sind wohl auch die Zäune. Ein solcher Steckenzaun verlangt zwar viel Holz und Arbeit, doch er ist nicht nur wirksam und dauerhaft, sondern vor allem in die Landschaft passend.
Im Hintergrund der Talschluß bei der Neunkirchnerhütte bzw. Knollihütte mit den Höhenzug Melleck-Krautwasch.
Bild unten:
An der Zufahrt von der Knappsäge in den Eselsberggraben. In der Umgebung der Hinteren Pöllau stehen viele nahezu unverändert gebliebene Bauernhäuser. *Fotos: G. Auferbauer*

bis zu den stattlichen Häusern der Gegenwart, die doch immer richtige Bergsteigerheime geblieben sind. Es ist aber auch das Hohelied eines Idealismus, einer liebevollen Hingabe an ein selbstgewähltes Werk, die es immer wieder ermöglicht hat, fast unüberwindlich erscheinende Schwierigkeiten zu meistern.

So sei denn diese kurze Übersicht über das Werden und Wirken der Preintaler mit dem Wunsche abgeschlossen, daß weiterhin das Schicksal dieser kleinen, aber festgefügten Vereinigung unter einem günstigen Stern stehen und die altbewährte Zusammenarbeit alter und junger Freunde auch in Zukunft bestehen möge!"

OeAV-Sektion Lungau

Ausgerechnet in die Zeit wirtschaftlicher Not fällt die 1885 erfolgte Gründung der Alpenvereinssektion Lungau mit ihrem Sitz in der Bezirkshauptstadt Tamsweg.

Die sieben Gründungsmitglieder waren Bürger der drei Lungauer Marktgemeinden Mauterndorf, St. Michael und Tamsweg. Erster Obmann der Sektion Lungau war Bezirkskommissär Dr. Hermann Schmidt. Die Voraussetzungen für die Gründung einer Alpenvereinssektion waren dadurch gegeben, daß von Lungauer Bürgern in den einzelnen Seitentälern, oft bis zum Talschluß reichende Wege und Pfade errichtet und erhalten wurden, weil man an vielen Orten nach Erz grub. Knappensteige führten bis über die Baumgrenze zu den Schürfstellen. Die Angehörigen der Gewerken waren Jäger, für sie wurden Jagdsteige angelegt.

Insbesondere der Bergbau kann im Lungau zurecht als Wegbereiter für den Alpinismus wie später für den Fremdenverkehr bezeichnet werden. Die Knappensteige von gestern wurden die Wanderwege von heute. Aus aufgelassenen Werksbauten wurden Unterkünfte für Bergsteiger errichtet, nicht nur in den Lungauer Nockbergen, sondern erst recht in den Tauern, wie z. B. mit der Landawirseehütte am Fuße des Pietrach.

1889 war Mauterndorf Sitz der Sektion Lungau. Obmann Johann Wallner, ein Gastwirt in Mauterndorf, ließ am Großeck die Speiereckhütte erbauen. 1893 wurde St. Michael im Lungau Sektionssitz, wobei Obmann Georg Hayder eine rege Vereinsarbeit entfaltete.

Das Jahr 1894, in dem die Murtalbahnstrecke Unzmarkt — Murau — Tamsweg — Mauterndorf eröffnet wurde, war Anlaß für das neue Arbeitsprogramm der Sektion: Nun wurde ein Netz markierter Wege vom Mur-Ursprung bis zum Preber errichtet. Gleichzeitig konnten Unterkünfte in staatsforstlichen Jagdhäusern in der Muritzen und in Rotgülden eingerichtet werden. In Muhr, Zederhaus, Lessach und Göriach standen Bergführer bereit; für die wandernde Jugend wurden schon damals Herbergen in mehreren Orten errichtet.

Das Arbeitsgebiet der Sektion Lungau war für die kleine Sektion eigentlich zu groß, deshalb trat sie an die Sektionen Austria, Tauriskia, Graz und Wien Teilgebiete ab.

Am 24. August 1911 schloß die Sektion Lungau mit der Göriacher Alpsgenossenschaft ein Übereinkommen und setzte damit die rechtlichen Voraussetzungen für einen ersten bescheidenen Selbstversorgerbetrieb in der Landawirseehütte. Am 15. Jänner 1914 wurde der Mietvertrag für die Benützung der Landawirseehütte auf 30 Jahre abgeschlossen.

Mit der Einführung des Postautobus-Verkehrs über den Radstädter Tauern, das war im Jahre 1921, konnte der Lungau nun auch von Norden her, aus dem Raume Radstadt, erreicht werden.

Ein erster Umbau im Jahre 1923 bewirkte, daß die Landawirseehütte von einer Selbstversorgerhütte zu einer bewirtschafteten Alpenvereinshütte aufstieg. Dies änderte sich erst wieder 1951, „weil kein Pächter aufzutreiben war".

1957 wurde Dipl.-Ing. Hans Preßler, Vorstand des Vermessungsamtes Tamsweg, zum Vorsitzenden gewählt. Eine neue Blütezeit setzte ein: Die touristische Tätigkeit im Lungau verstärkte sich, wie z. B. mit dem Preber-Tourenlauf, im besonderen durch die Lungauer Wandernadel: Mit Stand von Ende 1984 wurden 39.797 Wanderbüchlein ausgegeben, 34.223 Wandernadeln und seit 1978 1581 Touren-Wandernadeln verliehen.

Die Landawirseehütte wurde im Winter 1976 von einer Lawine arg beschädigt, doch war dieser Rückschlag erst recht ein Ansporn, die Landawirseehütte zu sanieren. Am 15. August 1981 fand bei „Kaiserwetter" die Einweihungsfeier statt, an der rund tausend Besucher teilnahmen.

Hermann Santner, seit 1964 Zweiter Vorsitzender der Sektion Lungau und seit 1980 auch deren Hüttenwart, sieht den Neubau der Hütte gerechtfertigt, weil die Landawirseehütte einen vielfachen Zweck zu erfüllen hat: als wichtiger Stützpunkt für die Tauernwanderer, als Meldestelle für alpine Unfälle, ebenso als Ausgangspunkt für den Hochgolling und viele umliegende Berggipfel wie erst recht als beliebtes Ausflugsziel für die Lungauer Bewohner bzw. Lungauer Urlaubsgäste.

Obmann Hans Preßler beantwortet die Frage, ob das Vereinsleben bloß aus Überlieferung weiterläuft oder ob es auch nach hundert Jahren noch jung geblieben ist, um von kommenden Generationen anerkannt und getragen zu werden: „Die Jubiläumsschrift möge beitragen, daß sich die Sektion Lungau des Österreichischen Alpenvereins auch in den nächsten hundert Jahren als ein Sammelbecken der bergbegeisterten Menschen unserer Heimat erweise."

OeAV-Sektion Tauriskia

In den „Edelweiß"-Nachrichten, Heft 5/1985, stellt sich die Sektion Tauriskia mit ihrem Jubiläumsbeitrag vor. Gleichzeitig wird mit ihm die seit 1984 stattfindende Zusammenarbeit mit der Sektion Edelweiß dokumentiert.

Mit der Gründungsversammlung vom 30. November 1910 beginnt die Tätigkeit der in Wien beheimateten Sektion Tauriskia. Ihr erster Vorsitzender war der Lungauer Tierarzt Dr. Lothar Patera. In ihren Zielsetzungen haben die Tauriskianer festgehalten, „das Augenmerk auf die Radstädter Tauern als Erschließungsgebiet zu richten."

Ein erster Lichtbildervortrag vom 19. April 1911 zeigte eine eindrucksvolle Bildserie aus den Radstädter Tauern. Bereits ein Jahr später, 1912, wurde dem Aufschwung der Schitouristik Rechnung getragen und die „Skivereinigung Tauriskia" gegründet; sie pachtete auf der Oberen Pleißlingalm in den Radstädter Tauern eine Almhütte. Eine im Jahr 1914 erbaute Jagdhütte im Flachauwinkel wurde 1919 erworben, und die Hütte war bis 1930 von Sektionsmitgliedern beaufsichtigt. Diese Jagdhütte ist also zur Tauriskiahütte geworden. Ihr Ausgedinge fand sie als Bauhütte im Zuge des Tauern-Autobahnbaues. 1975 wurde die Tauriskiahütte abgetragen.

Als Pläne für den Bau einer zweiten Hütte erwogen wurden, wußten die wenigsten Mitglieder, daß die Sektion Tauriskia seit 1911 auf dem Haselloch einen großen Baugrund besaß. Beinahe wäre es zu einem Hüttenbau in der Windischscharte gekommen, doch fehlte es an ausreichendem Trinkwasser.

Im Jahre 1924 führte Franz Fischer einige Sektionsmitglieder in das Zaunerkar. Diese „kleine Expedition" lagerte am Zaunersee — nach mündlicher Überlieferung — genau an jener Stelle, auf der später die erste Franz-Fischer-Hütte erbaut wurde.

Die Sektion Tauriskia hat ein 500 km² großes Arbeitsgebiet zu betreuen und damit 100 km Steiganlagen zu erhalten. In den Jahren 1932 und 1933 wurden die Anstiege auf Mosermandl und Faulkogel erschlossen, schwierigere Passagen mit Stahlseilen gesichert.

Die bergsteigerische Erschließung dauerte bis zum Jahre 1950. Noch damals kam es zu Erstbegehungen, z. B. mit dem Weg durch den Rothornkamin.

Als im Jahre 1962 die Franz-Fischer-Hütte am Zaunersee von einer Staublawine ein drittes Mal schwer beschädigt wurde, daß eine Sanierung auszuschließen war, kam es zum Bau der neuen Franz-Fischer-Hütte. Sie steht nächst dem alten Hüttenplatz, jedoch lawinensicher. Die neue Fischerhütte wurde am 17. Juli 1966 eröffnet. Schon im Frühjahr darauf war die alte Hütte von einer Lawine total verschüttet worden, hingegen das neue Haus unbeschädigt geblieben.

Von guten Pächtern versorgt, entwickelte sich die neue Franz-Fischer-Hütte zu einer bekannten und ebenso beliebten Schutzhütte für „Gipfelstürmer, Weitwanderer und Sonntagstouristen". Der Zubau einer Veranda brachte weitere Vorteile, und ein Mini-Kraftwerk gewährleistet einen bescheidenen, umweltverträglichen Komfort. Daß die Sektion Tauriskia von gutem Geist und fleißigen Händen geführt wird, hatte sich uns an jenem 19. August 1986 bestätigt, als Obmann Herbert Scherhaufer und Hüttenwart Alfred Benedikter wahrhaft im Schweiße ihrer Angesichter beim Verlegen des neuen Stromkabels mitarbeiteten.

Bewußt zum Abschluß sei auf den umfangreichsten Literatur-Beitrag verwiesen: Peter Holl verfaßte nach den Richtlinien der UIAA den rund 580 Seiten starken AV-Führer „Niedere Tauern". Die erste Ausgabe dieses Bandes erschien 1969 im Bergverlag Rother und beschränkte sich zunächst auf die Radstädter und Schladminger Tauern. In den weiteren Auflagen wurde der AV-Führer „Niedere Tauern" auf die östlich angrenzenden Gebiete ausgedehnt und enthält in seiner vierten und jüngsten Ausgabe 1772 Randzahlen, womit das Potential der Niederen Tauern für das Bergwandern und Bergsteigen einmal mehr deutlich geworden ist.

Sowohl als hervorragender Kenner der Niederen Tauern, wie im besonderen in Zusammenhang mit seinen mehreren hundert Neutouren, hat Peter Holl den Inhalt der Niederen Tauern fundiert wiedergegeben.

Ist der Führer von Peter Holl ausschließlich dem Sommertourismus zugewandt, so haben die Brüder Gernot und Gisbert Rabeder mit Hilfe ihrer Spezialführer das Schitourengelände der Niederen Tauern nahezu katastermäßig erfaßt. Diese Führer enthalten mehrere hundert Schitouren aller Schwierigkeitsgrade.

Die Niederen Tauern haben somit ihre Würdigung als anspruchsvolles Winter-Tourengelände bestätigt erhalten.

Die Reichhaltigkeit der Niederen Tauern als winterliche Tourenlandschaft wurde nicht zuletzt im Alpenvereinsführer Ostalpen, Band 4, vorgestellt. Dieser Führer erschien 1986 im Rother-Verlag und enthält ausgewählte Touren des gesamten Bereiches der Niederen Tauern.

Wenn wir nun zusammenfassend den Zeitraum zwischen der im Jahre 1791 erfolgten Erstbesteigung des Hochgollings bis in die Gegenwart anspruchsvoller Kletter-Neutouren und extremer Schitouren überblicken, dann liegt in diesem Zeitraum von nahezu 200 Jahren eine Fülle von Ereignissen, wohl erst recht an Erlebnissen.

Der vorliegende Abriß aus der Erschließungsgeschichte verweist im besonderen auf die ja doch reichhaltige Literatur, mit deren Hilfe die Niederen Tauern sowohl in

Spezialaufsätzen wie in umfangreicher, ja sogar monographischer Form dargestellt wurden.

Die vorgestellten historischen Fakten mögen mithelfen, das Tor zum Erlebnis Niedere Tauern offenzuhalten.

Täler und ihre Umgebung

Die natürlichen Grenzen rund um die Niederen Tauern werden von den folgenden fünf Tälern bestimmt: im Westen vom Großarltal, im Nordwesten vom Ennstal, im Nordosten von Palten- und Liesingtal und im Südosten, Süden und Südwesten vom Murtal, bis zu seinem Ursprung nahe dem Murtörl. Dieser Übergang gilt als Grenze zwischen Niederen und Hohen Tauern.

Insgesamt gehören zu den Niederen Tauern rund 50 Täler; sie ermöglichen vorwiegend den jeweiligen Zugang von Norden oder von Süden her. Viele der Täler sind verkehrstechnisch gut erschlossen. Das wissen vor allem Tagestouristen zu schätzen. Mit Hilfe solch verbesserter Verkehrswege ist freilich auch mehr Mobilität in die Täler eingezogen: Die Talorte werden in zunehmendem Maße zu Ausgangspunkten weitreichender Tagestouren.

Ennstal

Das Haupteinzugsgebiet der Niederen Tauern liegt gewiß an deren Nordseite. Deshalb kommt dem Ennstal große Bedeutung zu: Es ist verkehrsmäßig mit Bahn und Straße gut erschlossen und verknüpft die Tauern-Autobahn im Westen mit der Pyhrn-Autobahn im Osten.

Die Enns hat ihren Ursprung inmitten der nördlichen Radstädter Tauern, durchfließt das Flachautal nach Norden, bestimmt jedoch ab Altenmarkt im Pongau in Richtung Radstadt das eindrucksvoll weite Ennstal: Die von Paddelsportlern geschätzte junge Enns fließt von Radstadt ostwärts der Bergstadt Schladming entgegen, dem Hauptort der Dachstein-Tauern-Region.

Aus dem Bereich von Schladming erfolgt der Zugang zu den wohl populärsten Teilen der Niederen Tauern, denn in den „Schladmingern" sind nicht nur die höchsten Tauerngipfel, sondern auch die meisten Seen zu finden.

Aus Schladming und seiner Umgebung läßt sich also das Herzstück der Niederen Tauern, die Kernzone eines künftigen Nationalparks, erreichen.

Von der Europa-Marktgemeinde Haus im Ennstal fließt die Enns verstärkt in Richtung Nordosten, meist nahe dem Fuße der Niederen Tauern, die beiden mächtigen Gebirgszüge deutlich trennend, nämlich die Nördlichen Kalkalpen und den kristallinen Tauernhauptkamm.

Bei Stein an der Enns ist mit dem nach Süden abzweigenden Sölktal eine Grenze zwischen Schladminger und Donnersbacher bzw. Wölzer Tauern erreicht; dem Flugfeld von Öblarn steht der kalkhelle Grimming, dieser markante Eckpfeiler des Dachsteingebirges, gegenüber.

Im Bereich von Trautenfels — der Ort ist wegen seines Schlosses und des darin installierten Heimatmuseums bekannt — erhält das Ennstal eine weitere gute Verkehrsverbindung, nämlich von Norden her aus dem Salzkammergut.

Das Ennstal hat auch in der „Heimat am Grimming" seine Siedlungsbereiche deutlich an den Talrändern: Am Fuße der Niederen Tauern finden wir die Orte Irdning und Aigen im Ennstal, jenseits der Enns liegt der Eisenbahnknoten Stainach-Irdning.

Bei der Bezirkshauptstadt Liezen erreicht das Ennstal in bezug auf die Umgrenzung der Niederen Tauern seinen nördlichsten Punkt. Nur wenige Kilometer weiter östlich, beim Autobahn- und Eisenbahnknoten Selzthal, mündet das Paltental ein.

Paltental

Die Schoberpaßstrecke wird in ihrem nördlichen Teil vom Paltental bestimmt. Es bietet Zugänge vor allem in die Rottenmanner und Triebener Tauern. Ausgangsorte sind dabei das Hochplateau von Lassing (782 m), die Bergstadt Rottenmann (681 m), jedoch vor allem der Markt Trieben (709 m). Südlich dieses Ortes führt eine Paßstraße über Hohentauern geradewegs südwärts in das Murtal und ermöglicht damit eine Zufahrt auch von Norden her zu den Wölzer Tauern und Gaaler Tauern.

Der Ursprung des Paltenbaches liegt nahe dem Schoberpaß (849 m), wobei die Paßhöhe eine Wasserscheide zwischen Palten- und Liesingtal bildet.

Liesingtal

Aus der Umgebung des Schoberpasses lassen sich vor allem die sogenannten „Liesingberge" erreichen: Als Dutzend ansprechender Gipfel umgeben sie in einer weiten Runde das Ursprungsgebiet des Liesingbaches.

Dieser noch junge Bach durchfließt ab Unterwald das von seinem Namen bestimmte Liesingtal.

Ausgangsorte in die Nordostseite der Seckauer Tauern sind vor allem Kalwang (755 m), Liesingau und Mautern (712 m).

Bei St. Michael in der Obersteiermark wird der östlichste Punkt der Niederen Tauern erreicht. St. Michael selbst ist wiederum ein bedeutender Verkehrsknoten für die Eisenbahn, besonders jedoch für den Autoverkehr in Zusammenhang mit Pyhrn-Autobahn und Murtal-Schnellstraße.

Murtal

Die gesamte Südseite der Niederen Tauern wird von diesem größten Fluß der Steiermark begrenzt. Wir sind von St. Michael in der Obersteiermark zum Mur-Ursprung unterwegs.

Das Murtal bei St. Michael hat historische Bedeutung; ein Monolith mit der Jahreszahl 25. Mai 1809 erinnert an die letzte Schlacht gegen Napoleons Soldaten. Die Niederen Tauern sind also nicht nur als rein alpines Erlebnis zu werten, sondern ebenso in Zusammenhängen mit manch geschichtlichen Fakten.

Das Murtal, bestimmt von Fluß und Bahn, noch augenscheinlicher von der jüngst gebauten Schnellstraße, erstreckt sich gegen Südwesten, womit der große Siedlungs- und Industrieraum des Aichfeldes erreicht wird.

Die Bezirkshauptstadt Knittelfeld (643 m) liegt an der Südseite der Seckauer Tauern und bietet mit Hilfe des hier abzweigenden Hammergrabens ebenso Eingang zu den Gaaler Tauern.

Zeltweg, Fohnsdorf und die Bezirkshauptstadt Judenburg (737 m) gehören ebenso zur Region Aichfeld—Murboden, dem Einzugsbereich an der Südseite der östlichen Niederen Tauern: Der Besucher findet Zugang durch das Pölstal in Teile der Wölzer, Rottenmanner, Triebener und Gaaler Tauern.

Von Judenburg westwärts verläuft die Tallandschaft der Mur in eher ursprünglicher Charakteristik. Noch sind wir rund 135 km vom Mur-Ursprung entfernt.

Bei Unzmarkt (745 m) fallen dem Reisenden gewiß Kirche und Ruine Frauenburg auf.

Wer mit der Südbahn an die Tauern heranreist, findet ab Unzmarkt Richtung Murau und Tamsweg eine Schmalspurbahn als romantisches Verkehrsmittel: Die Murtalbahn durchfährt seit 1894 dieses Tal bis hinauf in den Salzburger Lungau.

Ist Unzmarkt der Bahnknoten dieses Bereiches, so ist Scheifling (762 m) jene wichtige Kreuzung, von der die Bundesstraße 96 die Mur aufwärts führt bis zum Tauern-Autobahnknoten in St. Michael im Lungau. Doch der Weg dorthin ist noch weit.

Von Niederwölz und Frojach führen jeweils Straßen in die großflächig besiedelte Südseite der Wölzer Tauern. Alle diese Verkehrswege, erst recht jene von der Bezirkshauptstadt Murau (829 m) aus, lassen den Besucher weit in die Tauern-Südseite eindringen, z. B. nach Oberwölz, St. Peter am Kammersberg, Schöder, Ranten und in die Hochebene der Krakau.

Das Murtal westlich St. Georgen ob Murau und St. Ruprecht führt nach Stadl an der Mur und zur steirisch-salzburgischen Landesgrenze bei Predlitz (971 m).

Ab Predlitz sind wir nun auf Salzburger Gebiet; bis zur Lungauer Bezirkshauptstadt Tamsweg (1021 m) sind es noch 15 km, womit der südlichste Teil der Schladminger Tauern umfahren ist. Von Tamsweg reichen fünf Täler wie die Finger einer Hand in die Salzburger Südseite der Schladminger Tauern herein: Sauerfeld, Lessachtal, Göriachtal, Lignitztal und Weißpriachtal.

Am Übergang nach St. Michael im Lungau liegt der Mitterberg zwischen Mauterndorf (1121 m) und dem rund hundert Meter tiefer liegenden Murtal.

Bei St. Michael (1075 m) wird die Südseite der Radstädter Tauern erreicht und drei Kilometer westlich St. Michaels der Tauern-Autobahnknoten: Diese jüngste Transversale durch den Tauern-Hauptkamm verbindet Salzburg mit Kärnten, aber auch Nord- und Südeuropa.

Indessen führt unsere Straße am allmählich sich verjüngenden Flüßchen aufwärts zur Ortschaft Muhr (1124 m) und erreicht in Jedl (1260 m) die höchste und letzte geschlossene Siedlung des Murtales.

Bei Rotgülden endet die öffentliche Straße durchs Murtal.

Ein Zubringerweg führt an der Mur durch den Schmalzgraben aufwärts zur Muritzenalm und Sticklerhütte (1752 m).

Rund eine Stunde Fußweges westlich der Hütte liegt der Mur-Ursprung (1898 m). Eine weitere Stunde darüber liegt das 2260 m hohe Murtörl, womit der westlichste Punkt der Niederen Tauern erreicht ist und gleichzeitig die Schnittstelle gegenüber den Hohen Tauern.

Jenseits, gegen Norden, liegt das Großarltal.

Großarltal

Dieses Tal an der Nordseite der Niederen Tauern liegt im äußersten Westen und erstreckt sich von St. Johann im Pongau südwärts; es gilt als Grenze zwischen Hohen und Niederen Tauern.

Hauptort des über 30 km langen Tales ist Großarl (924 m), dessen Gemeinde rund 3000 Einwohner zählt. Acht Kilometer taleinwärts von Großarl liegt Hüttschlag (1030 m), die letzte Ortschaft dieses Tales.

Das Großarltal — im allgemeinen als Schi-Großraum bekannt — bietet Zugänge in die Bereiche der nordwestlichen Radstädter Tauern, wie z. B. zum Draugstein (2356 m) und auf den über Nebeleck und Gründegg nach Norden ziehenden Bergkamm.

Aus dem inneren Großarltal, also südlich Hüttschlag, verbinden Übergänge das Großarltal mit der Tappenkarseehütte (1820 m) oder, über das Murtörl, mit der Sticklerhütte (1752 m) und auch mit der Hafnergruppe.

Kleinarltal

Der Ausgangsort Wagrain (838 m) liegt zwischen St. Johann im Pongau und Flachau und ist als Wintersportgebiet wie in Verbindung mit dem Namen des Dichters Heinrich Waggerl bekannt.

Von Wagrain sind es acht Kilometer bis Kleinarl (1008 m). Hier ist das Tal endlich breit genug, um einen Überblick von diesem eindrucksvollen Nordteil der Radstädter Tauern zu bieten: Ennskraxen (2410 m), Kraxenkogel (2436 m), Liebeseck (2305 m), Faulkogel (2654 m), Rothorn (2522 m), Stierkarkopf (2365 m), Weißgrubenkopf (2369 m), Draugstein (2356 m), Nebeleck (2159 m), Gründegg (2168 m), Thörlstein (2016 m) und Kitzstein (2037 m) sind nur ein paar Namen jener dichten Anzahl von Gipfeln, die das Kleinarltal säumen.

Die allgemeine Zufahrt reicht von Kleinarl noch rund fünf Kilometer talein bis zum Jägersee (1097 m), einem besonders idyllischen Flecken, an dem der meistbegangene Zugang in das Tappenkar beginnt. Hausberg des Kleinarltales ist die Ennskraxen, sie gilt mit dem Anstieg über die Steinkarhütte als ausgiebige Tagestour.

Zu den beliebten Tagesausflugszielen zählt die 1754 m hoch gelegene Kleinarlerhütte, von der aus einerseits Thörlstein, Gründegg und Kitzstein zu erreichen sind, zum anderen weitläufige Übergänge ins Großarltal und ins Tappenkar führen.

Weitere Übergänge aus dem Kleinarltal finden sich in Zusammenhang mit dem Haselloch in das Riedingtal bzw. über die Weißgrubenscharte zur Franz-Fischer-Hütte (2001 m).

Flachautal

Die „Flachau“ wird am häufigsten in Zusammenhang mit den Schigebieten von Wagrain sowie in Verbindung mit Flachau-Winkel und seinen Wintersportanlagen Richtung Zauchensee und Kleinarl genannt. Doch die Flachau hat ihren Wert zu allen Jahreszeiten.

Das Flachautal wird von der jungen Enns durchflossen, deren Ursprung auf der Oberen Ennsalm (1793 m) liegt, am Ostfuß von Ennskraxen und Kraxenkogel bzw. am Nordfuß des 2336 m hohen Bernkarkogels.

Die Obere und Untere Ennsalm werden an ihrer Ostseite vom Schilcheck (2041 m) und dem schroff aussehenden Benzeck (2077 m) begrenzt. Schifahrer schätzen beide Gipfel mit ihrer einladenden Ostseite, der Benzalm, als ideales Tourengebiet.

Wenn das Flachautal zu einem der wichtigsten Verkehrsträger geworden ist und auf der Tauern-Autobahn der Urlaubsverkehr in dichten Kolonnen rollt, dann hat sich die moderne Zeit hier voll durchgesetzt. Denn schon um die Jahrhundertwende war das Flachautal als Verkehrsträger vorgesehen: Damals war geplant, die Hauptstrecke der Tauern-Eisenbahn durch dieses Tal Richtung Kärnten zu legen, doch schließlich war für dieses Vorhaben dem Gasteiner Tal der Vorzug gegeben worden.

Dort, wo nunmehr das Nordportal der Tauern-Autobahn erreicht wird, also bei der Unteren Gasthofalm (1205 m), wird wie eh und je zu klassischen Gipfeln aufgestiegen:

Über die Untere Pleißlingalm zur Südwienerhütte (1802 m) und damit zu den sommers und erst recht im Winter gerne erstiegenen Pleißlingkeilen (2501 bzw. 2418 m). Die Taferlscharte (2236 m) bietet Übergänge aus dem Flachautal sowohl zum Twenger Lantschfeldtal wie in das innerste Zederhaustal, also zu Muhreralm und Aigneralm, aber ebenso Anschluß an den Tauern-Höhenweg Richtung Jakoberalm und Franz-Fischer-Hütte.

Schließlich lassen sich aus dem Hinteren Flachautal über Marbachalmen und Ursprungalm (1534 m) der Faulkogel (2654 m) und das Mosermandl (2680 m) erreichen und sogar jeweils mit einer Rundtour durch das Gasthofkar verbinden.

Bild oben links:
Die Bezirkshauptstadt Murau als Ausgangsort in die Südseite der Wölzer Tauern und Schladminger Tauern. Der alpine Tourismus für den Umgebungsbereich von Murau hat begonnen, als 1894 die Murtalbahn eröffnet wurde.
Bild oben rechts:
Samson-Umzug in Krakaudorf; aufgenommen am 5. August 1984. Dieser Umzug findet jeweils am ersten August-Sonntag wie auch zu besonderen Anlässen statt.
Bild unten links:
Für diesen Bauern ruht die Arbeit auch am Sonntag nicht. Das Hintereggertor ist das westliche der drei Stadttore von Oberwölz. Durch das Hintereggertor führt die Zufahrt Richtung Eselsberggraben, Hintere Pöllau und Greim wie vor allem auch in den Hintereggergraben.
Bild unten rechts:
Eine gedeckte Treppe mit 168 Stufen führt zur Pfarrkirche von Frauenburg, die dem Apostel Jakob d. Ä. geweiht ist.
Die spätromanische Kirche wurde sowohl im gotischen Stil umgewandelt (um 1430) wie zwischen 1720 und 1780 im barocken Stil. 1871 wurde der Grabstein Ulrichs III. von Liechtenstein an der Pfarrhof-Gartentür entdeckt; außerdem enthält die Kirche Gruft und Grabstein der Stubenberger, datiert 1574 bzw. 1598.
Fotos: G. Auferbauer

Doch zur Flachau gehört dennoch ein weiteres Mal der Winter erwähnt: Von Flachauwinkel überbrückt die Schischaukel den Weg ins östlich benachbarte Zauchental.

Zauchental

Rund 12 km südlich Altenmarkt im Pongau liegt der Zauchensee (1350 m), dessen umliegendes Gelände einem intensiven Wintersportbetrieb dient. Das Zauchental weist jedoch eine Reihe lohnender Sommertouren auf, wie z. B. den Lackenkogel (2051 m), Roßkopf (1929 m), Tagweideck (2135 m), die nicht leichte Steinfeldspitze (2344 m) und den nicht mehr so abgelegenen Strimskogel (2139 m).

Vom Zauchensee über die Oberzauchenseealm und das Gasselrain, einen Sattel, läßt sich über die Tauernkarleitenscharte ein Übergang zur Südwienerhütte (1802 m) finden, womit der Zugang an den Hauptkamm der Radstädter Tauern wieder erreicht ist.

Wölzer Tauern.
Bild oben:
Der Greim hat vor allem für Schitouristen einen klingenden Namen. Links vom Greim liegt der Sandkogel. Beide Gipfel werden im Frühjahr gerne aufgesucht. Ihnen gemeinsam ist die durch die Bildmitte ziehende Greimrinne, in der gegen Ende Mai oder gar erst Anfang Juni alljährlich das späteste Schirennen der Steiermark stattfindet.
Der Alpengasthof Greim liegt an der Waldgrenze im rechten Bildteil und bietet sich als günstiger Stützpunkt an.
Bild unten:
Die Frauenburg wurde von Ulrich von Liechtenstein, dem größten steirischen Dichter des Mittelalters und einem ebenso einflußreichen Landespolitiker, um 1250 errichtet. 1437 fiel die Burg im Erbweg an die Stubenberger, denen sie bis 1656 gehörte. 1666 erwarb Adolf von Schwarzenberg diese Burg, die noch heute im Besitz dieser Familie ist.
Wenngleich die Frauenburg zur Ruine wurde, so sind selbst ihre Reste eindrucksvoll und sehenswert. *Fotos: G. Auferbauer*

Pongauer Taurachtal

Von Radstadt (830 m) erfolgt die Zufahrt von Norden her auf den Radstädter-Tauern-Paß und damit nach Obertauern (1739 m). Diese Scheitelstrecke hat einerseits für den Verkehr zwischen dem Norden und Süden Österreichs Bedeutung, freilich eher in Verbindung mit dem landschaftsbedingten Reise-Erlebnis, seit die potentiellen Kolonnen auf der Autobahn unter dem Tauern-Hauptkamm hindurchrollen.

Zum anderen ist das Pongauer Taurachtal die Grenze an der Nordseite zwischen Radstädter und Schladminger Tauern.

Wenn in der klassischen Literatur das Taurachtal noch als eindrucksvoller Fußweg beschrieben wurde, dann beginnt dieses mit Gemächlichkeit verbundene Naturerlebnis heute erst weit drinnen im Tal, z. B. bei der Vordergnadenalm. Der Zugang von dieser Seite auf die Südwienerhütte (1802 m) ist beliebt. Nicht zuletzt deshalb, weil diese Hütte ihren guten Ruf in Touristenkreisen wiedererlangt hat.

Forstautal

Der Ausgangsort Forstau (925 m) ist nicht leicht zu finden, denn er liegt gut gesichert hinter jenem langgestreckten Rücken, der sich von Radstadt bis Pichl erstreckt und dabei Anteil am — nur schwach ausgeprägten — Mandlingpaß hat. Die Bezeichnung Paß in der Karte überrascht deshalb, weil das Auge eine Paßlandschaft nicht wahrnimmt, höchstens eine Engstelle.

Forstau läßt sich auf Salzburger Seite von Radstadt, auf steirischer Seite von Pichl bzw. Gleiming erreichen. Das Forstautal erschließt den nordwestlichen Teil der Schladminger Tauern, hat also Verbindung zur Farmau wie zur Vögeialm; ebenso zur Oberhüttenalm (1862 m) am Oberhüttensee, womit schon der Westfuß der Steirischen Kalkspitze erreicht ist. Hier am Oberhüttensee führt der Zentralalpen-Weitwanderweg 02 entlang; schließlich ist der Oberhüttensattel (1866 m) eine Wasserscheide zwischen Ennstal und Murtal.

Von Forstau ist aber auch ein jüngstes Schigebiet zu erreichen: Das eher sanfte Gelände der Fageralm (etwa 1800 m).

Preuneggtal

Von Westen gesehen ist das Preuneggtal das erste Tal auf steirischem Boden in den Niederen Tauern. Mit Hilfe des Preuneggtales dringt der Besucher tief in die Nordseite der Schladminger Tauern vor und erreicht auf einer Mautstraße die Ursprungalm (1604 m), einen ebenso bekannten wie günstigen Ausgangsort am Nordfuß der Steirischen Kalkspitze.

Das Preuneggtal läßt sich aus dem Ennstal sowohl von Pichl erreichen wie von Schladming über Rohrmoos. Beide Straßen treffen bei der Strickbrücke zusammen, wo die erwähnte Mautstraße Richtung Ursprungalm beginnt.

Der Anfang des Preuneggtales wird an seiner Westseite vom bekannten Schigebiet der Reiteralm begrenzt, an seiner Ostseite vom ebenso bekannten Schigebiet der Hochwurzen.

Während im Bereich von Reiteralm und Gasselhöhe das Sommertourengebiet am Ruppeteck (2126 m) bzw. Schober (2133 m) endet, weil keine gebahnten Wege weiter südwärts führen, ist auf der gegenüberliegenden Hochwurzen ein ausgeprägtes Wegenetz zu finden: Der Schladminger Höhenweg verbindet die Hochwurzen über das Roßfeld und den Latterfußsattel mit Guschen (1938 m) und Schiedeck (2339 m) die Ignaz-Mattis-Hütte (1986 m), womit einmal mehr der Tauern-Höhenweg erreicht wird.

Dient hingegen die Ursprungalm als Ausgangsort, liegen die touristischen Ziele zum Greifen nahe: Preuneggsattel (1953 m), unweit davon die Ignaz-Mattis-Hütte, der Obere und Untere Giglachsee, weiters Znachsattel (2059 m) und Ahkarscharte (2315 m); aus ihr führen Steige sowohl auf die Steirische Kalkspitze (2459 m) wie auf die Lungauer Kalkspitze (2471 m). Durch die Ahkarscharte wie durch den Znachsattel verläuft die steirisch-salzburgische Landesgrenze.

Obertal

Gar nicht weit außerhalb Schladmings fließen Obertalbach und Untertalbach zusammen. An dieser Mündung, die von Schladming (749 m) aus über Rohrmoos erreicht wird, gabeln sich die beiden wohl bekanntesten Täler der Schladminger Tauern: Während das Untertal gegen Südosten zieht, führt das Obertal eher geradewegs nach

Süden. Inmitten des Obertales liegt der Bärnhoferwirt, dessen Hausnamen-Ursprung ein eindrucksvoller Bärenkopf bestätigt.

In Hopfriesen, bei der Jausenstation Tauerngold (etwa 1060 m), endet die Buslinie; eine große Übersichtstafel weist in die beiden folgenden Täler:

Gegen Südwesten führt ein markierter Weg am Giglachbach aufwärts durch das *Giglachtal* zur idyllischen Lackneralm; der Weg erreicht über eine Steilstufe das Knappenkreuz und nach weiten Almböden die Ignaz-Mattis-Hütte (1986 m).

Gegen Südosten, ins hintere Obertal, leitet die Markierung am Obertalbach entlang zum nahen Eschachboden und zur Eschachalm (1213 m). Von der Eschachalm lassen sich die Duisitzseehütte (etwa 1650 m) und die am Tauern-Höhenweg liegende Keinprechthütte (1872 m) erreichen.

Hopfriesen im Obertal ist deshalb ein ausgesprochen idealer Ausgangsort für Rundtouren in Verbindung mit Giglachseen, Duisitzsee, Buckelkarseen, Knappenkarsee wie auch Ignaz-Mattis-Hütte, Duisitzseehütte, Keinprechthütte; erst recht mit Übergängen zu Vetternscharte und Rotmandlscharte, Krukeckscharte und mit dem Besuch des ehemaligen Bergbaugebietes, dem heutigen Schaustollen Vettern-Zinkwand, sowie dem Bergbau-Rundweg Bromwiesen und „Historischen Knappenweg“ Obertal-Schladming.

Untertal

Wiederum sind die Bergstadt Schladming (749 m) und die Feriengemeinde Rohrmoos Ausgangsort. Das Untertal zieht an der Westseite der Planai und des Krahbergzinkens entlang und ermöglicht den Zugang zum wohl populärsten Teil der Schladminger Tauern.

Die Landschaft des Untertales läßt sich auch von Fastenberg aus auf schönem Höhenweg erreichen, der beim Ghf. Tetter in die Talstraße einmündet. Die Aulandschaft südlich des Gasthofes zeigt deutlich, daß der Talboden in diesem Bereich einst von einem See bedeckt war.

Das Untertal ist bis zum Gh. Weiße Wand für den Busverkehr und darüber hinaus bis zur Unteren Gfölleralm für den Pkw-Verkehr erschlossen.

Bei der Unteren Gfölleralm beginnt der Zugang durch das Steinriesental zur Gollinghütte (1651 m). Von hier aus wird der Hochgolling (2863 m) wohl am häufigsten erstiegen.

Der dem Golling gegenüberliegende Zwerfenberg (2642 m) ist ein vor allem bei Schibergsteigern beliebtes Tourenziel.

Zum anderen beginnt bei der Unteren Gfölleralm nächst dem Riesach-Wasserfall der Anstieg zur Oberen Gfölleralm und dem Riesachsee, dem größten aller Seen in den Schladminger Tauern. Das Hochtal, in dem der Riesachsee eingebettet ist, wird u. a. von Höchstein (2543 m) und Placken (2434 m) umgeben.

Hinter einer Reihe von Almen steht schließlich auf der Waldhornalm die Preintalerhütte (1657 m). Bei ihr ist der kürzeste Zugang zum Klafferkessel erreicht.

Hausberg der Preintalerhütte ist das 2702 m hohe Waldhorn. Dazu kommen noch die Steige Richtung Sonntagskarseen und Kieseck (2681 m); vor allem noch jene durch das Trattenkar in die Wildlochscharte (2488 m) und über den ansprechenden Südgrat auf die Hochwildstelle (2747 m).

Wiederum ergeben sich — ähnlich wie beim Obertal — großzügige Rundtouren. Wohl am häufigsten begangen werden in Verbindung mit der Preintalerhütte die Wege zu Klafferkessel, Greifenberg und von hier mit dem Abstieg über die Gollinghütte, zurück ins Untertal zur Unteren Gfölleralm bzw. „Weißen Wand".

Gumpental

Zwischen Haus im Ennstal und Aich zieht von Ruperting (756 m) das Gumpental nach Süden und erschließt damit den direkten Zugang an die Nordseite des Höchstein.

Baumschlagalm, Gumpentalalm und Moaralm liegen am Anstiegsweg zum Moaralmsee; von ihm aus wird über die Filzscharte (2201 m) und Kaltenbachschulter der Höchstein (2543 m) erreicht.

Andererseits läßt sich eine Tour durch das Gumpental damit verbinden, um von Haus im Ennstal mit der Seilbahn zur Krummholzhütte zu gelangen; anschließend auf gut bezeichneten Wegen über den Hauser Kaibling (2015 m) und durch das Kaiblingloch auf den Höchstein, danach Abstieg über dem Moaralmsee ins Gumpental und durch dieses nach Ruperting bzw. Haus im Ennstal.

Seewigtal

Je eine Mautstraße führt von Ruperting bzw. Aich zum Bodensee (1150 m), womit der touristisch am meisten frequentierte Teil des Seewigtales erreicht ist. Der obere Teil des Seewigtales, also der Aufstieg vom Bodensee zur Hans-Wödl-Hütte (1528 m), ist gleichzeitig der Beginn des Schladminger Tauernweges.

Bei der Wödlhütte sind auch die Übergänge zur Preintalerhütte (1657 m) wie jene Richtung Höchstein (2543 m) bzw. Hauser Kaibling (2015 m) erreicht. Vor allem aber ist die Wödlhütte Ausgangspunkt zur Hochwildstelle (2747 m).

Daß auch hier im Seewigtal die Gäste nicht selten in Autobussen heranreisen, bestätigt einmal mehr, welche Größenordnungen alpiner Ausflugsverkehr anzunehmen vermag.

Beim „Forellenhof" am Bodensee trennen sich Autotouristen, Spaziergänger, Hüttenbummler und Bergwanderer. Jeder ist mit seinen Zielen zufrieden. Am meisten zufrieden sind wahrscheinlich jene, die als Schitouristen die wintereinsame Landschaft mit den wenigsten Besuchern teilen müssen: Zum Beispiel im Tourengebiet der Vockentalalm.

Sattental

Südlich von Pruggern im Ennstal zwängt sich der Sattentalbach durch schluchtartiges Gelände, sodaß die Zufahrt in das Sattental zum Teil über den Pruggerer Berg führt, und erst im vorderen Sattental, beim Gh. Winkler, durch das eigentliche Tal hindurchleitet.

Das Sattental eröffnet den Zugang von Osten her auf die Hochwildstelle (2747 m) mit einem Gelände, wie dies vor allem Schibergsteiger im Frühjahr suchen und schätzen. In die nordseitige Langschneerinne, die von der Roten Scharte in das hinterste Sattental herunterzieht, lassen sich deshalb weit über den allgemeinen Winter hinaus Spuren in den Schnee zeichnen.

Die Schladmingeralm (1644 m), der Dromeisspitz (2047 m) und das Spateck (2256 m) sind ebenso Ziele für Schitouristen, die das Sattental als Ausgang wählen.

Das Sattental hält für Besucher aber auch im Sommer und im Herbst Einladungen bereit.

Sölktäler

In Stein an der Enns (694 m) mündet jener Sölkbach ein, der kurz zuvor noch aus zwei großen Bächen bestanden hat: Kleinsölkbach und Großsölkbach sind mit ihren Tälern gleichzeitig namengebend für den „Naturpark Sölktäler". Während das Kleinsölktal die östlichen Schladminger Tauern in ihrem nördlichen Teil erschließt, stellt das Großsölktal sowohl eine Grenze zwischen Schladminger Tauern und Wölzer Tauern bzw. Donnersbacher Tauern dar; es dient überdies als ein im Sommer zunehmend frequentiertes Tal in Verbindung mit der Straße über den 1788 m hohen Sölkpaß.

Kleinsölktal

Die Zufahrt beginnt am westlichen Ortsrand von Stein an der Enns und führt auf neuer Trasse zur Ortschaft Kleinsölk (989 m). Das Hochtal gabelt sich nahe dem ehemaligen Gh. Sagschneider. Nach Südwesten reicht die Straße am Schwarzenseebach bis zur Breitlahnhütte (1070 m) und endet dort mit einem geräumigen Parkplatz. Dieser südwestliche Teil des Kleinsölktales bei der Breitlahnhütte wird als *Obertal* bezeichnet und läßt über die Grafenalm den beachtlich großen Schwarzensee (1163 m) erreichen. Darüber liegt der Aufstieg zur relativ nahen Putzentalalm (1354 m), womit gleichzeitig ein überaus eindrucksvoller Talschluß erreicht ist: Ein Dutzend Bäche durchzieht zum Teil in Form von Wasserfällen die steilen Berglehnen und Felsstufen.

Aus der Umgebung der Breitlahnhütte führen anspruchsvolle Übergänge sowohl Richtung Trattenscharte und Hochwildstelle (2747 m) bzw. Rettingscharte und Kieseck (2681 m), jeweils in Verbindung mit Abstiegen zur Preintalerhütte (1657 m).

Gegen den Talschluß zu läßt sich über die Neualmen der Predigtstuhl (2543 m) ersteigen, läßt sich das Rantentörl Richtung Krakau überschreiten und das Prebertörl mit Ziel Grazerhütte überqueren. Die Landschitzscharte (2345 m) wie die Kaiserscharte (2298 m) ermöglichen Übergänge ins Lungauer Lessachtal.

Aus dem Gebiet der Breitlahnhütte ergeben sich zudem großzügige Überschreitungen mit Schöneck (2540 m), Zischken (2661 m), Deichselspitze (2684 m), Kaiserspitze (2576 m) bis hin zum Waldhorn (2702 m).

Das Kleinsölktal hat aber noch einen zweiten Talast: Vom Sagschneider zieht das *Untertal* nach Südosten. Es wird vom Strieglerbach durchflossen, der sein Ursprungsgebiet an der Ostseite des Predigtstuhls hat.

Zwischen dem Kleinsölker Unter- und Obertal erstreckt sich mit dem Predigtstuhl nach Norden jener Kamm, in dem Gipfel wie Seekarspitze (2500 m), Ghagspitz (2431 m), Jackerstageck (2409 m) und Große Kesselspitze (2294 m) liegen, zum Teil Gipfel, wie sie von sehr guten Schibergsteigern mitunter aufgesucht werden.

Zudem leitet noch aus dem vorderen Untertal, etwa 2 km nach dem Sagschneider, eine Straße zur Tuchmoaralm (1509 m), die mit dem weitreichenden Tuchmoarkar gegen Süden abgeschlossen wird.

Zu den Hausbergen im Kleinsölktal zählen der Kochofen (1916 m) wie auch das Spateck (2256 m); schließlich auch die Karlspitze (2212 m).

Großsölktal

Aus der Ortsmitte von Stein an der Enns zieht die Straße an sonnseitiger Lehne, weit oberhalb des tief eingeschnittenen Sölkbaches, nach Großsölk und erreicht erst nach dem Sölk-Stausee den eigentlichen Talboden. Die nahezu überbreit ausgebaute Straße führt in begradigter Trasse nach dem Gh. Ödwirt zur Ortschaft Mössna (1023 m) und schließlich zur letzten Talortschaft, also St. Nikolai im Sölktal (1127 m).

Donnersbacher Tauern.
Bild oben:
Auch im Wintersportgebiet der Planneralm läßt sich das Schifahren mit Liften und Touren verbinden. Als markantester Gipfel steht im Westen die Schoberspitze.
Bild unten:
Eine Tourengruppe unter der Führung von Prof. Klaus Ruckenbauer im Aufstieg durch das Silberkar auf das Große Bärneck. Diese Tour zählt zu den beliebtesten Zielen in der Umgebung der Mörsbachhütte.

Bilder umseitig:
Wölzer Tauern.
Oben:
Ein für die Niederen Tauern typischer Teil: Der Höhenweg vom Gumpeneck herüber zum Plöschmitzzinken. Unweit von hier wird der Hangofen erreicht.
Unten:
Winterausklang zwischen Wölzer Tauern und Schladminger Tauern. Abstieg nach der Abfahrt vom Hochstubofen zur Erzherzog-Johann-Hütte an der Sölkpaßstraße.
Gegenüber liegt das Deneck-Tourengebiet. *Fotos: G. Auferbauer*

Die anschließende Paßstraße ist seit Herbst 1986 durchgehend asphaltiert und erreicht von Norden her den Sölkpaß. Dieser Übergang inmitten den Niederen Tauern kann während des Winters nicht befahren werden und dient deshalb ausschließlich dem Sommer-Reiseverkehr, das ist von Pfingsten bis zum Wintereinbruch.

Der Sölkpaß stellt die kürzeste Verbindung zwischen dem mittleren Ennstal und dem Murtal dar.

Zu den touristischen Zielen aus dem Großsölktal zählen die Anstiege aufs Gumpeneck (2226 m), z. B. von Großsölk über Koller oder Faista, jeweils über die Schönwetterhütte (1442 m).

In Mössna wird der Zentralalpen-Weitwanderweg 02 erreicht, er kommt aus den Donnersbacher Tauern, also aus Richtung Mörsbachhütte, und führt von St. Nikolai im Sölktal in die Schladminger Tauern Richtung Rudolf-Schober-Hütte weiter. Von Mössna aus läßt sich auch das tief eindringende Tal der *Seifrieding* erreichen. Dieses Tal trennt in diesem Bereich Wölzer und Donnersbacher Tauern. Aus dem Talschluß, über die Seifriedsenke (2150 m), läßt sich der Tourenbereich der Neunkirchnerhütte erreichen.

Bei St. Nikolai im Sölktal eröffnet sich der touristisch interessanteste Teil des

Bild umseitig:
Das Mölbegg liegt in den Donnersbacher Tauern weit im Norden, gegen das Ennstal zu. Der meistbegangene Zugang erfolgt über diese Westseite, also von Donnersbach aus.
Aber nicht nur Bergwanderer, sondern auch Schitourenfahrer schätzen das Mölbegg.

Bilder links:
Schladminger Tauern.
Oben links:
Bergfrühling bei St. Nikolai im Sölktal: Blumen und Wiesenboden erfreuen nach der Abfahrt vom Großen Knallstein. Im Hintergrund Schimpelgrat, Schrein (fast verdeckt), Süßleiteck und Schimpelscharte.
Oben rechts:
Der Schrein, ein Berg ohne Trubel, viel eher mit Jubel, wie hier für unsere Minigruppe mit Christa, Wolfmar und Helmut.
Unten links:
Beim Gehöft Jogaus am Gstoder. Ein Ausflug in die Niederen Tauern erweist sich auch als Brücke zwischen Stadt und Land.
Unten rechts:
Im Naturpark Sölktäler. Die Putzentalalm mit ihrem eindrucksvollen wasserreichen Talschuß.
Fotos: G. Auferbauer

Großsölktales: Hauptziel ist der Große Knallstein (2599 m). Er wird über die Kaltherbergalm und die Klafterseen erstiegen.

Der Weitwanderweg 02 führt nach Südwesten in das wasserreiche Gebiet der Hohenseealm und über die Schimpelscharte (etwa 2300 m) zur Rudolf-Schober-Hütte (1667 m).

Besonders beliebt sind auf der Seite der Wölzer Tauern vor allem Schitourenziele wie Unholdingspitze (2293 m), Tischfeldspitze (2268 m), Kammkarlspitz (2248 m), Schafdach (2314 m), Hochstubofen (2385 m) sowie das auf Seite der Schladminger Tauern gegenüberliegende Deneck (2433 m).

Walchen

Dieses Tal beginnt in Öblarn (668 m) und führt aus dem Ennstal in jenen Teil der Donnersbacher Tauern, die mit dem Englitztal und Ramertal weitreichende touristische Übergänge ermöglichen. Die Zufahrt in die Walchen reicht noch ein kurzes Stück über das Gh. „Zum Bergkreuz“ hinaus. Der nächstgelegene Stützpunkt davon ist die neugestaltete Englitztalhütte (1328 m).

Vom Englitztal, einem überaus anmutigen Hochalmgelände, werden Ziele wie Hangofen (2056 m), Plöschmitzzinken (2095 m), Kühofenspitz (2145 m) und auch das Gumpeneck (2226 m) erreicht.

Von der Englitztalhütte liegt das Ramertal nicht weit entfernt; aus seinem Talschluß wird über das Lämmertörl hinweg der Lämmertörlkopf (2046 m) ebenso erstiegen wie Stadelfirst (1940 m), Mörsbachspitze (2020 m) oder Dornkarspitze (2050 m).

Aus dem Ramertal führt durch den Schusterboden hinunter der Weg direkt zur Mörsbachhütte und damit in ein weiteres ausgiebiges Tourengelände, wie es vor allem Familien zu schätzen wissen.

Donnersbachtal

Namengebend für die Donnersbacher Tauern liegen in diesem Tal die Ortschaften Donnersbach (713 m) und Donnersbachwald (976 m), die Ausgangspunkte zu den beiden klassischen Tourengebieten Planneralm bzw. Mörsbachalm. Die Abzweigung ins Donnersbachtal befindet sich bei der Kreuzung von Ennstal- und Salzkammergut-Bundesstraße in Trautenfels. Der Eingangsort ins Donnersbachtal ist die Ortschaft Irdning.

In Donnersbach zweigt die Planneralmstraße ab und führt als Mautstraße in den Ganzjahres-Tourenbereich des Plannerkessels. Seine touristische Bedeutung hat bereits um das Jahr 1908 begonnen. Wer großzügige Überschreitungen schätzt, gelangt von der Planneralm (1588 m) über die drei Gstemmerspitzen zum Hochstein (2183 m) und weiter bis auf das Mölbegg (2080 m), mit Abstieg nach Donnersbach. Im weiteren dient die Planneralm als Ausgang für Überschreitungen Richtung Hochrettelstein (2220 m), Seekoppe (2150 m) und Hochgrößen (2115 m), mit Abstieg nach Oppenberg.

Nächstgelegen sind die die Planneralm umstehenden Gipfel wie Plannereck (2003 m), Kleiner und Großer Rotbühel sowie Karlspitze (2097 m) und Schoberspitze (2126 m).

Außerdem gehören zum Planner-Tourengebiet Schreinl (2154 m) wie auch Hühnereck (2035 m); dazu noch Hintergullingspitz, Kreuzberg oder Breiteckkoppe (2144 m).

Doch nun zum zweiten Tourenbereich: Die Zufahrt reicht dabei bis Donnersbachwald heran.

Westlich des inneren Donnersbachtales findet sich das Tourengebiet der Mörsbachhütte (1303 m). Seine touristischen Anfänge sind mit dem Jahre 1925 verknüpft, als auf der Vorderen Mörsbachalm eine Hütte errichtet und diese alsbald von den „Reichensteinern“ gepachtet wurde und später in Alpenvereinsbesitz überging.

Der Zentralalpen-Weitwanderweg 02 verbindet die Planneralm über Donnersbachwald mit der Mörsbachhütte und diese mit dem Großsölktal bei Mössna bzw. St. Nikolai im Sölktal. Ergänzend zu diesem Weg lassen sich in der Umgebung der Mörsbachhütte eine Reihe Gipfel ersteigen, die alle knapp um 2000 m liegen, wie Schwarzkarspitz, Sonntagskarspitz, Gstemmerspitzen, Silberkarspitz, Großes Bärneck, Finsterkarspitz.

Für die Schibergsteiger liegen südlich davon außerdem noch weitere lohnende Ziele: Wolfnalmspitze (2049 m), Hochrotwand (2166 m) und Hochwart (2301 m), nicht zu vergessen das 1942 m hohe Hahnalpl.

Gulling

In Maitschern, unweit des Bahnhofes Wörschach-Schwefelbad (650 m), mündet die Gulling in die Enns. Das Tal der Gulling teilt südlich von Stainach und Wörschach die beiden Berggruppen, nämlich die Donnersbacher und Rottenmanner Tauern.

Eine Straße führt von Ketten (644 m) bei Aigen im Ennstal nahe der Gulling nach Oppenberg (1006 m). Dieser kleine Ort hat sich einen weit über die Landesgrenzen der Steiermark hinaus reichenden Ruf als idealer Stützpunkt eines großräumigen Tourengebietes geschaffen.

Von Oppenberg reicht die Gulling noch viele Kilometer gegen Süden bzw. Südwesten an den Tauern-Hauptkamm heran.

Der Ort Oppenberg ist Ausgangsort für Touren in Richtung Hochgrößen (2115 m) oder durch die Rieden auf die Seekoppe (2150 m) sowie auf den Hochrettelstein (2220 m), alles Gipfel in den Donnersbacher Tauern.

Dazu kommt noch der zwischen Schwarzgulling und Weißgulling hereinragende Höhenzug des Brennkogels (1871 m), der am besten vom Jagdhaus Gulling erstiegen wird.

Für den Tourenbereich Oppenberg gelten noch weitere Gipfel als lohnend, z. B. Horninger-Zinken (1989 m), Schüttkogel (2049 m), Wirtsspitz (2032 m), Sommereck (2059 m), Hochschwung (2196 m), Schattner-Zinken (2156 m), Seitner-Zinken (2164 m) und Schrattner-Kogel (2104 m), alles Gipfel, die zu den Rottenmanner Tauern gezählt werden.

Die Große Windlucke (1852 m) wird als Grenze zwischen Rottenmanner und Wölzer Tauern angesehen.

Aufstiege aus der Schwarzgulling Richtung Kreuzkogel (2109 m) und Breiteckkoppe (2144 m) wie zum Kreuzberg (2045 m) und Hintergullingspitz (2054 m), schließlich auch auf den bereits erwähnten Brennkogel, sind deshalb Touren in den Wölzer Tauern.

Lassing

Der nördlichste Bereich der Niederen Tauern liegt mit dem Hochtal von Lassing vor. Der langgestreckte Mitterberg begrenzt dieses Hochtal nach Norden zum Ennstal hin.

Vom Ort Lassing (782 m), erreichbar aus Richtung Liezen wie von der Schoberpaß-Bundesstraße zwischen Selzthal und Rottenmann, läßt sich der Blosen (1724 m) ersteigen. Ein durchaus lohnendes Ziel, das sogar Schitourengeher gerne wählen.

Der gegenüberliegende Mitterberg (1046 m) kann der Länge nach auf bezeichnetem Weg überquert werden.

Nicht zuletzt ist das Hochtal von Lassing für jede Jahreszeit einladend: Schilift, Loipen, ein Badesee und Wanderwege runden das Angebot ab.

Strechen

Nahe Rottenmann, beim Schloß Strechau, weist ein Straßenschild nach Oppenberg und damit auch in die Strechen: Ein anfangs schluchtartiger Graben, der sich jedoch bei den Jagdhäusern zu einem Talboden weitet. Aus der hinteren Strechen, bei der Maxhütte (1268 m), führt ein bezeichneter Weg über die Bärwurzalm hinauf zum Bärwurzpolster (1811 m), wo der Zentralalpen-Weitwanderweg 02 erreicht wird. Er stellt im Abschnitt von der Edelrautehütte über den Bärwurzpolster und von hier, dem Hauptkamm folgend, auf die Planneralm den längsten Abschnitt eines Tourentages dar.

Aus dem Bärwurzpolster sind Bärwurzgupf und Zinkenkogel (2233 m) ebenso zu erreichen wie Kleiner und Großer Bösenstein (2448 m).

Triebental

Die Zufahrt von Trieben ins Triebental erfolgt aus dem Paltental auf einer beachtenswert steilen, jedoch gut ausgebauten Straße, die damit im untersten Teil den einstmals gefürchteten Wolfsgraben gut überwindet.

Im allgemeinen wird mit Triebental jenes Gebiet bezeichnet, das vom Gh. Brodjäger als Hochtal nach Südosten zieht und vor allem den Zugang in den Bereich von Großem Grießstein (2337 m) und zu den Gamskögeln (2386 m) ermöglicht. Doch zu den überaus beliebten Triebener Tauern zählen ebenso Triebenkogel (2055 m), Geierkogel (2231 m), Sonntagskogel (2229 m) wie auch Hochleitenspitze (2329 m) und Mödringkogel (2182 m). Der Kettentalkogel (2152 m) mit dem Hahnenkamm zählt als leichte, jedoch lohnende Gratüberschreitung. Der alpine Höhepunkt des Triebentales sind jedoch die Gamskögel!

Die Schaunitzalm bietet Zugang zu Schrimpfkogel (2207 m) und Kerschkern (2225 m), womit die Aussicht bereits in die Liesing übergreift.

Stützpunkte für Touren aus dem Triebental sind der Gasthof Braun, die benachbarte Triebentalhütte (1104 m) sowie die im Talschluß stehende, das ganze Jahr über geöffnete Bergerhube (1198 m). Die Hauptstraße von Trieben herauf mündet jedoch nicht in das Triebental, sondern führt ab dem Brodjäger den Tauernbach aufwärts zur Paßhöhe des Triebener Tauern (1278 m), in dessen Bereich sich das überaus anmutige Bergdorf Hohentauern gruppiert. Hohentauern gilt vor allem als Ausgangsort für Touren in die Bösensteingruppe der Rottenmanner Tauern. Der Hausberg von Hohentauern ist der 1810 m hohe Triebenstein, der sowohl den Triebener wie den Rottenmanner Tauern zugeordnet werden kann.

Nicht zuletzt ist Hohentauern mit den Triebener Tauern und den Triebental-Gipfeln zu verbinden, wie dies ja auch mit Hilfe des Zentralalpenweges 02 geschieht.

Liesing

Nahe dem Schoberpaß, bei der Ortschaft Unterwald (818 m), führt ein unscheinbares Sträßlein durch klammähnliches Gelände an der Liesing aufwärts. Inmitten dieser Klamm steht die gepflegte Liesingkapelle.

Außerhalb der Klamm eröffnet sich eine weite Runde mit stattlichen Gipfeln, die in früherer Literatur sogar als „Liesinger Berge" zusammengefaßt wurden. Doch der Große Schober (1895 m), der Hausberg über dem Schoberpaß, und die im weiteren diesem Höhenzug angehörenden Gipfel wie Silberling, Himmeleck (2096 m), Griesmoarkogel, Lattenberg (2018 m), Kerschkern (2225 m) bis hinunter ins Liesingtörl gehören den Triebener Tauern an; während Geierhaupt (2417 m), Grieskogel (2328 m), Hochreichart (2416 m) und Feistererhorn (2081 m) den Seckauer Alpen zugeordnet sind.

In der Liesing hat sich als überaus beliebter Stützpunkt der Ghf. Jansenberger vlg. Beisteiner (Peilsteiner) einen guten Namen gesichert. Das Tourengebiet der Liesing schließt Kammwanderungen, Überschreitungen und vor allem eine stattliche Zahl ansprechender Wintertouren ein. Dazu zählen auch Zwölferköpfl (2160 m), Schwarzkogel (2026 m) und Rabenkoppe (1791 m).

Hagenbachtal und Gotstal

Von Liesingau, einer kleineren Siedlung an der Schoberpaß-Bundesstraße zwischen Mautern und Kalwang, ermöglicht das Hagenbachtal den Zugang an die Nordseite der Seckauer Tauern. Es sind die klassischen Anstiegswege einerseits durch das Stubalmtal über die Hochreicharthütte (1483 m) auf das Feistererhorn (2081 m), den Kleinen Reichart (2090 m), Hochreichart(2416 m) sowie auf den Brandstätterkogel (2234 m).

Das Hagenbachtal ermöglicht ab seiner Gabelung beim Jagdhaus Fasching außerdem Zugänge durch das dort abzweigende Gotstal, benannt nach der gleichnamigen Alm, die etwa 1500 m hoch liegt.

Aus dem Gotstal bzw. Gotstalkessel lassen sich erreichen : Hämmerkogel (2253 m), Seckauer Zinken (2397 m) und der Maierangerkogel (2356 m). Insgesamt sind dies alles lange Touren mit bis zu 1600 m Höhenunterschied. Das Hagenbachtal ist fast in seiner gesamten Länge für den Pkw-Verkehr gesperrt, weshalb die Zugänge in Richtung Hochreicharthütte und zur Gotstalalm viel Zeit erfordern.

Kraubathgraben

Das Kraubatheck (1475 m) wird an seiner Westseite vom Kraubathgraben begrenzt, der eine Zufahrt aus dem Murtal (und zwar zwischen St. Michael und Knittelfeld) in diese östlichste Region der Niederen Tauern ermöglicht.

Aus dem Kraubathgraben lassen sich außer dem Kraubatheck noch eine Reihe von Waldbergen erreichen, wie Schwaigerberg (1402 m), Finsterwald (1583 m) und Feuerkogel (1666 m).

Dazu kommen Übergänge, wie z. B. beim Rannachtörl in den Rannachgraben nach Norden und weiter Richtung Mautern oder, nach Westen, über die Sandeben in den Feistritzgraben.

Feistritzgraben

Er bietet aus dem Murtal und damit aus dem Großraum von Knittelfeld Zugang von Süden in den alpinen Bereich der Seckauer Tauern. Der rund 10 km lange Feistritzgraben beginnt beim einstigen Sensenwerk Wasserleith (769 m). Die Zufahrt durch den Graben ist über die halbe Strecke möglich.

Im besonderen werden aus dem Feistritzgraben folgende Gipfel aufgesucht: Hämmerkogel (2253 m), in Verbindung mit dem Übergang auf den Seckauer Zinken (2397 m) oder zur Schwaigerhöhe.

Andererseits läßt sich aus dem hinteren Feistritzgraben nach Norden zu, durch das Freudental, der Bremstein (1868 m) erreichen, jener Höhenzug, der nach Südosten zu Mitterkogel (Feuerstein, 1847 m) und Speikbichl (Schwaigerhöhe, 1878 m) zieht.

Hammergraben

Gaalgraben und Ingeringgraben haben anfangs eine gemeinsame Zufahrt, und zwar jene durch den Hammergraben. Von der Schnellstraßen-Abfahrt Knittelfeld-West wird der Hammergraben über Sachendorf erreicht. Sein Name leitet sich von ehemaligen Sensenhämmern ab, die am Ingeringbach standen.

Die gut ausgebaute Landesstraße durch den Hammergraben ermöglicht die Zufahrten Richtung Seckau, Ghf. Steinmühle, wie Richtung Ingeringsee, Gaalgraben und Sonnleitnerhütte.

Durch den Hammergraben werden die bekanntesten Ziele an der Südseite der Seckauer und jene in den Gaaler Tauern erreicht.

Auf der Hochwildstelle in den Schladminger Tauern. Im Mittelgrund der Höhenzug vom Greifenstein über Steinkarhöhe zum Placken; hinter dem Grat liegt der Klafferkessel. Im Hintergrund, unter den Wolken, der Hochgolling, gegen rechts Zwerfenberg und Elendberg. *Foto: G. Auferbauer*

Ingeringgraben

Seine Zufahrt beginnt in Knittelfeld und führt durch den Hammergraben über Bischoffeld nach Ingering II, wo das dem Stift Heiligenkreuz gehörende Schloß Wasserberg steht.

Der Ingeringbach trennt Seckauer und Gaaler Tauern: die Zufahrt im Ingeringgraben erfolgt bis zum Gh. Ingering (1156 m). Von hier aus wird durch den Brandstättergraben vor allem der Hochreichart (2416 m) erstiegen; aber auch Brandstätterkogel (2234 m) und Maierangerkogel (2356 m).

Nächstgelegenes Ausflugsziel ist nach dem Gh. Ingering der rund 2 km entfernte Ingeringsee (1221 m). Der im weiteren folgende Talschluß dient als Zugang aufs Kettentörl (1864 m) und damit an das nordseitig anschließende Triebental.

Der Ingeringgraben wird von den Weitwanderwegen 08 und 02 berührt.

In den Gaaler Tauern werden aus dem Ingeringgraben der Repenstein (1956 m) sowie Kleiner Ringkogel (2110 m) und Großer Ringkogel (2277 m) erstiegen. Ihre Zugänge beginnen etwa 2,5 km nach der Abzweigung in Ingering II.

Aus dem mittleren Ingeringgraben, bei der Brücke mit dem P. 1096, erfolgt der Zugang über Sundlhütten, Sundlalm und Sundlsee (1989 m) auf die 2345 m hohe Pletzen, die vor allem als Schiberg gerne erstiegen wird.

Gaalgraben

Auf gleicher Zufahrt wie beim Ingeringgraben, also von Knittelfeld-West durch den Hammergraben, wird die Ortschaft Gaal (900 m) erreicht. Die Straße führt bis zum Gh. Wachter vlg. Lasser (1004 m) heran. Von diesem Gasthaus erfolgt auch die Zufahrt zur nahen Sonnleitnerhütte (1215 m). Sie dient als weiterer Ausgangspunkt für Touren Richtung Ringkogel und Pletzen.

Schladminger Tauern.
Bild oben:
Aufstieg zu Ostern über den Südgrat auf die Hochwildstelle. Der Wolkenstau liegt auf dem Tauern-Hauptkamm auf.
Bild unten:
Der Bergsommer zeigt sich am Tauern-Höhenweg nicht nur mit viel Wasser, sondern vor allem mit Blumen, wie z. B. am Aufstieg von der Breitlahnhütte zur Trattenscharte. *Fotos: G. Auferbauer*

Außerdem läßt sich aus dem hinteren Gaalgraben mit Hilfe einer Flurstraße das *Sommertörl* (1644 m) erreichen: Ein frequentierter Ausgang für Ausflüge zur Lorettokapelle (1817 m), auf den Rosenkogel (1918 m) und erst recht für ausgedehnte Überschreitungen bis auf das Lahneck (2216 m), Glaneck (2262 m) und Kesseleck (2308 m).

Mit der Straße aus dem Gaalgraben über das Sommertörl kommen wir in das benachbarte Pölstal.

Pölstal und Pölsen

Das Pölstal ermöglicht Zufahrten zu den Gaaler Tauern, Triebener Tauern, Rottenmanner und Wölzer Tauern. Außerdem dient das Pölstal mit seiner Paßstraße über den Triebener Tauern als wintersichere Verbindung aus dem Raume Judenburg nach Trieben und damit als Verbindung zwischen Murtal Richtung Palten- und Ennstal.

Für die Gaaler Tauern dient im südlichen Teil das Erholungsdorf St. Oswald (952 m) als Stützpunkt. Die Zufahrt reicht bis auf das Sommertörl (1644 m) hinauf, in dessen Nähe der Rosenkogel liegt.

Weiter nördlich im Pölstal, aus der Umgebung von St. Johann am Tauern, sind erreichbar Kesseleck (2308 m), Amachkogel (2312 m), Lärchkogel (2258 m), Schleifeck (2048 m) und Schleifkogel (2063 m).

Der westliche Teil der Triebener Tauern hat ebenfalls von St. Johann am Tauern Zugänge, und zwar vom Ghf. Bruckenhauser (1111 m) durch das Bärntal zu Sonntagskogel (2229 m), Triebener Törl (1905 m), Großem Grießstein (2337 m) und Gaaleck (2081 m), einen Sattel; aus ihm auf Hochleitenspitze (2329 m), mit Übergang zum Gamskogel-Westgipfel (2386 m).

Für die Rottenmanner Tauern: Das Pölstal führt in seinem obersten Teil bis in den Gemeindebereich von Hohentauern, also zur Bösensteingruppe heran. Das Ursprungsgebiet des Pölsbaches liegt jedoch zwischen Großem Hengst (2159 m) und dem Bruderkogel (2299 m). Dieser Talschluß, Pölsen benannt, wird von jenem Weg durchzogen, der am Bärwurzpolster (1814 m) einen Übergang in die Strechen ermöglicht, auf dem Bärwurzpolster aber auch Anschluß bietet zum Tauern-Höhenweg in Richtung Bösenstein bzw. Planneralm.

Bretsteingraben

Weitere Zufahrten bzw. Zugänge in die Südseite der Rottenmanner Tauern erfolgen von Möderbrugg durch den Bretsteingraben und durch das von Bretstein-Gassen (1048 m) abzweigende Authal.

Der Bretsteingraben bildet südlich des Tauern-Hauptkammes die Grenze zwischen Rottenmanner und Wölzer Tauern.

Auf dem Hauptkamm selbst gilt die Große Windlucke (1857 m) als Grenze. Sie setzt sich auf der Nordseite mit der Gulling fort und trennt dabei vor allem Rottenmanner und Donnersbacher Tauern.

Tourenziele aus dem hinteren Bretsteingraben in die Rottenmanner Tauern: Regenkarspitze (2112 m), Hochschwung (2196 m), Tubaysee (1880 m), Schattner-Zinken (2156 m), Seitner-Zinken (2164 m), Schattner-Kogel (2104 m), Schwabergerhütte (1511 m).

In den Wölzer Tauern: Kreuzkogel (2109 m), Breiteckkoppe (2144 m), Mahrsee (1930 m), Heinzl-Wasserkogel (2002 m).

Pusterwaldtal

Wie beim Bretsteingraben dient für die Zufahrt nach Pusterwald der Ort Möderbrugg im Pölstal als Abzweigung. Die 11 km lange Straße nach Pusterwald (1073 m) ist erst die halbe Strecke, denn das Tal ist gut doppelt so lang und erlaubt eine Zufahrt bis über das Gehöft Hinterer Härtleb in Hinterwinkel (1255 m).

Direkt von Pusterwald führt der nächstgelegene Zugang durch den Fuchsgraben über die Steinbachhütte in die Grillerlucke (2147 m), womit das Lachtalgebiet erreicht ist.

3,5 km nördlich von Pusterwald zweigt beim Bruckenwirt ein weiterer Graben ab: Der Scharnitzgraben ermöglicht Zugang Richtung Wildalm, Gruber-Hirnkogel (2080 m), Kleinhansl (2217 m), Großhansl (2315 m) und von hier Übergänge aufs Scharnitzfeld zu Hühnerkogel (2242 m) und Sandlerkogel (2186 m), mit Abstieg über die Plankenalm in den Scharnitzgraben.

Tourenziele aus dem Pusterwalder Talschluß in Hinterwinkel: Mahralm (1503 m), Mahrsee (1930 m), Breiteckkoppe (2144 m); oder gegen Süden: Hohenwart (2363 m) und

Eiskarspitz (2350 m) sowie Großhansl (2315 m) und Kleinhansl (2217 m); weiters noch Jauriskampel (2064 m).

Aus dem Hinterwinkel führen bezeichnete Wege über Pölshütte und Pölseckjoch zum Schöttljagdhaus (1456 m), das am Südfuß des Hohenwart steht.

Lachtal

Die Anfahrten erfolgen aus dem Raum Judenburg über Oberzeiring oder aus dem Raum Scheifling über Niederwölz. Eine dritte Zufahrt kommt direkt von Oberwölz.

Das Lachtal liegt in einer Seehöhe von rund 1570 m und wird von einem weitläufigen Halbrund eher sanft geneigter Almberge umgeben: Schönberg (1943 m), Kleiner Zinken (2135 m), Hoher Zinken (2222 m) und Schießeck (2275 m).

Ein Großteil des Geländes ist mit Wintersportanlagen erschlossen. Als touristische Stützpunkte dienen mehrere Gasthöfe sowie die im Sommer und Winter geöffnete Bruckerhütte (1520 m).

Zu den Wahrzeichen des Lachtalgebietes gehört die nahe dem Schönberg stehende Tanzstattkapelle auf dem Höhenrücken der Schlattereralm.

Schöttlgraben

Die Zufahrt erfolgt von Oberwölz und ist bis zur Schöttlkapelle gestattet (Forsthaus, 1216 m). Die Straße in diesen Graben zweigt in Winklern bei Oberwölz ab.

Tourenziele sind Hallerkogel (2029 m), Sandlerkogel (2186 m), Steineck (2260 m), Kühlnbrein (2229 m), Hühnerkogel (2242 m).

Ebenfalls von der Schöttlkapelle erreichbar sind die an der Westseite des Tales liegenden Gipfel wie Gastrumerhöhe (2281 m), Roßalmspitze (2237 m); weiters Hintere und Vordere Roßalm.

Da der Großteil des Schöttlgrabens nur zu Fuß durchquert werden kann, sind alle Touren aus dem Talschluß entsprechend lang: Schöttlkapelle und Schöttljagdhaus sind 7 km voneinander entfernt.

Vom Schöttljagdhaus Aufstieg am Weberbach zum Glattjoch (1988 m) und damit Übergang in das Donnersbachtal. Weitere Übergänge vom Schöttljagdhaus: Fussischarte in den Hintereggergraben und das Pölseckjoch (2011 m) ins Pusterwaldtal.

Markantester Berg im Abschluß des Schöttlgrabens ist der Hohenwart (2363 m) in Verbindung mit seinem Nachbargipfel, dem Eiskarspitz (2350 m).

Hintereggergraben

Auch dieser langgestreckte Graben an der Südseite der Wölzer Tauern darf nur zum Teil befahren werden, weshalb der Zugang in den Talschluß auch hier — wie im Schöttlgraben — langwierig ist.

Aus dem Talschluß bei der Knollihütte sind die Übergänge bezeichnet:

Einerseits auf die Blaufeldscharte (2041 m) mit Abstieg über die Schwarza-Alm in das Donnersbachtal; zum anderen über die 2169 m hohe Knollischarte zur Neunkirchnerhütte im benachbarten Eselsberggraben. Ein dritter, nicht bezeichneter Übergang führt über die Fussischarte an den Gipfel der Hochweberspitze (2375 m) heran. Ebenso läßt sich aus der Fussischarte das Kegeleck (2323 m) ersteigen.

Aus der Fussischarte erfolgt noch durchs ostseitig gelegene Kar der Abstieg zum Schöttljagdhaus.

Eselsberggraben

Die Zufahrt ist bis in den Talschluß möglich und erfolgt entweder über Oberwölz und die Knappsäge oder von St. Peter am Kammersberg, jeweils durch Pöllau am Greim.

Die Knollihütte und die Neunkirchnerhütte sind Stützpunkte im Sommer; die Neunkirchnerhütte wird außerdem im Frühjahr gerne aufgesucht.

Zum Tourengebiet bei der Neunkirchnerhütte gehören die Funklböden mit dem Übergang auf den Greim (2474 m), weiters Rettelkirchspitze (2475 m) und Hochstubofen (2385 m). Die Haseneckscharte (2205 m) mit dem Übergang zur Mahdfeldalm ermöglicht es, in das Großsölktal zu gelangen.

Weitere Gipfel sind Krautwasch (2360 m) und Melleck (2365 m).

Die Seifriedsenke (2150 m) bietet einen Übergang in die Seifrieding und durch diese hinaus nach Mössna ins Großsölktal. Im weiteren läßt sich über die Idlereckscharte (2144 m) die Schwarza-Alm erreichen und damit das Donnersbachtal.

Markierte Wege führen außerdem auf die Schoberspitze (2423 m) und über die Knollischarte (2169 m) in den Hintereggergraben.

Ein ebenfalls lohnendes Ziel ist der 2319 m hohe Talkenschrein.

Katschtal

Der Katschbach durchzieht die Tauern-Südseite und trennt die Wölzer von den Schladminger Tauern. Durch das Katschtal führt die Sölkpaßstraße, weshalb dieses Tal für den Tourismus verkehrsmäßig gut erschlossen ist. Das Katschtal ist also der südseitige Teil in der Straßenverbindung zwischen Ennstal und Murtal. Wie bereits beim Großsölktal erwähnt, ist der Sölkpaß nur während der Sommerzeit befahrbar.

Die Zufahrt zumindest bis zum Gh. Kreutzerhütte ist meist schon früher möglich, womit für Schitourenfahrer ein ansprechender Stützpunkt nahe dem Tauern-Hauptkamm vorhanden ist.

Die Straße in das Katschtal zweigt bei Frojach ab und führt über St. Peter am Kammersberg und Feistritz nach Baierdorf bis nahe Schöder (901 m). Nach Schöder gelangt man auch von Murau. Die Bergstraße führt von Schöder in das obere Katschtal zur Kreutzerhütte, bei der die eigentliche Paßstraße auf den Sölkpaß beginnt.

Aus der Umgebung der Kreutzerhütte (1378 m) sind u. a. erreichbar: Eisenhut (2456 m), Schöderkogel (2500 m), Sauofen (2415 m), Deneck (2433 m), Hornfeldspitze (2277 m), Aafeldspitze (2284 m).

Schließlich läßt sich der gesamte Kamm vom Eisenhut über Karleck und Feldkögerl überschreiten und mit einem Abstieg nach Schöder verbinden.

Aus dem Ursprungsgebiet des Katschbaches ermöglicht die Reichascharte den Übergang in den Tourenbereich der Rudolf-Schober-Hütte.

Schödergraben

Am bekanntesten ist der Schödergraben in Zusammenhang mit dem Günster-Wasserfall. An ihn führt sowohl von Schöder wie von Krakaudorf je eine Zufahrt heran.

Der Zugang in den Schödergraben erfolgt entweder entlang des Wasserfalles oder eines Aufschließungsweges, der über Schöderberg herankommt und ebenfalls nahe dem Günster-Wasserfall seinen Anfang hat.

Dieser Interessentenweg bietet Zugang zu einer Reihe von Almen wie Hendlerhütte, Schitterhütte, Kaspriglhütte und Kaiserhütte. Der in seinem mittleren Teil hochtalartige Schödergraben wird umgeben von bekannten Gipfeln wie Trübeck (2367 m), Feldeck (2480 m) und Rupprechtseck (2591 m). Auf der gegenüberliegenden Seite ist es der Höhenzug von Schöderkogel in Verbindung mit Eisenhut bis hinunter zum Feldkögerl.

Der Abschluß des Schödergrabens leitet zur Toreben hinauf; von ihr aus erfolgt der Übergang zu den Sauofenseen und über die Grafenalm zur Rudolf-Schober-Hütte.

Außerdem ermöglicht die Toreben einen Übergang zur Reichascharte und aus ihr den Abstieg in das Ursprungsgebiet des Katschbaches; diesem entlang zur Kreutzerhütte an der Sölkpaßstraße.

Krakau

Das Hochtal der Krakau liegt in einer Seehöhe von rund 1200 m mit den Gemeinden Krakaudorf, Krakauebene und Krakauschatten an der Südseite der Schladminger Tauern und bietet Zufahrt, vielmehr jedoch Zugang in eine Reihe von Tälern wie Etrachtal, Rantengraben, Prebergraben; dazu kommen noch die Tourengebiete von Rudolf-Schober-Hütte und Grazerhütte.

Die Krakau läßt sich auf steirischer Seite von Murau aus über Seebach erreichen. Auf Salzburger Seite, aus dem Lungau, führt die Zufahrt von Tamsweg Richtung Prebersee und von ihm durch die Klamm des Feisterbaches in die Krakau.

Etrachtal

Es liegt zwischen Krakaudorf und Krakauebene, wobei die Straße bis zum Etrachsee (1372 m) befahren werden darf. Kurz nach dem See beginnt der Anstieg zur Rudolf-Schober-Hütte (1667 m). Diese Hütte ist Stützpunkt für eine Reihe ansprechender Bergtouren: Predigtstuhl (2543 m), Bauleiteck (2424 m), Süßleiteck (2507 m), Schrein

(2410 m), Sauofen (2415 m) und Rupprechtseck (2591 m) sind die bekanntesten Gipfel. Lohnend sind die Ausflüge zu den beiden Wildenkarseen wie zu den Sauofenseen.

Vom Etrachsee führt ein bezeichneter Weg über die Schattnerhütte auf das Brennerfeldeck (2507 m).

Insgesamt läßt sich der Höhenzug vom Rupprechtseck bis zum Trübeck (2367 m) und von hier über die Dorferalm nach Krakaudorf oder nach Schöderberg überschreiten.

An Übergängen sind zu erwähnen: das Hubenbauertörl (2051 m) mit dem Abstieg in das Kleinsölker Untertal zu den Striegleralmen; weiters die Schimplscharte mit dem nach St. Nikolai im Sölktal führenden Zentralalpen-Weitwanderweg 02. Der Übergang zur Grazerhütte erfolgt ebenfalls übers Hubenbauertörl und von dort weiter Richtung Rantentörl und Prebertörl.

Rantental und Rantengraben

Das Rantental reicht von Murau bis in die Krakau hinauf und dient als Anfahrtsstrecke zu den Tourengebieten der Krakau.

Im oberen Teil ist es der Rantengraben, der aus der westlichen Krakau zum Tauern-Hauptkamm heranführt. Die Straße im Rantengraben ist nicht für den allgemeinen Verkehr geöffnet; der Zugang zum Rantensee und auf die Rantenalm deshalb entsprechend lang.

Von der Rantenalm läßt sich durch das Wiegenkar der Predigtstuhl (2543 m) ersteigen. Aus dem Wiegenkar führt der Zentralalpen-Weitwanderweg 02 in Richtung Rantentörl und von dort hinunter Richtung Breitlahnhütte, also in das Kleinsölker Obertal.

Die Durchquerung des Rantentales läßt sich außerdem mit einem Übergang ins Etrachtal oder in den Prebergraben verbinden.

Prebergraben

Parallel zum Rantengraben, und aus diesem nahe seinem Anfang abzweigend, führt der Zugang durch den Prebergraben auf das im Tauern-Hauptkamm liegende

Prebertörl (2194 m). An der Nordseite des Prebertörls liegt die Putzentalalm, womit auf den Übergang zur Breitlahnhütte hingewiesen sei.

Inmitten des Prebergrabens steht die Moarhütte (1578 m). Bei ihr zweigt jener Weg ab, der durch die steile Ostseite des Prebers einen Zugang zur Grazerhütte ermöglicht und Teil jenes langwierigen Überganges ist, der von der Rudolf-Schober-Hütte über Hubenbauertörl — Hinterkarscharte — Rantentörl und Prebertörl hierher führt.

Von der Moarhütte läßt sich zusätzlich die 2388 m hohe Moarscharte erreichen. Jenseits der Scharte liegen die drei Landschitzseen, von denen wir in das Lungauer Lessachtal absteigen.

Seetal und Sauerfeld

Das Rantental wird ab der Ortschaft Seebach mit jener Straße nach Tamsweg verbunden, die durch das Seetal nach Klausen führt und hier die Landesgrenze zwischen Steiermark und Salzburg überquert. Der kleine Ort Seetal liegt zwischen Klausen und dem Seetaler See, in dessen Nähe, bei der Schwarzenbichl-Kapelle (1246 m), die Scheitelstrecke erreicht wird.

Weiter im Westen zieht die Straße durch die Tallandschaft des Sauerfeldes und am Leisnitzbach nach Tamsweg.

Sowohl von Seebach wie von der Ortschaft Seetal läßt sich jeweils der Gstoder (2140 m) ersteigen. Dieser langgstreckte Berg bietet noch einen dritten Anstieg: Er führt von der Südseite her aus dem Murtal heran, und zwar von St. Ruprecht ob Murau.

Der rund 30 km lange Höhenzug mit dem alles überragenden Gstodergipfel liegt wie ein Inselberg zwischen dem Murtal und Seetal bzw. Sauerfeld. Der Gstoder kann zwar den Schladminger Tauern als deren südlichster Ausläufer hinzugerechnet werden. Der Gstoder hat aber ebenso Berechtigung, als eigene kleine Berggruppe zu gelten.

Lessachtal

Nördlich Tamsweg erstreckt sich das Lessachtal. Sein Talort teilt sich in Oberdorf und Unterdorf, die gemeinsam die Ortschaft Lessach (1198 m) bilden.

Von Oberdorf führen Wege zum Gummaberg (2315 m) und auf die Kreuzhöhe (2566 m).

Von Unterdorf lassen sich gegen Osten am leichtesten Golzalm und Golzhöhe (2580 m) ersteigen; weiters Prebersee (1514 m), Preber-Halterhütte (1862 m) und schließlich der Preber (2740 m) als Ziele erwählen, mitunter sogar in Verbindung mit einem Übergang ins Mühlbachtörl und aufs Roteck (2742 m).

Nahe dem Roteck, nördlich vorgelagert, liegt die Große Barbaraspitze (2726 m), die in eine großzügige Überschreitung miteingebunden wird, wobei zu der mit Kliemschachtel (2445 m) bezeichneten Scharte abgestiegen wird und im weiteren zum Lindlsee und über die Lindlalm das hintere Lessachtal wieder erreicht ist.

Aus dem Lessachtal bei der Laßhoferhütte wird das Kasereck erstiegen.

Im innersten Grund gabelt sich das Lessachtal in zwei Tourenbereiche:

Von der Laßhoferhütte, und damit am Lessachbach weiter aufwärts, zu den Hinteralmhütten und von ihnen am Zwerfenbergbach zur Oberen Gamsenalm und dem Zwerfenbergsee bzw. Lungauer Klaffersee. Die Übergänge vom Zwerfenbergsee leiten sowohl in den Klafferkessel wie übers Waldhorntörl zur Waldhornalm oder, gegen Südosten, über die Kaiserscharte zur Putzentalalm und damit in das Kleinsölker Obertal.

Ein zweiter Weg führt aus dem Bereich der Hinteralmhütten in den Ursprungsbereich des Lessachbaches, nämlich zur Oberen Tromörtenalm und zum Gralatisee (etwa 1800 m). Durch das Gralatikar, ein ehemaliges Bergbaugebiet, läßt sich die Tromörtenscharte (2442 m) ersteigen und aus ihr über den Südgrat der Hochgolling.

Zum dritten: Das Lessachtal bietet mit seiner Abzweigung am Landschitzbach einen Aufstieg zu den drei Landschitzseen, somit auch zur Landschitzscharte (2345 m), über die die Putzentalalm erreichbar ist.

Aus dem Bereich des Mittleren und Oberen Landschitzsees läßt sich das Schöneck (2540 m) ersteigen.

Eine Rundtour ergibt sich schließlich mit der Durchquerung des großen Kares, hier Winkl genannt, aus dem von den Landschitzseen zur Kliemschachtel aufgestiegen wird und zum darüberliegenden Jägerspitz (2573 m); von hier Abstieg zum Lindlsee und zur Lindlalm in das hintere Lessachtal.

Das Lessachtal führt von Süden in den alpinsten Teil der Schladminger Tauern.

Göriachtal

Von Tamsweg über St. Andrä wie von Mariapfarr über Zankwarn läßt sich das Göriachtal erreichen, wobei die Zufahrt bis zum Hüttendorf auf den Vorderen Göriachalmen (1122 m) gestattet ist. Im Göriachtal sind wohl die meisten Besucher aller Lungauer Tauerntäler zu zählen.

Beim Hüttendorf beginnt der vielbegangene Anstieg über die Zugriegelalmen in den Göriachwinkel und aus diesem zur Landawirseehütte (1985 m), die im Einzugsbereich vieler Tagesgäste liegt.

Doch der Göriachwinkel bzw. die Landawirseehütte sind Ausgangsort vor allem für den höchsten Berg der Niederen Tauern, den Hochgolling (2863 m).

Hausberg der Landawirseehütte ist hingegen die 2381 m hohe Samspitze. Sie läßt sich in eine kleine Rundtour in Verbindung mit der Trockenbrotscharte einbinden.

Eine weitere Hausbergrunde liegt westlich der Landawirseehütte, und zwar mit der Überschreitung von der Trockenbrotscharte über den Pietrach auf das Scharnock (2498 m).

Übergänge von der Landawirseehütte zu Nachbar-Schutzhütten: Über die Trockenbrotscharte (2237 m) zur Keinprechthütte oder über die Gollingscharte (2326 m) zur Gollinghütte. Damit sind von der Landawirseehütte sowohl das Obertal wie auch das Untertal erreichbar; beide Täler führen nach Schladming hinaus.

Lignitztal

Die Zufahrt reicht von Mariapfarr über Zankwarn und Kraischaberg bis zum Gehöft Kocher in der Lignitz (1332 m). Bei diesem Gehöft ist die Maut zu entrichten, womit die Zufahrt zumindest bis zu den Hinteren Lignitzalmen möglich ist. Ihre großen Almhäuser sind an Private verpachtet, daher gibt es im Lignitztal keinen touristischen Stützpunkt.

Das gesamte Lignitztal läßt sich auf bezeichnetem Weg durchwandern, wobei nahe des Talschlusses der Lignitzsee (1958 m) eingebettet ist. Die Scharte darüber, die Lignitzhöhe (2204 m), bildet den Übergang zur Keinprechthütte (1672 m). Auf dem Tauern-Höhenweg, Richtung Trockenbrotscharte, kommt man zur Landawirseehütte.

Inmitten des Lignitztales, zwischen Hundstein und Hocheck, zweigt ein bezeichneter Steig ab, der geradewegs auf das Hocheck (2638 m) führt.

Weißpriachtal und Znachtal

Die Zufahrt ins Weißpriachtal ist sowohl von Mauterndorf wie von Mariapfarr her möglich. Am Eingang des Weißpriachtales liegt das Schigebiet Fanningberg.

Vom Ende des asphaltierten Straßenteiles (Forsthaus Grankler, 1127 m) ist die weitere Zufahrt ins Weißpriachtal erlaubt und reicht deshalb über die Dicktlerhütte bis in jenen unvermutet weiträumigen Talboden, wo das Znachtal abzweigt.

Das Weißpriachtal zieht nordwestwärts und kann noch bis zur Ulnhütte (1350 m; in der Österr. Karte: U. Kühbarnhütte) befahren werden.

Von der Ulnhütte Aufstieg über die Ulnalm und Abrahamalm in den Oberhüttensattel (1866 m), in dessen Nähe Oberhütte und Oberhüttensee liegen. Am Oberhüttensattel wird außerdem der Tauern-Höhenweg erreicht, der den Radstädter-Tauern-Paß mit der Ignaz-Mattis-Hütte verbindet.

Weiters von der Ulnhütte Aufstieg zum Unteren Wirpitschsee und auf bezeichnetem Weg zu den Schönalmseen und schließlich auf das Gurpitscheck (2526 m). Abstieg vom Gurpitscheck sowohl durch das Kar, in dem der Rupaninsee liegt, oder, auf einem anderen bezeichneten Weg, über Gurpitschhütte und Karnerhütte nach Hinterweißpriach.

Von der Ulnhütte außerdem über den Unteren Wirpitschsee und Tiefenbachsee auf den Pernerkopf (2409 m); von ihm Abstieg durch das Untere Tauernkar.

Dazu kommen Übergänge von den Schönalmseen und vom Twengeralmsee in das Taurachtal bzw. zum Tauernpaß.

Das *Znachtal* hat einen ebenfalls bezeichneten Weg. Er führt über die Greimeisteralm und Moseralm auf den Schatzbühel und aus diesem in den Znachsattel (2059 m). Der anschließende Tauern-Höhenweg leitet sowohl zu den beiden Kalkspitzen wie im Zuge einer Rundtour durch die Ahkarscharte hinunter in den Oberhüttensattel und ins Weißpriachtal zurück zur Abzweigung beim Znachtal.

Im weiteren läßt sich aus dem mittleren Znachtal auf guten Steigen das Knappenkar erreichen. Aus ihm führen die Zugänge an die Schaustollen in der Zinkwand und bei der Vetternscharte heran, womit die Tourenbereiche bei den Giglachseen miteinbezogen werden können.

Lungauer Taurachtal

Von Mauterndorf (1121 m) führt die gut ausgebaute Straße durch das Taurachtal über Tweng und den Twenger Talpaß (Hohe Brücke, 1381,3 m) auf die Paßhöhe des Radstädter Tauern (1739 m). Diese Straße stellt eine nach wie vor wichtige Verbindung über den Tauern-Hauptkamm, vor allem zwischen dem Salzburger Pongau und dem Salzburger Lungau dar.

Das Lungauer Taurachtal ist in Verbindung mit dem nordseitig liegenden Pongauer Taurachtal die Grenze zwischen den Schladminger und Radstädter Tauern. Das gemeinsame touristische Zentrum liegt im Bereich von Obertauern, also auf der Paßhöhe, die nach beiden Seiten für den Wintersport mit großzügigen Anlagen erschlossen ist.

Dem Sommertourismus dient ein dichtes Netz markierter Wege. Es erfaßt nördlich des Tauernpasses das weiträumige Gebiet beim Seekarhaus und reicht mit dem Tauern-Höhenweg über den Oberhüttensattel Richtung Kalkspitzen. Südlich des Tauernpasses führen die Wege und Steige zu Gamsleitenspitze (2357 m) und Zehnerkarspitze (2381 m) sowie in mehreren Übergangsvarianten Richtung Glöcknerin (2432 m), Hintere Großwandspitze (2436 m), Großer Pleißlingkeil (2501 m) und schließlich zur Südwienerhütte (1802 m). Mit diesen Wegen hat der nördliche Teil der Radstädter Tauern Verbindungen mit dem Berggebiet zwischen Flachauer Tal und Pongauer Taurachtal.

Lantschfeldtal

Es zweigt aus dem Lungauer Taurachtal bei Tweng (1239 m) ab. Eine Flurstraße ermöglicht über die Postalm eine Zufahrt bis zu den Almhütten am Lantschfeld (1646 m).

Das Lantschfeldtal wird an seiner Südseite vom Hochfeindkamm begrenzt, dessen eindrucksvolle Gipfelkette mit der Zwillingwand beginnt und über den Hochfeind (2687 m) zu Schwarzeck (2635 m), Lackenspitze (2459 m) und Weißeneck (2569 m) zur Lapernigspitze (2369 m) führt.

Von hier aus reichen markierte Wege bis zum Speiereck (2411 m) und von diesem als dichtes Wegenetz in die Talorte Mauterndorf, Begöriach, St. Martin, St. Michael, Oberweißburg und Fell.

Vom Lantschfeld aus lassen sich noch weitere interessante, zum Großteil unbezeichnete Rundtouren zusammenstellen: Dazu gehören die Jokasalm, Große Guglspitze (2638 m), die Labspitze (2222 m), Stampferwand und der Übergang vom Windsfeld auf den Kleinen Pleißlingkeil (2418 m). Dazu kommt noch der ab dem Windsfeld bezeichnete Übergang zur Südwienerhütte (1802 m).

Zederhaustal

Der Verkehrslärm ist in diesem Tal offenbar beständiger Gast, wie sich aus Gesprächen mit Zederhauser Bürgern heraushören läßt. Der Ort Zederhaus hat nur Richtung Norden eine unmittelbare Autobahnauffahrt bzw. -abfahrt. Anreisende von St. Michael im Lungau fahren deshalb auf der Bundesstraße das Zederhaustal aufwärts.

An seiner Nordostseite wird das Zederhaustal vom Hochfeindkamm begrenzt, im Südwesten vom Weißeckkamm. Dessen unendlich weiter, sich in gleichmäßigem Auf und Ab darstellender Höhenrücken trennt das Zederhaustal vom Murtal.

Die Tourengebiete im Bereich des Ortes Zederhaus liegen u. a. bei Hochfeind (2687 m), Zeppspitze (2507 m) und Wurmkogel (2090 m).

Gegenüber im Weißeckkamm sind lohnend: Das Großeck (2427 m), das Bretter-eck (2405 m), die Balonspitze (2485 m), die Kreuzhöhe (2520 m), der Pleißnitzkogel (2536 m) und die Röthspitze (2412 m); schließlich noch Plankowitzspitze (2412 m) und Felskarspitze (2506 m).

Der Abschluß des Zederhaustales gabelt sich beim Weiler Wald, also beim Südportal des Tauern-Autobahntunnels. Während die Hauptzufahrt in das Riedingtal weiterführt, ermöglicht ein Aufschließungsweg die Anfahrt zur Aigneralm und Muhreralm (1659 m).

Ab diesen Almen sind erreichbar: Taferlscharte (2236 m), Stampferwand (2342 m), Labspitze (2222 m) und über die Rothenkarscharte auch die Zwillingwand (2516 m).

Da über die Taferlscharte der Tauern-Höhenweg führt, lassen sich auf ihm die Übergänge sowohl Richtung Südwienerhütte wie auch zur Jakoberalm und Franz-Fischer-Hütte fortsetzen.

Riedingtal

Durch das Zederhaustal erfolgt die Zufahrt in die Rieding, wobei Postautobusse bis zur Schliereralm (1495 m) verkehren. (Das Riedingtal ist insgesamt bis zur Königalm bzw. Zauneralm befahrbar.)

Von der Schliereralm ist die Jakoberalm (1846 m) erreichbar und von ihr das Mosermandl (2680 m). Über die Jakoberalm führt der Tauern-Höhenweg in Richtung Franz-Fischer-Hütte (2001 m). Sie dient als Stützpunkt bei Touren auf den Faulkogel (2654 m), Stierkarkopf (2365 m) und Weißgrubenkopf (2369 m).

Von der Fischerhütte gehen mehrere Übergänge weg: Richtung Tappenkarseehütte oder Königalm und über diese auf die Riedingscharte mit den Anschlußwegen auf das Weißeck (2711 m); oder hinunter zur Sticklerhütte (1752 m) im Mur-Ursprungsgebiet.

Aus dem hinteren Riedingtal lassen sich eine Reihe von Verbindungen mit Hütten, Gipfeln und Scharten herstellen. Dazu gehören die Hochalmen beim Haselloch (2135 m), das Schiereck (2366 m), ein weiterer Übergang ins Tappenkar; weiters noch Glingspitze (2433 m), Wasserfallscharte, Nebelkarscharte sowie Jägerspitze (2507 m) und Nebelkareck (2535 m).

Mit diesem letzten Gipfel erfolgt der Übergang ins Murtörl (2260 m), womit der Anschluß zu jenen Wegen gefunden ist, die einerseits in das Mur-Ursprungsgebiet, hingegen nach Norden in das Großarltal führen.

Jenseits des Murtörls beginnt das Wegenetz der Hohen Tauern.

Schladminger Tauern.
Bild oben:
Geländeabfahrt im Hochwinter vom Hauser Kaibling in das Gumpental.
Bild unten:
Die Marktgemeinde Haus im Ennstal weiß sich nicht nur zu schmücken, sondern verbindet ihren Namen in europäischem Geiste: Am 26. Oktober 1986 wurde der Ort zur Europagemeinde erhoben.
Fotos: G. Auferbauer

Alle Zweitausender

Wenn die Niederen Tauern weit über 600 Gipfel aufweisen, die höher als 2000 Meter sind, dann mag diese Tatsache als zusätzlicher Grund gelten, die Niederen Tauern als Gebirge richtig einzuschätzen.

Wenn im folgenden eine nahezu vollständige Liste aller Zweitausender vorgestellt wird, so sollten jedoch nicht nur die Höhenangaben, sondern auch die Bergnamen das Interesse des Lesers wecken. Denn vor allem aus den Bergnamen slawischen Ursprungs sind Aussagen herauszulesen, die nicht nur durch das Aussehen des Berges, sondern auch durch seine Nutzung zustande kamen, so z. B. im Zuge der Gewinnung von Erz und Eisen.

Die Bergnamen zu deuten, den Sinn aus ihren Namen erfahren zu können, setzt einen wissenschaftlich fundierten Überblick voraus.

In unserem Band „Erlebnis Steiermark" wurden die Namen steirischer Gebirge kurz gestreift.

Professor Fritz Lochner von Hüttenbach setzt sich im besonderen mit Bergnamen auseinander, weshalb wir an dieser Stelle auf die von ihm verfaßte Broschüre „Grazer Linguistische Monographien" verweisen, die vom Institut für Sprachwissenschaft an der Grazer Universität 1985 herausgegeben wurde.

Bild oben:
Zum Rahmenprojekt „Bergbautradition in den Schladminger Tauern" gehören der historische Knappenweg Obertal-Schladming, der Bergbau-Rundweg Bromriesen und vor allem der OeAV-Stollenlehrpfad Zinkwand-Vettern. Wo einst in der Westseite der Zinkwand, hoch über dem Knappenkar, eine Bergschmiede stand, beginnt in der Gegenwart die Führung.

Bild unten:
Auf dem Waldhorn. Ausblick auf das Kieseck und seinen Grat, der nach Süden (rechts) zu Meisterspitze und Kaiserspitze zieht. *Fotos: G. Auferbauer*

Seckauer Tauern

Geierhaupt	2417 m	Brandstätterkogel	2234 m
Hochreichart	2416 m	Schwaigerhöhe-Westgipfel	2214 m
Seckauer Zinken	2397 m	Schwaigerhöhe-Ostgipfel	2200 m
Maierangerkogel	2356 m	Mitterplankuppen	2110 m
Grieskogel	2328 m	Kleiner Reichart	2090 m
Höllkogel	2323 m	Feistererhorn	2081 m
Hirschkarlgrat	2282 m	Tagwart	2038 m
Hämmerkogel	2253 m	Jungreichart	2014 m

Gaaler Tauern

Pletzen	2345 m	Lahneck	2216 m
Sonntagkogel (Sunterkogel)	2343 m	Planspitze	2210 m
Amachkogel	2312 m	Ochsenspitze	2116 m
Kesseleck	2308 m	Kleiner Ringkogel	2110 m
Großer Ringkogel	2277 m	Kadl (Totenköpfl)	2079 m
Glaneck	2262 m	Schleifkogel	2063 m
Lärchkogel	2258 m	Schleifeck	2048 m

Triebener Tauern

Gamskogel-Westgipfel	2386 m	Kleiner Grießstein	2175 m
Mittlerer Gamskogel-Westgipfel	2350 m	Zwölferköpfl	2160 m
Großer Grießstein	2337 m	Kettentalkogel	2152 m
Mittlerer Gamskogel-Ostgipfel	ca. 2330 m	Mödringkogel (Amtmannkogel)	2142 m
Hochleitenspitze	2329 m	Westliche Hahnenkammspitze	2130 m
Östlicher Gamskogel	2300 m	Speikleitenberg	2124 m
Geierkogel	2231 m	Mittlere Hahnenkammspitze	ca. 2100 m
Sonntagskogel	2229 m	Himmeleck	2096 m
Knaudachkogel	2227 m	Goldkogel	2080 m
Kerschkern	2225 m	Östliche Hahnenkammspitze	2072 m
Schrimpfkogel	2207 m		

Triebenkogel	2055 m	Schwarzkogel	2026 m
Krugspitze (Kneislspitze)	2047 m	Lattenberg	2018 m
Krugkoppe	2042 m	Himmelkogel	2017 m
Kreuzkogel	2027 m	Griesmoarkogel	2009 m

Rottenmanner Tauern

Großer Bösenstein	2448 m	Diewaldgupf	2125 m
Kleiner Bösenstein	2395 m	Seekarspitze	2115 m
Dreistecken	2382 m	Regenkarspitze	2112 m
Hochheide	2363 m	Schrattner Kogel	2104 m
Sonntagskarspitze	2350 m	Sommereck	2095 m
Bruderkogel	2299 m	Große Rübe	2093 m
Zinkenkogel	2233 m	Bärwurzgupf	2082 m
Moserspitz	2230 m	Reiterkoppe	2078 m
Hochschwung	2196 m	Wurzleiten	2066 m
Steinermandl	2192 m	Schüttkogel	2049 m
Almspitz	2188 m	Stein am Mandl	2043 m
Schüttnerkogel	2170 m	Wirtsspitz (Etlahnspitz)	2032 m
Seitner Zinken	2164 m	Gamshöhe	2028 m
Großer Hengst	2159 m	Seegupf	2011 m
Schattner Zinken	2156 m	Schafgupf	2000 m
Steinwandkogel	2132 m		

Wölzer Tauern

Rettelkirchspitze	2475 m	Narrenspitze	2336 m
Greim	2474 m	Kegeleck	2323 m
Schoberspitze	2423 m	Talkenschrein	2319 m
Straßeck	2390 m	Gstoder	2318 m
Hochstubofen	2385 m	Großhansl	2315 m
Hochweberspitze	2375 m	Schafdach	2314 m
Melleck	2365 m	Glattspitze	2310 m
Pusterwalder Hohenwart	2363 m	Hinterer Gigler	2294 m
Krautwasch	2360 m	Unholdingspitze	2293 m
Eiskarspitz	2350 m	Stangeneck	2291 m

Aarfeldspitz	2284 m	Schönfeldspitz	2202 m
Scharnitzfeld	2282 m	Sölkfeldeck (Idlereck)	2200 m
Gastrumerhöhe	2281 m	Sandlerkogel	2186 m
Niederweberspitze	2280 m	Riedler Zinken	2175 m
Hochfeld	ca. 2280 m	Maißöfen	2174 m
Hornfeldspitze	2277 m	Pölseck	ca. 2160 m
Schießeck	2275 m	Breiteckkoppe	2144 m
Tischfeldspitze	2268 m	Stubenberg	2143 m
Bernkadlereck	2262 m	Langhauseck	2142 m
Steineck	2260 m	Kreuzkogel	2109 m
Vorderer Gigler	ca. 2260 m	Gruber Hirnkogel	2080 m
Kammkarlspitz	2248 m	Gangkogel (Pustereckspitze)	2069 m
Ameiskopf	2245 m	Jauriskampel	2064 m
Hühnerkogel	2242 m	Hintergullingspitz	2054 m
Roßalmspitz	2237 m	Schattenkogel	2054 m
Laubtaleck	2230 m	Kreuzberg	2045 m
Kühlnbrein (Kilnprein)	2229 m	Halserkogel	2029 m
Hoher Zinken	2222 m	Rotofen	2012 m
Kleinhansl	2217 m	Rindereck	2010 m
Sandkogel	2214 m	Hainzl Wasserkogel	2002 m
Alker	2202 m		

Donnersbacher Tauern

Hochwart	2301 m	Mittlere Gstemmerspitze	2104 m
Gumpeneck	2226 m	Karlspitze	2097 m
Hochrettelstein	2220 m	Plöschmitzzinken	2095 m
Hochstein	2183 m	Hintere Gstemmerspitze	2090 m
Hochrotwand	2166 m	Tattermann, Mörsbach	2089 m
Gamskarspitze	2162 m	Mölbegg	2080 m
Schreinl	2154 m	Plannerseekarspitze	2072 m
Seekoppe	2150 m	Großes Bärneck	2071 m
Kühofenspitz	2145 m	Hangofen	2056 m
Vordere Gstemmerspitze	2136 m	Dornkarspitze	2050 m
Schoberspitze	2126 m	Wolfnalmspitze	2049 m
Hochgrößen	2115 m	Tattermann, Planneralm	2047 m
Gaßeneck	2111 m	Lämmertörlkopf	2046 m

Zinken	2042 m	Großer Rotbühel	2019 m
Jochspitze	2037 m	Gstemmerspitze, Mörsbach	2014 m
Hühnereck	2035 m	Plannereck	2003 m
Kollerriegel	2023 m	Goldbachseekopf	ca. 2000 m
Finsterkarspitz	2022 m	Goldbachseespitze	ca. 2000 m
Mörsbachspitze	2020 m		

Schladminger Tauern

Hochgolling	2863 m	Rupprechtseck	2591 m
Hochwildstelle	2747 m	Rauhenberg	2585 m
Roteck	2742 m	Gamshöhe	2580 m
Kasereck	2740 m	Golzhöhe	2580 m
Preber	2740 m	Kleine Wildstelle	2577 m
Große Barbaraspitze	2726 m	Kaiserspitze	2576 m
Waldhorn	2702 m	Hohes Schareck	2575 m
Deichselspitze	2684 m	Jägerspitz	2573 m
Kieseck	2681 m	Säuleck	2570 m
Elendberg	2672 m	Kreuzhöhe	2566 m
Umlaufer	2664 m	Hillebrand (Höllibrand)	2563 m
Zischken	2661 m	Alterkogel	2552 m
Weißhöhe	2646 m	Sattelspitze	2550 m
Zwerfenberg	2642 m	Kampelfenster	
Hocheck	2638 m	(Kapellfenster)	2547 m
Steinkarleck	2637 m	Kreuzhöhe	2547 m
Pfeifer	2627 m	Lanschfeldspitze	2547 m
Blutspitze	2626 m	Höchstein	2543 m
Steinkarspitze	2626 m	Predigtstuhl	2543 m
Geinkel	2623 m	Wildseespitze	2543 m
Greifenberg	2618 m	Schöneck	2540 m
Meisterspitze	2617 m	Waldhorn-Nordgipfel	2536 m
Hundstein	2614 m	Wildlochhöhe	2534 m
Mitterspitzen	2603 m	Schober	2530 m
Großes Gangl	2602 m	Südliche Gamshöhe	2528 m
Pöllerhöhe	2601 m	Gurpitscheck	2526 m
Wirriegelhöhe	2600 m	Gjoadeck	2525 m
Großer Knallstein	2599 m	Vetternspitzen	2524 m

Seekarlspitze	2523 m
Krautkareck	2521 m
Klafferturm	2520 m
Sauberg	2520 m
Westliche Engelkarspitze	2518 m
Tristhof	2517 m
Bockleiteck (Kleine Barbaraspitze)	2515 m
Vordere Grubachhöhe	2511 m
Brennerfeldeck	2507 m
Süßleiteck	2507 m
Wasserfallspitze	2507 m
Stierkopf	2505 m
Schneegrubenhöhe	2502 m
Himmelreich	2500 m
Schöderkogel	2500 m
Seekarspitze	2500 m
Nördliche Gamshöhe	ca. 2500 m
Rotofen	2499 m
Scharnock	2498 m
Arfeld	2491 m
Schober	2491 m
Leßhöhe	2490 m
Siegerkarspitze (Pollannock)	2490 m
Gamsleiteck (Lahneck)	2489 m
Sandspitze	2488 m
Rotsandspitze	2481 m
Feldeck	2480 m
Kleines Schareck	2479 m
Kleines Gangl	2478 m
Graunock	2477 m
Himmelfeldeck	2474 m
Wiegeneck	2472 m
Lungauer Kalkspitze	2471 m
Mittereck	2469 m
Zwiesling	2469 m
Kitzbergspitze	2466 m
Dachleiteck (Haarlocken)	2463 m
Hochlahneck	2463 m
Pulverturm	2463 m
Westliche Engelkarspitze	2463 m
Großer Gnasen (5. Schareckspitze)	2461 m
Klafferschneide	2461 m
Bockleiteneck	2460 m
Steirische Kalkspitze	2459 m
Häuselspitze	2458 m
Eisenhut	2456 m
Rotmandlspitze	2453 m
Zechnerkarspitze	2452 m
Breitdach	2451 m
Windschnurspitze	2451 m
Schaflochturm	ca. 2450 m
Hasenhöhe (Hintere Alpkarspitze)	2446 m
Gamsspitze	2444 m
Himmelfeldeck	2443 m
Zinkwand	2442 m
Arkogel	2441 m
Gamskarspitze	2439 m
Großer Rocktocken	2437 m
Placken	2434 m
Schafkarspitze	2434 m
Deneck	2433 m
Breitdach	2432 m
Ghagspitz	2431 m
Hintere Grubachhöhe	2430 m
Tennlspitz	2430 m
Krukeck	2428 m
Bauleiteck	2424 m
Walcher	2422 m
Zwilling (4. Schareckspitze)	2421 m
Hinterer Wildkarstein	2417 m
Sauofen	2415 m
Gruberberg	2414 m
Kircheleck	2414 m

Schimpelspitze	2413 m
Schusterstuhl	2413 m
Brettspitze	2412 m
Kapuzinerberg	2412 m
Gamskarlspitze	2411 m
Schrein	2410 m
Jackerstageck	2409 m
Pernerkopf (Tscheibitschspitze)	2409 m
Ulmspitze	2409 m
Somspitze	2405 m
Vockentalspitze	2404 m
Fallkarhöhe	2403 m
Torwart	2403 m
Alpeleck	ca. 2400 m
Großer Weißenseeturm	ca. 2400 m
Föflatzmanndln	ca. 2400 m
Zöhnle	ca. 2400 m
Greifenstein	2397 m
Steinkarspitze	2397 m
Pietrach	2396 m
Kampspitze	2390 m
Kleiner Weißenseeturm (Saukarlspitz)	ca. 2390 m
Knarrnspitze	2387 m
Flederweißspitze	2386 m
Dritte Schareckspitze	2385 m
Steinkarhöhe	2383 m
Samspitze	2381 m
Breitmodl	2380 m
Deichsel	ca. 2380 m
Karnereck (Karnerhöhe)	2380 m
Klafferkogel	2378 m
Kleines Gurpitschek	2378 m
Kleiner Knallstein	2378 m
Schaufelspitze	2375 m
Ruländer Gamsspitze	2372 m
Karleck	2371 m
Kleines Gangl	2370 m
Reislingkogel	2370 m
Trübeck	2367 m
Vorderer Wildkarstein	2362 m
Sulzkogel	2360 m
Säuleck	2359 m
Grobfeldspitze	2358 m
Mitterberg	2358 m
Dockneralm	2357 m
Kübel	2354 m
Giglachalmspitze	2352 m
Kleiner Rocktocken	2351 m
Hasenohren	ca. 2350 m
Schreier	2350 m
Seekarspitze	2350 m
Schönkarlspitze	2349 m
Kirchtürme	2341 m
Mentenkarspitze	2341 m
Gjoadspitzen	2340 m
Schiedeck	2339 m
Murspitzen	2333 m
Hading	2332 m
Glockhaus	2331 m
Stierkarkopf	2331 m
Stegerkarspitze	2330 m
Schneider	2328 m
Tauernhöhe	2328 m
Hintere Waschlkarspitze	2327 m
Opferstock	2327 m
Granitzstein	2326 m
Raudinghöhe	2321 m
Schusterstuhl	2321 m
Hoher Wagen	2320 m
Stegerkartürme	2320 m
Gummaberg	2315 m
Predigtstuhl	2315 m
Schafspitze	2310 m
Sonntagerhöhe	2302 m

Farmrieseck	2300 m	Lanschfeldspitze	2240 m
Gamsrinnenköpfe	ca. 2300 m	Rabenköpfl	2240 m
Steinkarhöhe	2299 m	Hundskogel	2238 m
Duisitzer Hahnkamp	2296 m	Mereck	2235 m
Vordere Alpkarspitze	2294 m	Seekarzinken	2231 m
Große Kesselspitze	2294 m	Hochgang	2230 m
Plattenspitze	2293 m	Kampzähne	ca. 2230 m
Moderspitze	2292 m	Znachspitze	2225 m
Berwarzkopf	2291 m	Brechelspitze	2221 m
Seekarschneid	2291 m	Granitzl	2221 m
Ganser	2290 m	Seerieszinken	2221 m
Hinteres Ohreneck	2290 m	Schöneckl	2220 m
Kamplspitze	2290 m	Lustighöhe	2219 m
Kochspitzel	2290 m	Waseneck	2219 m
Kastlereck	2289 m	Schoberspitze	2217 m
Hasenkarspitze	2284 m	Seekareck	2217 m
Mittereck	2284 m	Schusterstuhl (Speikbodenspitz)	2216 m
Steinkarzinken	2281 m	Karlspitze	2212 m
Gensgitsch	2279 m	Schöneckl	2212 m
Feigenspitze	2275 m	Viermandlspitze	2212 m
Wagnerspitze	2269 m	Ötschenriegel	2210 m
Rauhenberg	2268 m	Schoberknopf	2205 m
Moaralmspitze	2267 m	Krügerzinken	2204 m
Mittlere Waschlkarspitze	2263 m	Lignitzhöhe	2204 m
Hochschuß	2260 m	Feldkögerl	2203 m
Spateck	2256 m	Knappenkarturm	ca. 2200 m
Vordere Waschlkarspitze	2255 m	Wurmwand	2195 m
Roßkogel	2254 m	Hinterer Geißstein	2192 m
Filzschartenturm	ca. 2250 m	Samerkogel	2192 m
Kasermanndln	ca. 2250 m	Zinken	2191 m
Kühofenspitze	2250 m	Eisenhut	2189 m
Lärcheck	2248 m	Hochfeld	2189 m
Golitschspitze	2247 m	Karneitschenhöhe	2181 m
Steinrinneck	2247 m	Zupputkopf	2181 m
Sonntagskarhöhe	2245 m	Faulkogel, Tauernpaß	2180 m
Kleiner Gnasen	2244 m	Mandlspitze	2180 m
Sonntagskarzinken	2243 m	Vorderer Geißstein	2177 m
Dürrnberg	2241 m		

Zahlerkogel	2176 m	Scheibleck	2117 m
Hochlabeck	2174 m	Fanninghöhe	2115 m
Kornreitwiftl	2169 m	Zechnerriegel	2115 m
Schafsitz	2164 m	Pleschnitzzinken	2112 m
Arnlug	2158 m	Steinkarhöhe	2105 m
Nageleck	2155 m	Muleteck	2096 m
Steinkarlspitze	2154 m	Roßkogel	2096 m
Vorderes Ohreneck	2154 m	Kranzlhöhe	2095 m
Bärfallspitze	2150 m	Hochfeldmandl	2093 m
Lärcheck-Ostgipfel	2150 m	Stummerkesselspitze	2088 m
Vogelsang	2148 m	Melcherspitze	2084 m
Ohreneck	2144 m	Kleine Kesselspitze	2082 m
Schönwetter	2144 m	Badstubenspitze	2076 m
Kronspitze	2142 m	Dürrmooshöhe	2064 m
Gstoder	2140 m	Klausberg	2052 m
Krahbergzinken	2134 m	Koners	2049 m
Nebelspitze	2134 m	Dromeisspitz	2047 m
Schober	2133 m	Hirnköpfl	2026 m
Lachriegel	2132 m	Twengeralmkopf	2025 m
Freying	2131 m	Hauser Kaibling	2015 m
Speiereck	2131 m	Ahrnspitze	2014 m
Teufelskirche	2131 m	Kampl	2013 m
Lackenkogel	2130 m	Schneiderspitze	2009 m
Ruppeteck	2126 m	Stangelkarzinken	2005 m
Zinken	2120 m	Gasselhöhe	2001 m

Radstädter Tauern

Weißeck	2711 m	Weißeneck	2563 m
Hochfeind	2687 m	Vorderes Weißeneck	2547 m
Mosermandl	2680 m	Kleines Mosermandl	2538 m
Faulkogel	2654 m	Pleißnitzkogel	2536 m
Große Guglspitze	2638 m	Nebelkareck	2535 m
Schwarzeck	2635 m	Marislwand	2528 m
Windischkopf	2609 m	Rothorn	2522 m
Gödernierkarkopf	2595 m	Kreuzhöhe	2520 m
Kleine Gulgspitze	2570 m	Zwillingwand	2516 m

Wildkarhöhe	2514 m
Jägerspitze	2507 m
Zeppspitze	2507 m
Felskarspitze	2506 m
Grießenspitze	2504 m
Gr. Pleißlingkeil	2501 m
Balonspitze	2485 m
Großwand (Permuthwand)	2479 m
Silberplatten	2473 m
Gamsspitze	2471 m
Schareck	2466 m
Malutzspitze	2465 m
Kaltenfeldspitze	2459 m
Lackenspitze	2459 m
Sommerleitenkopf	2456 m
Hintere Großwandspitze	2436 m
Kraxenkogel	2436 m
Glingspitze	2433 m
Glöcknerin	2432 m
Barleitenkopf	2428 m
Grubachspitze	2428 m
Großeck	2427 m
Kleiner Pleißlingkeil	2418 m
Großer Reicheschkogel (Reichesbachkogel)	2413 m
Plankowitzspitze	2412 m
Röthspitze	2412 m
Speiereck	2411 m
Ennskraxen	2410 m
Rieslwand	2410 m
Brettereck	2405 m
Schliererspitze	2404 m
Dolzenberg	2390 m
Seewand	2383 m
Zehnerkarspitze	2381 m
Bloßkogel	2380 m
Vordere Großwandspitze	2380 m
Wildkarkopf	2380 m
Taferlnock	2374 m
Lapernigspitze	2369 m
Weißgrubenkopf	2369 m
Kämpenköpfln	2366 m
Schiereck	2366 m
Stierkarkopf	2365 m
Predigtstuhl	2361 m
Wabenspitze	2359 m
Große Kesselspitze	2358 m
Gamsleitenspitze	2357 m
Draugstein	2356 m
Rettenwand	2356 m
Kleiner Lanschütz	2354 m
Kleiner Reicheschkogel (Reichesbachkogel)	2348 m
Großer Lanschütz	2347 m
Gamsspitzel	2345 m
Steinfeldspitze	2344 m
Stampferwand	2342 m
Helm	2340 m
Viertleck	2338 m
Bernkarkogel	2336 m
Grünspitze	2325 m
Kendlspitze	2324 m
Kampen	2322 m
Kleine Kesselspitze	2320 m
Gamskarturm	2316 m
Hochbirg	2316 m
Liebeseck	2305 m
Bärnleitenkopf	2303 m
Rauchfangkopf	2303 m
Gamskarspitze	2295 m
Graikopf	2285 m
Heißenspitze	2282 m
Riedingspitze	2266 m
Riedl	2265 m
Riffl	2265 m
Kempenkopf	2264 m

Schwarzkogel	2263 m
Speikkogel	2263 m
Teufelshörner	2262 m
Murtörl	2260 m
Breiteck	2256 m
Scheibenkogel	2255 m
Prabitschkopf	2254 m
Kesselkopf	2251 m
Blauseetürme	ca. 2250 m
Schöneck	2235 m
Schoberkogel	2231 m
Sichelwand	2223 m
Graihorn	2222 m
Labspitze	2222 m
Gurenstein	2220 m
Schober	2220 m
Höllkogel	2210 m
Schwarzkogel	2208 m
Windschaufel	2208 m
Kreuzeck	2205 m
Grandl Nase	2204 m
Schrovinkopf	2203 m
Karteiskopf	2201 m
Spielkogel	2201 m
Tischbühel	2194 m
Gamskögerl	2188 m
Filzmooshörndl	2187 m
Kocher-Höh'	2169 m
Gründegg	2168 m
Maierkogel	2168 m
Gebreinspitze	2167 m
Roßfeldeck	2163 m
Gamsköpfl	2160 m
Nebeleck	2159 m
Wurmkogel	2155 m
Lahneck	2154 m
Kitzeck	2153 m
Steinitzen	2151 m
Roßkogel	2149 m
Großer Schneibenstein	2143 m
Schöpfing	2141 m
Murwand	2140 m
Strimskogel	2139 m
Herbertspitze	2137 m
Raucheck	2136 m
Himmel	2135 m
Tagweideck	2135 m
Gröbnitzen	2128 m
Laglerspitze	2122 m
Mauereck	2112 m
Karkopf	2107 m
Aignerhöhe	2105 m
Filzmooshöhe	2103 m
Blasner-Turm	2102 m
Wurmkogel	2090 m
Wurmfeld	2088 m
Rauchkopf	2087 m
Treberlingspitze	2080 m
Hundeck	2079 m
Benzeck	2077 m
Großeck	2074 m
Hengst	2074 m
Fellnerkopf	2071 m
Hiertseck	2069 m
Spirtzinger	2066 m
Kühkogel	2065 m
Spazeck	2065 m
Fetzing	2062 m
Arche	2059 m
Lackenkogel	2051 m
Geißkopf	2050 m
Saukarkopf	2048 m
Schilcheck	2041 m
Kitzstein	2037 m
Seiserkopf	2035 m
Maderkogel	2026 m

Trogfrey	2019 m	Saukarkopf	2014 m
Mautling	2018 m	Schattleitenkopf	2014 m
Taxlalmkogel	2016 m	Herrenköpfl	2012 m
Thörlstein	2016 m	Vorderkogel	2008 m
Kleine Bärnstaffel	2014 m	Hahnschädel	2005 m

ERLEBNISTEIL

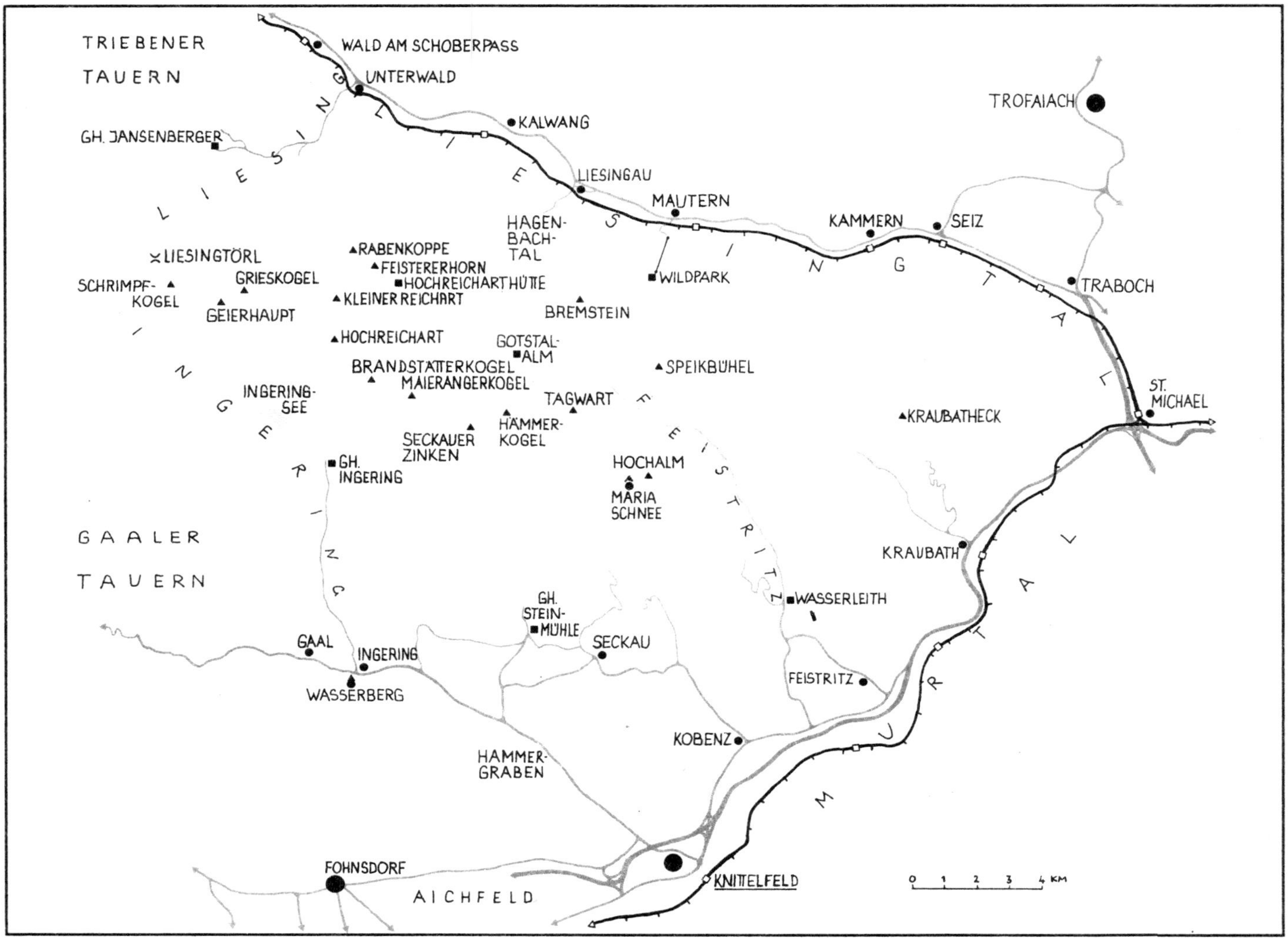

Seckauer Tauern

Schladminger Tauern.
Bild oben:
Im Spätherbst auf dem Predigtstuhl. Ausblick nach Westen: Im Mittelgrund links Schöneck, rechts Zischken und Deichselspitze mit dem Weitkar, ganz rechts Kaiserscharte und Kaiserspitze. Im Hintergrund v.l.n.r.: Kasereck (am Horizont Großglockner!), Weißhöhe, Steinkarleck und Hochgolling (Bildmitte).
Bild unten:
Die Bergstadt Schladming verbindet ihren Namen einerseits mit dem alpinen Wintersport, doch ist Schladming für den Sommertourismus ebenso Mittelpunkt in der Dachstein-Tauern-Region.
Fotos: G. Auferbauer

Seckauer Tauern

Kraubatheck (1475 m)

Dieser östlichste Gipfel der Niederen Tauern erscheint als eigenwillige Ausnahme: Die bescheidene Waldlandschaft läßt vom Tal aus nichts Ungewöhnliches erwarten. Es gibt tatsächlich vorwiegend Wald, der sich in einem ausgedehnten, 700 Meter hohen Gürtel von der Talsohle im Murtal bis in die Waldkampfzone bei rund 1400 Metern Seehöhe erstreckt.

Dazwischen verläuft der „Berglersteig", dessen landschaftlicher Reiz jedoch nicht so leicht ein Gegenstück findet.

Im bildhaft schönen Halbschatten-Waldgelände zwischen Kraubath und Kraubatheck läßt sich sogar die Augustsonne angenehm ertragen. Der Berglersteig bereitet deshalb Kindern Spaß; außerdem ist der Weg abwechslungsreich, weil's dort und da Himbeeren gibt.

Das zuweilen steile Waldgelände geht oberhalb der Hoferalm allmählich in eine sanfte Berggraslandschaft über. Ein Halterhütterl steht unweit der Gipfelkuppe.

Das Kraubatheck wird von einem schönen Holzkreuz, das inmitten niedriger Wetterfichten und einiger Kristallinblöcke steht, geschmückt. Eine rostige uralte Frakturschrifttafel weist den Weg zurück: „Kraubath 2 Stunden".

Auf das Kraubatheck:

Aus dem Murtal: Von Kraubath (632 m) über Hoferalm 2½ Stunden.

Zufahrt von Kraubath bis zur Hoferalm (Jausenstation, 1178 m) gestattet. Von der Hoferalm ¾ Stunden.

Schladminger Tauern. Bild oben:
Ausblick vom Waldhorn über den Klafferkessel zu Zwerfenberg, Elendberg und Geinkel. Im Mittelgrund, über den Seen, der Greifenberg; über ihn führt der Abstieg zur Gollinghütte.
Links hinten die Gollingscharte mit dem Golling-Nordwestgrat. Über ihn führt der „Historische Weg", benannt in Erinnerung an die Ersteigung durch Erzherzog Johann am 28. August 1817.
Bild unten:
Am Großen Giglachsee. Im Mittelgrund erstreckt sich das durch den Ausläufer der Freying verdeckte Vetternkar, das einstige Bergbaugebiet. *Fotos: G. Auferbauer*

Maria Schnee auf der Seckauer Hochalm

Wann immer wir nahe Knittelfeld durch das Murtal fahren, nehmen wir im Norden, am südöstlichsten Ausläufer der Seckauer Tauern, das Kirchlein Maria Schnee wahr. Es steht im Bereich eines weitläufigen Almgeländes auf einer kleinen Kuppe, deren östliches Gelände als Türkenfeld bezeichnet ist.

Im Steirischen Kirchenführer, Band 2, verfaßt von Rudolf List, ist über das Kirchlein Maria Schnee auf der Seckauer Hochalm unter anderem nachzulesen:

„Es ist die höchstgelegene Wallfahrtsstätte unseres Landes, dieses in 1816 Meter Seehöhe gelegene, ursprünglich dem Viehpatron St. Hieronymus geweihte Kirchlein Maria Schnee auf der Seckauer Hochalm, dessen Erbauung anstelle einer kleinen, von den Almleuten errichteten primitiven Steinkapelle durch den Seckauer Stiftsdekan Paul Auer im Jahr 1660 begonnen worden ist.

Im Pestjahr 1714 gelobte der Markt Seckau eine jährliche Wallfahrt zu Mariä Heimsuchung zu diesem Kirchlein, zur Hochalm-Mutter; bis zur Aufhebung des Chorherrenstiftes Seckau (im Jahre 1782) blieb die Wallfahrt unter zunehmender Pilgerzahl aufrecht.

Ein Besuch und ein Gottesdienst des Fürstbischofs Ottokar Graf von Attems im Jahre 1858 — es sollen damals fünftausend Pilger anwesend gewesen sein — und die Aktion des Seckauer Pfarrers Adalbert Janisch zum 200-Jahr-Jubiläum, bei dem insgesamt 15.000 Pilger innerhalb einer Woche kamen, konnten zwar das Interesse von neuem wecken, aber erst den Seckauer Benediktinern unter Abt Ildefons Schober war es 1904/05 möglich, das Kirchlein zu sanieren.

Während des Zweiten Weltkrieges sind die zahlreichen Votivgaben entwendet worden, seit 1949 hat Maria Schnee wieder eine kleine Glocke."

1960 ist das Kirchlein innen und außen renoviert worden.

„Jährlich finden drei große Bergmessen im Kirchlein Maria Schnee statt, und zwar jeweils am ersten Sonntag im Juli und August sowie am Annatag, das ist der 26. Juli", erzählt uns das Ehepaar Johann und Christiane Perwein aus Sonnwenddorf bei Seckau. Das Ehepaar Perwein bewirtschaftet die Grafenalm, deren urige Hütte an die 300 Jahre alt ist.

Nahe dem Kirchlein selbst steht die Hochalmhütte, auf der Frau Maria Pichler als Sennerin arbeitet.

Bei unserem Ausflug auf die Seckauer Hochalm fanden wir nicht nur eine großartige Fernsicht über das Murtal wie hinauf in die Eisenerzer Alpen, sondern auch viele Bezugspunkte im Gespräch mit jenen Menschen, die den Sommer über in dieser Almlandschaft leben.

Auf die Seckauer Hochalm:

Aus dem Murtal: Von der Schnellstraße entweder über Feistritz oder Knittelfeld-West jeweils nach Seckau (843 m) und über Sonnwenddorf (Badeteich Weiermoar) und Gehöft Kühberger; ab hier Mautstraße zur Grafenalm (1432 m).

Aufstieg von der Grafenalm 1 Stunde, vom Kühberger 2 Stunden, von Seckau 3 Stunden.

Tagwart (2038 m) und Hämmerkogel (2253 m)

Mit Kurt Simon wollte ich aus dem Feistritzgraben für uns alpines Neuland erreichen und hatte mir deshalb aus der Karte den Tagwart ausgesucht. Seine ostseitigen Hänge hatten es mir angetan.

Als wir zwischen Rüfhütte und Bodenhütte in den Rehkargraben aufstiegen, ahnten wir noch nichts von der kurz bevorstehenden Wegänderung: Unvermutet hörten wir über uns einen Hund kräftig anschlagen, und bald wehte uns der einer Wildfütterung eigene Duft entgegen: Nach einem steilen Waldstück standen wir auf einer weiten Lichtung, die bestückt war mit Silos, Hütte und Heuraufen; rundum lagen Rübenschnitzel. Ein offenkundig reich gedeckter Tisch für das Rotwild.

Wir hatten uns vom Staunen kaum erholt, war auch schon der Jäger auf uns zugekommen und meinte, daß er ein weit besseres Ziel wüßte als den Tagwart: „Hängt's euch beim Schlitten an, ich führ euch zum Weinmeisterboden."

Die Alternative ließen wir uns gerne gefallen, denn so entdeckten wir den nordseitigen Anstieg durchs Hirschfeld auf den Hämmerkogel.

Mit Rudi Pischinger kam ich wieder. Diesmal waren wir nicht lang am Gipfel allein, denn Willi Senft und Sepp Gailhofer hatten sich das gleiche Ziel gewählt. Spricht das nicht für den Hämmerkogel?

Erst recht wird seine nordseitige Tour gelobt, also aus dem Gotstal. Davon schwärmen Rudi und Dieter.

Auf den Hämmerkogel:

Aus dem Feistritzgraben: Zufahrt vom Weiler Wasserleith zumindest bis zur Luckbauerhube (884 m); in der schneefreien Zeit bis nahe Pulvermacheralm (1135 m); Aufstieg über Weinmeisterboden und Hirschfeld 3—3 $^1/_2$ Stunden.

Aus dem Liesingtal: Zufahrt ins Hagenbachtal bis zum Schranken (810 m); Aufstieg über Jagdhaus Fasching zur Gotstalalm und durchs Zinkenkar 4 Stunden.

Bremstein (1868 m)

Ein Besuch beim Wildpark Mautern läßt sich mit einem Abstecher auf den Bremstein gut verbinden. Der Alpsteig-Sessellift bringt uns in betont gemütlichem Tempo hinauf zum Wildpark, einem weitläufigen Freigehege, das sich in rund 1000 Meter Seehöhe über 50 Hektar erstreckt.

Gerne bummelten wir mit unseren Kindern das Freigehege entlang, worin sich Hirsche, Steinböcke, aber auch der Urhahn und das Schwarzwild beobachten lassen. Unsere Kinder fütterten gerne die zutraulichen Zwergziegen und zeigten sich ausreichend beschäftigt, um den Nachmittag auch ohne elterliche Aufsicht verbringen zu können.

So stiegen Luise und ich vom Wildpark zum Bremstein an. Ein überraschend steiler Weg, der später wagenbreit wird, führt durch den Wald gerade hinauf. Die unbewirtschafteten Alpsteigerhütten zeigen sich als einladender Platz, der einen schönen Ausblick auf das Liesingtal gewährt.

300 Höhenmeter über den Hütten, beim Antonikreuz, ist jener Rücken erreicht, der den Mitterkogel (1847 m), auch Feuerstein genannt, mit dem Bremstein verbindet.

Latschengruppen, ein schmaler Schneesaum an der ostseitigen Hangseite, Moospolster, darinnen intensiv farbige Zwergprimeln, beweisen, wie unglaublich eng Winter, Frühjahr und Sommer beisammenliegen. Denn während hier oben den Lärchenbäumen ein zartes Grün entsprießt, liegen über dem Tal bereits die sommersatten Farben. Doch der Hochreichart und Hämmerkogel werden erst allmählich aper.

Auf den Bremstein:

Aus dem Liesingtal: In Mautern (704 m) Abzweigung zum Sessellift und Wildpark. Von der Lift-Bergstation (1017 m) Sommerrodelbahn zur Talstation.

Aufstieg von der Bergstation 2¼ Stunden.

Seckauer Zinken (2397 m)

Aus dem Murtal fällt der Gipfel des Seckauer Zinken kaum auf, eher läßt uns weit ins Frühjahr hinein seine Südrinne aufmerksam hinaufschauen.

Der Name des Ortes Seckau wurde auf jenen Teil der Niederen Tauern übertragen, der als „Seckauer Alpen“ in den Karten festgehalten erscheint. Erst mit der jüngst erfolgten Einteilung der Ostalpen wurden die Seckauer Alpen zu Seckauer Tauern umbenannt; ein Vorgang, der zumindest am Rande miterwähnt sei, wenn wir in den „Seckauern“ wieder einmal unterwegs sind.

Der Seckauer Zinken weist an seiner Südseite gleichmäßig geneigtes, leicht begehbares Almgelände auf. Hingegen zeigt sich die Nordseite des Zinken eindrucksvoll schroff, wobei diese felsige Struktur als Zinkenschütt bezeichnet wird und dem Besucher des Gotstalkessels ein alpines Landschaftsbild vermittelt.

Wäre im September 1957 Dieter und mir nicht energisch ein Jäger entgegengetreten, hätte ich den Seckauer Zinken 30 Jahre früher von der Nordseite gesehen. Der Respekt vor des Jägers kategorischem Satz: „Da geht's mir net aufi!“ ließ das Gotstal als unerreichbar erscheinen. Doch am 15. März 1987 konnte ich mich an der Nordseite des Seckauer Zinkens sattsehen. Wenn in jüngerer Zeit das Gotstal den Bergwanderern und Schifahrern zugänglich geworden ist, zeigt es sich dennoch so, als wäre es wie vor 30 Jahren ein streng gehütetes Jagdrevier.

Der Seckauer Zinken hat überdies seine Bedeutung im Zuge von Überschreitungen des Tauern-Hauptkammes, hier an der östlichen Peripherie der Niederen Tauern. Vor allem Bergsteiger aus dem Knittelfelder Raum schätzen den Seckauer Zinken als einen ihrer Gipfel und haben ihn deshalb zu einem ihrer beständigen Tourenziele erwählt.

Auf den Seckauer Zinken:

Aus dem Murtal: Zufahrt von Knittelfeld-West durch den Hammergraben bis zum Ghf. Steinmühle (928 m). Unweit davon Beginn des Aufstieges auf bezeichnetem Weg am Zinkenbach zur Südrinne und durch sie, oder in ihrer Nähe, geradewegs auf den Gipfel 4 Stunden. Aus dem mittleren Zinkengraben auch über Moosboden und Goldlacke auf den Zinken.

Aus dem Liesingtal: Zufahrt ins Hagenbachtal. Vom Schranken (etwa 810 m) Aufstieg über Jagdhaus Fasching am Gotstalbach zur Gotstalalm (1500 m). Durch den Gotstalkessel in den Vorwitzsattel (2100 m), den Grat entlang auf ebenfalls bezeichnetem Weg zum Gipfel 5 Stunden.

Maierangerkogel (2356 m)

Lange Zeit war mir der Maierangerkogel als echt steirische „Wurzeltour" in Verbindung geblieben. Damals hatten wir uns aus dem Brandstättergraben, also an der Westseite, mit Ottl Krajnc und Hilmar Sturm durch das enge Grabengelände der Ossiach hindurchgerauft. Über der Waldstufe waren wir mit den Geländeverhältnissen recht zufrieden und behielten die Abfahrt vom Maierangerkogel durch das Ochsenreichkar deshalb in guter Erinnerung.

Doch am Maierangerkogel schätzen wir seit Mitte März 1987 die Nordseite: Im Eilschritt waren wir zu elft durchs Hagenbachtal gezogen, demnach in kaum einer halben Stunde beim Jagdhaus Fasching herinnen, wobei das scharfe Tempo wohl daher rührte, daß uns der Tag nicht nur das Blaue vom Himmel versprach.

Auf der Gotstalalm war die Spannung weiter erhöht, weil wir erst eine halbe Stunde später den Gotstalkessel überblicken konnten: Das Felsgelände der Zinkenschütt mit dem Seckauer Zinken beherrschte zwar das alpine Bild, doch der zum Teil noch verdeckte Maierangerkogel hatte unser aller Interesse.

Unter der Bärenwandspitze hingen in den Felsstufen mächtige Eiszapfen als Zeugen des Wechselspieles von Wasser und Frost an der Sonnseite. Eine deutliche Rutschspur zog aus diesem Steilgelände herunter, an deren Ende ein junges Gamswild lag, das erst vor kurzer Zeit verendet war. Die Aasfresser waren bei ihm schon zu Gast.

Im Bärenwandsattel wehte kein Frühjahrslüfterl, sondern ein eiskalter Wind, daß wir glaubten, wir seien im Jänner unterwegs.

Unsere Gruppe hatte es gut, war doch ein echter Bürgermeister unter uns, nämlich Werner. Gemeinsam mit seinem Freund Peter zog er die ersten Spuren nicht nur auf den Gipfel, wobei Peters Spur kompromißlos gerade und so steil aufwärts führte, als hätte er eine Zahnstange eingebaut.

Während ich die tiefverschneiten Gipfelfelsen fotografierte und dabei das Panorama mit Seckauer Zinken, Hochreichart, Pletzen, Ringkogel und Gamskögel festzuhalten versuchte, war der Großteil unserer Gruppe schon längst durchs Moarsteckenkarl gebraust: Vom Gipfel weg 500 Höhenmeter. Bis unter die Bärenwand waren die Spuren in den gleichmäßigen Pulverschnee gezogen worden.

Kurt, Hans und Helmut waren längst im Kar unten, aus dem nun, ein zweites Mal, Werner und Peter heraufstiegen, um ihr Abfahrtsglück zu wiederholen.

Endlich hatte ich Gelegenheit, Abfahrtsbilder zu bekommen: Eine Gruppe guter Schifahrer unter blauem Himmel im Pulverschnee vor einer sehenswerten Kulisse an der Nordseite der Seckauer Tauern.

Auf den Maierangerkogel:

Aus dem Liesingtal: Zufahrt ins Hagenbachtal bis zum Schranken (etwa 810 m). Aufstieg über Jagdhaus Fasching am Gotstalbach zur Gotstalalm (1500 m), durch den Gotstalkessel und über den Bärenwandsattel 4—5 Stunden.

Hochreichart (2416 m)

Als Dieter Majcen und ich als Schriftsetzerlehrlinge unsere steirische Bergwelt zu entdecken begannen, war der Hochreichart im September 1957 unser erster Gipfel.

Später einmal wollte mein Vater mit meinem Bruder Herbert und dessen Schulfreund Franz Gruber zum Hochreichart. Das Wetter war trist, doch der Zwischenfall heiter, wie Herberts Erzählung schließen läßt: „Rundum lag Nebel, und es regnete seit Beginn unseres Anstieges. In der Umgebung der Hochreicharthütte sollten wir den Weiterweg ins Brandstätterkar finden, während unser Vater auf einem Stein rastete. Rundum war keine Markierung zu sehen. Nach der kurzen Rast wollten wir zurückgehen, da zeigte sich, daß unser Vater genau auf jenem Stein saß, auf dem die Markierung aufgemalt war."

Von dieser Begebenheit erzählte ich gerne weiter, wie damals, als wir, eine kleinere Gruppe, mit Freunden aus Mautern auf den Hochreichart gingen. Der eher trübe Wintertag ließ uns bei der Halterhütte auf der Stubalm einkehren: Karl Leitner, Gendarmeriebeamter und trainierter Schibergsteiger und Radfahrer, übte seine Schlüsselgewalt hier oben aus. Da war sogar für einen Umtrunk Zeit, und fast hätten wir die gemütliche Hütte nicht verlassen wollen.

Durch den Ochsenboden legte Franz eine zügige Spur auf jenen Grat zu, der über den Kleinen Reichart zum Hochreichart führt.

Es war ein recht alpines Bild, wie unsere Gruppe diesen Grat entlang aufstieg, herausgehoben über die mit Nebel erfüllten Kare. Da waren auch Ursula, Karin und Wolfmar wieder dabei, ebenso Luise, Gerhild und Dieter sowie Karl Hoffmann, dem wir das „Sesam öffne dich" beim Schranken im Hagenbachtal verdankten.

Die Tour am Hochreichart war diesmal ebenso gelungen wie jene ein gutes Jahr zuvor: Damals waren wir mit Gernot und Steffi Staudinger aus der Ingering und durch den Brandstättergraben heraufgestiegen. Zwar hatte der Hochreichart für uns keine Fernsicht geboten, doch wissen wir seither in jedem Fall den Brandstättergraben als lohnende Schiabfahrt zu schätzen. Das setzt voraus, daß man im unteren Brandstättergraben nicht allzu beharrlich dem Bachlauf folgt und dabei unversehens — wie wir — über Steilstufen und Wasserfälle klettern muß.

Aber die Hochreichart-Touren wären nicht vollständig, wäre mir nicht jene Abfahrt in Erinnerung, bei der ich mit Kurt Simon durch die Steilhänge des Jungreichart in das Reichartkar gelangte.

Und irgendwann einmal werden wir vom Hochreichart den Hirschkarlgrat überschreiten; es gibt also noch manch kleine weiße Flecken. Vielleicht dauert es deshalb nicht mehr lang bis zu einem Wiedersehen am Hochreichart.

Auf den Hochreichart:

Aus dem Liesingtal: Zufahrt ins Hagenbachtal bis zum Schranken (810 m); Aufstieg über Jagdhaus Fasching zur Hochreicharthütte (1483 m) und durch das Brandstätterkar 4—5 Stunden.

Aus dem Ingeringgraben: Vom Gh. Ingering (1156 m) durch den Brandstättergraben 3½ Stunden.

Feistererhorn (2081 m) und Rabenkoppe (1791 m)

Vom Hochreichart zieht nach Osten ein kurzer Kamm, dessen Ausläufer rundum von Wald bedeckt ist. Wenn wir bei Mautern, Kalwang oder vom Schoberpaß zum Feistererhorn aufschauen, nehmen wir deshalb kaum alpine Landschaftsmerkmale wahr. Das Feistererhorn hat jedoch mit Stubentörl, Kleinem Reichart, Schönebentörl und mit dem Hochreichart (2416 m) jene Verbindung, die uns lohnend erscheint.

In der Umgebung der Hochreicharthütte sprudelt der Stubalmbach ins Hagenbachtal. Auf der Stubalm, aus der der Kühboden als steile Lehne geradewegs zum Feistererhorn hinaufzieht, ist der Sommer oft kurz, weil der Lawinenschnee weit übers Frühjahr hinaus hartnäckig liegenbleibt.

Wer im Winter die Hochreicharthütte aufsucht, sollte das Schild beachten und am jenseitigen lawinengeschützten Hang zur Hütte aufsteigen und nicht unbedingt der verlockend breiten Straße folgen.

Mit Dieter kam ich von Norden auf das Feistererhorn. Aus der Liesing sind wir am Schönebenbach in den unteren Ripplgraben hereingegangen, aus dem wir mit Hilfe eines Forstweges, danach in gut zu begehendem Waldgelände unsere Spuren auf den Hanfensattel legten.

Zu den schönsten Plätzen läßt sich ohne Zweifel jener zählen, auf dem die Hanfen-Jagdhütte steht, vor der wir ausgiebig rasteten, um uns vom tiefen Spuren ein wenig zu erholen.

Die Rabenkoppe haben wir anschließend als einen Allwetter-Schiberg entdeckt. In durchwegs freiem Gelände, von dem wir in jenen Kessel ausblickten, worin die Schönebenalm wie eine unnahbare Oase von Wald und Steilkaren umgeben daliegt, stiegen wir über das Kleine Horn und schließlich durch die freien Nordhänge zum Feistererhorn hinauf.

Auf der Südseite reichte unser Blick geradewegs hinunter zur Stubalm, in deren Nähe die Hochreicharthütte steht; gegen Südosten breitet sich das Riedlingkar aus. Dann gleitet der Blick über den Schildlehenboden allmählich gegen Norden: 500 Meter tiefer liegt die Feistereralm. Dorthin zogen wir unsere Spuren im Pulverschnee.

Auf das Feistererhorn:

Aus dem Liesingtal: Zufahrt ins Hagenbachtal bis zum Schranken (810 m); Aufstieg durchs Hagenbachtal zum Jagdhaus Fasching und am Stubalmbach auf die Stubalm und zur Hochreicharthütte (1483 m); von ihr durch den Ochsenboden und durch das Stubentörl auf den Gipfel $3^1/_4$ Stunden.

Vom Bahnhof Kalwang (754 m): Nur im Sommer! Durch den Pischinggraben in den Floißalmsattel (1600 m) und über den Schildlehenboden 3 Stunden.

Von Unterwald: Zufahrt durch die Liesingklamm bis zur Brücke am Klammausgang (934 m). Aufstieg aus dem Ripplgraben, über Mitterberg in den Hanfensattel und über Rabenkoppe oder Feistereralm jeweils 3 Stunden.

Grieskogel (2328 m) und Geierhaupt (2417 m)

Eine unserer ersten Schitouren im nördlichen Teil der Seckauer Tauern eröffnete sich damals, als wir mit Fridl und Rudi aus dem Ripplgraben heraufgestiegen waren. Ein kompromißlos gleichmäßig steiler Weg hat uns aus dem Grabengelände, das der

Schönebenbach durchfließt, geradewegs auf den Hocheggriedel geführt. Ein paar Markierungen erleichtern das Zurechtfinden auch im Winter. Hier oben am Hocheggriedel endet der schöne lichte Lärchenwald, dessen mächtige Stämme das Landschaftsbild mitgestalten.

Zum Grieskogel sind es noch 400 Höhenmeter, die über einen steilen Nordostrücken erstiegen werden. Die Schi hatten wir schon längst auf den Rucksack geschnallt, rundum war kahles Felsgelände, dessen Blockwerk mit nur wenig Schnee verbunden war. Es war gut, daß wir vom Tal aus unsere Abfahrt einsehen konnten und deshalb wußten, welch prächtiges Gelände uns noch erwartete, denn hier am Grieskogel-Nordostrücken waren wir von soliden Schneemengen weit entfernt.

Der Übergang zum Geierhaupt zeigt sich im Winter als ansprechendes kombiniertes Tourengelände, das wir schnell überschritten haben, weil Schi und Rucksack am Grieskogel zurückgeblieben sind.

Das Geierhaupt ist der höchste Gipfel der Seckauer Tauern und überragt den Hochreichart um ganze eintausend Millimeter. Dieser Höhenvergleich war uns an diesem Tag nicht vorrangig gewesen. Unser Ziel waren eben Grieskogel und Geierhaupt, weil wir von ihnen den besten Überblick auf Triebener und Gaaler Tauern mit verbinden konnten.

Doch wir hätten keinen richtigen Tourentag gehabt, wäre nicht die Abfahrt vom Grieskogel in die Finsterliesing zum erwarteten Höhepunkt geworden: In einer großräumigen Rinne setzten wir unsere anfangs behutsamen, doch bald recht kecken Schwünge. Tausend Meter tiefer, beim Jagdhaus auf der Finsterliesingalm, läuft diese Steilabfahrt aus; ein Forstweg nahe der Finsterliesing ließ uns hinausgleiten zum Rippl in Reith und damit an die Liesing, deren Name längst für ein großartiges Tourengebiet bürgt.

Auf den Grieskogel:

Aus dem Liesingtal: Zufahrt von Unterwald (818 m), südlich des nahen Schoberpasses, in die Liesing bis zum Klammende (kleine Brücke, P. 934). Aufstieg nach Südwesten über Hocheggriedel zum Grieskogel 4 Stunden; Übergang aufs Geierhaupt $^{1}/_{2}$ Stunde.

Aichfeldrunde

Roman Findl, von Beruf Lokführer bei den Österreichischen Bundesbahnen, weiß die Tauernlandschaft in der Umgebung seiner Bezirkshauptstadt Knittelfeld für großzügige Überschreitungen zu schätzen.

Eine dieser Überschreitungen ist die Aichfeldrunde, die Findl mit Hans Bärnthaler auf Schiern zurücklegte. Auf der 240 km langen Winter-Tourenstrecke waren 13.000 Höhenmeter zu überwinden. Sie führte über den gesamten Kamm der Seckauer Tauern, eingeschlossen den Bremstein, bis zu den Gamskögeln in den Triebener Tauern und aus diesen, nach Süden, aus dem Sattel des Gaalerecks, durch die Gaaler Tauern über Amachkogel und Kesseleck aufs Sommertörl. Schließlich wurden die Gaaler Tauern im Pölser Raum verlassen. Die Aichfeldrunde wurde südlich der Mur, also über alle Gipfel der Seetaler Alpen, des Größingstockes zur Stubalpe fortgesetzt, wobei die Rückkehr über die Gleinalpe und deren Nordwestkamm nach Preg erfolgte.

Mit sechs Biwaks zählt diese Aichfeldrunde zu einer der großzügigsten Wintertouren in Verbindung mit den Niederen Tauern.

Stützpunkte

Für die Seckauer Tauern liegen bis auf eine Ausnahme alle ganzjährig geöffneten Stützpunkte außerhalb des Hauptkammes und deshalb ausschließlich in Ortsbereichen. Wintertouristen steht nur im nördlichen Teil der Seckauer Tauern ein Stützpunkt zur Verfügung, nämlich der Gasthof Jansenberger in der Liesing. An der Südseite ist der Gasthof Steinmühle der zweckmäßigste Stützpunkt.

Während des Sommers dienen außer der Hochreicharthütte noch eine Reihe von Almwirtschaften in höheren Lagen als willkommene Einkehrstätten, wie z. B. im Gotstal, im hinteren Feistritzgraben oder auf der Grafenalm.

Zwei weitere Ganzjahres-Stützpunkte an der Südseite der Seckauer Tauern sind die Sonnleitnerhütte (Selbstversorgerhütte) sowie das Gasthaus Wachter vlg. Lasser im hinteren Gaalgraben.

Hochreicharthütte (1483 m): Mitte Mai bis Mitte Oktober jeweils an Wochenenden. Frei zugänglicher Winterraum. Auskünfte bei Fam. Kraus-Pfleger, A-8770 St. Michael, Waldweg 8; Tel. 03843/2425 (Spar). Zugang vom Schranken im Hagenbachtal 2 Stunden, von Liesingau 2¼ Stunden.

Gipfel: Hochreichart 2½ Stunden, Brandstätterkogel 2 Stunden, Seckauer Zinken 4 Stunden, Feistererhorn 1½ Stunden.

Ingering (1156 m): Gasthaus nahe Ingeringsee. Mai bis Mitte Oktober. A-8731 Bischoffeld. Übergang zum Ingeringsee ½ Stunde, über Kettentörl zur Bergerhube 4 Stunden, zur Hochreicharthütte 4¼ Stunden, zur Sundlalm 2 Stunden.

Gipfel: Hochreichart 3 Stunden, Brandstätterkogel 2½ Stunden, Pletzen über Sundlalm 4 Stunden, Großer Ringkogel 4 Stunden.

Jansenberger, Gasthof in der Liesing, siehe Seite 148

Sonnleitnerhütte siehe Seite 134

Steinmühle (928 m): Gasthof, westlich Seckau. Ganzjährig geöffnet. A-8732 Seckau; Tel. 03514/230. Übergang nach Maria Schnee 3½ Stunden, zur Hochreicharthütte über Seckauer Zinken — Brandstättertörl 7—8 Stunden.

Gipfel: Seckauer Zinken 4 Stunden, Hämmerkogel 4 Stunden, Hochreichart 7 Stunden, Kumpitzstein über Schwaigerbauernhütte $2\frac{1}{2}$ Stunden.

Wachter vlg. Lasser, Gasthaus im Gaalgraben, siehe Seite 134

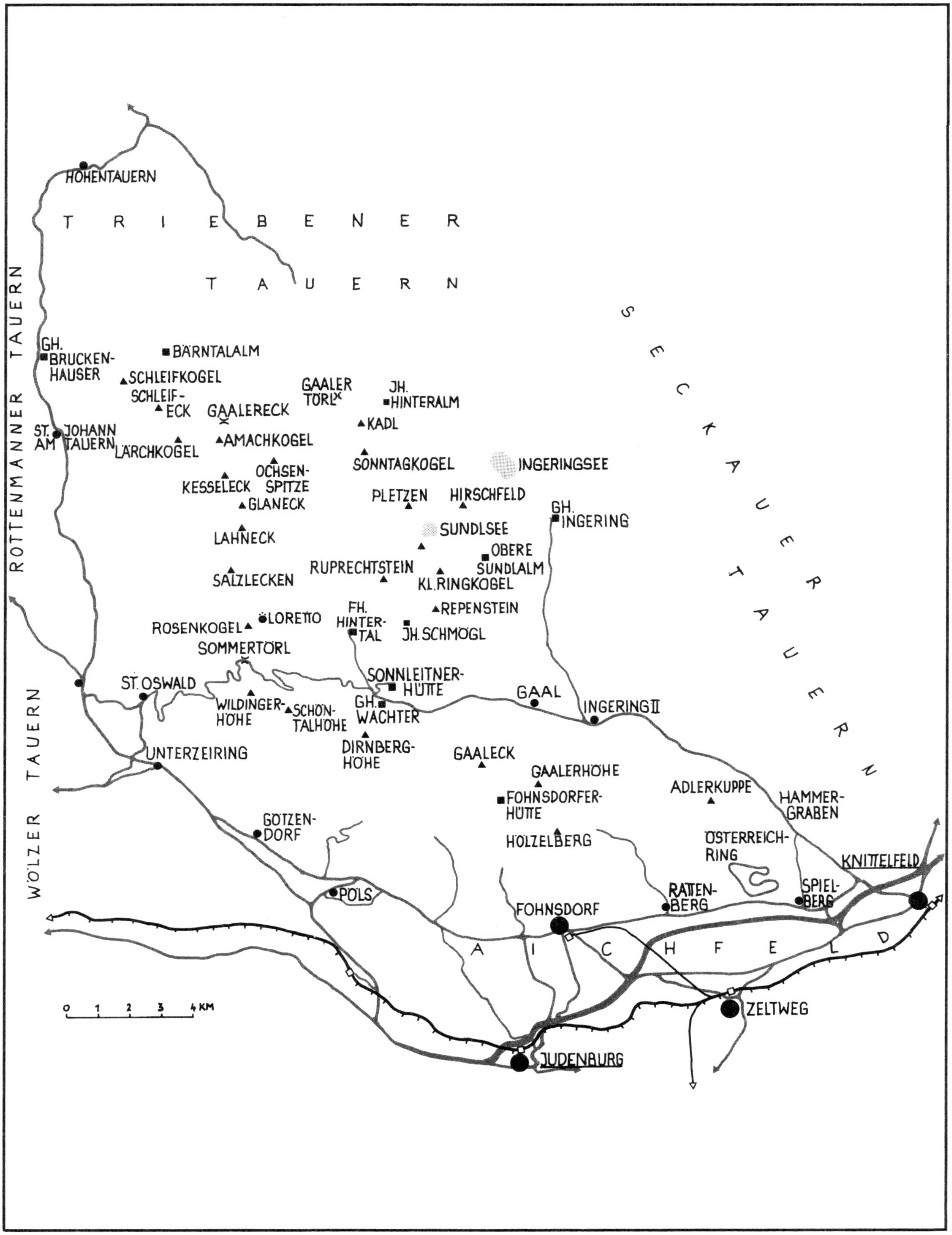
HOHENTAUERN
T R I E B E N E R
T A U E R N
S E C K A U E R T A U E R N
R O T T E N M A N N E R T A U E R N
W Ö L Z E R T A U E R N
GH. BRÜCKEN-HÄUSER
BÄRNTALALM
SCHLEIFKOGEL
SCHLEIF-ECK
GAALER TÖRL
JH. HINTERALM
GAALERECK
KADL
ST. AM JOHANN TAUERN
AMACHKOGEL
LÄRCHKOGEL
SONNTAGKOGEL
INGERINGSEE
OCHSEN-SPITZE
KESSELECK
PLETZEN
HIRSCHFELD
GLANECK
GH. INGERING
SUNDLSEE
LAHNECK
OBERE SUNDLALM
RUPRECHTSTEIN
SALZLECKEN
KL.RINGKOGEL
REPENSTEIN
FH. HINTER-TAL
LORETTO
ROSENKOGEL
JH. SCHMÖGL
SOMMERTÖRL
SONNLEITNER-HÜTTE
ST. OSWALD
GAAL
WILDINGER-HÖHE
SCHÖN-TALHÖHE
GH. WÄCHTER
INGERING II
DIRNBERG-HÖHE
UNTERZEIRING
GAALECK
GAALERHÖHE
ADLERKUPPE
HAMMER-GRABEN
FOHNSDORFER-HÜTTE
GÖTZEN-DORF
HÖLZELBERG
ÖSTERREICH-RING
KNITTELFELD
PÖLS
RATTEN-BERG
SPIEL-BERG
FOHNSDORF
A I C H F E L D
0 1 2 3 4 KM
ZELTWEG
JUDENBURG

Gaaler Tauern

Ruprechtstein (1980 m), Großer Ringkogel (2277 m), Kleiner Ringkogel (2110 m) und Repenstein (1956 m)

Wenn der Große Ringkogel als Ziel gilt, lassen sich einige markante Höhen in Form einer Rundtour leicht miteinbinden, wie wir es an einem Spätherbsttag getan haben. Damals diente uns die Sonnleitnerhütte, in der fleißige Hände schrubbten, um Hütte und Einrichtung für die nahende Wintersaison in Ordnung zu bringen, als Anfang und Ende.

So spät im Jahr, wie Luise und ich uns den Ringkogel aussuchten, wetteifern die Farben rundum in den Tauernbergen. Wir suchten aus der Karte jenen Anstieg, der von der Sonnleitnerhütte oberhalb des Abendwaldes einen Rücken entlang zum Finsterwald überleitet, aus dem wir auf zum Teil recht guten Steigen, ja sogar gebahnten Wegen über die Waldgrenze bald hinaustraten. Nur mäßig steil stapften wir dem Ruprechtstein entgegen.

Waren bei der Sonnleitnerhütte kaum Spuren von Schnee zu bemerken, so lag hier am Ruprechtstein doch eine deutliche Schichte, in der wir zuweilen recht tiefe Stapfen hinterließen.

Die eigenwillige Felsgruppe am Ruprechtstein war ein willkommener Vordergrund: Ruprechtstein mit Kesseleck und Glaneck, Ruprechtstein für sich allein, Ruprechtstein mit Seetaler Alpen; natürlich erst recht Ruprechtstein mit Planspitze, Pletzen und Ringkogel.

Eine niedrige, graphisch eindrucksvolle Steinmauer zieht vom Ruprechtstein zum Großen Ringkogel hinauf, dessen Gipfel wir erreichten, als angenehm warmes Licht sich über alle Landschaft zu breiten begann.

Nur wenig Schnee hatte sich drüben in den Seckauer Tauern in den weiten Flanken verfangen, ausreichend, um die viele Rinnen, Grate, Rücken, Tobel, Riedel und Kare mit ihren Strukturen am Hochreichart, Brandstätterkogel, Maierangerkogel und Seckauer Zinken deutlich hervortreten zu lassen.

Die Felsen am Kleinen Ringkogel waren jener fotogene Vordergrund, an dem wir uns gerne eine Zeitlang aufhielten, bevor wir über den breiten Rücken, die Ochseneben, zum Repenstein gelangten. Auf ihm wandten wir uns gegen Westen und sahen bei einer der höchstgelegenen Fichtengrupen zu, wie ihr Scherenschnittmuster sich verstärkte, während die Sonne ein letztes rotes Licht in die Gaaler Tauern fließen ließ.

Im Dämmerlicht liefen wir hinunter zur Schmöglhütte und am Wallnerbach entlang zur Wallneralm. Es war schon dunkel, als wir zur Sonnleitnerhütte zurückkehrten.

Beim Nachbargehöft Mühltaler vlg. Steinwender drang Licht aus dem Stall, auf den ich zuging, weil mich so ein Stallbetrieb immer wieder interessiert. Es spricht für die Gemütlichkeit der Bäuerin, daß sie sich inmitten ihrer Melkarbeit gerne Zeit nahm, eine wenig über die Hausnamen hier oben bei der Sonnleitnerhütte und bei ihrem eigenen Bauernhof zu erzählen.

Eine von Gemütlichkeit erfüllte Atmosphäre, die ich an diesem Abend vom Gehöft Steinwender mit auf den Weg nach Hause nehmen wollte.

Drunten beim Gasthaus Wachter vlg. Lasser waren Luise und ich doch noch zugekehrt, haben von Loipen erfahren und von Schitouren, von den Jägern und Bauern der Gaal und konnten noch allmählich erahnen, was es heißt, tief drinnen, wie hier im Gaalgraben, ein Leben mit all seinem widerspenstigen Schicksal zu überwinden.

Auf den Großen Ringkogel:

Aus dem Gaalgraben: Von der Sonnleitnerhütte (1215 m) über den Ruprechtstein 3 Stunden.

Aus dem Ingeringgraben: Von der Praterbrücke (976 m) über Wolfsgrube und Repenstein und Kleinem Ringkogel 3 $^1/_2$ Stunden.

Sundlsee (1989 m) und Pletzen (2345 m)

Ein Spätsommertag erschien uns als rechte Zeit für eine Familienbergtour auf den höchsten Gipfel der Gaaler Tauern, die Pletzen. Wo es Wasser gibt, sind Kinder gerne mit unterwegs.

Der Giglachbach in den Schladminger Tauern durchfließt die Untere Giglachalm, auf der noch Reste einstiger Knappenhäuser stehen. Im Hintergrund der vom Schiedeck herabziehende Grat zu Kornreitwiftl; dann folgt die tiefer liegende Leiterscharte. Weiter nach rechts der Vogelsang.
Durch diesen Landschaftsteil führt der Anstieg aus dem Obertal von Hopfriesen und über das Knappenkreuz hier herauf zur Giglachalm und damit zur Ignaz-Mattis-Hütte. Foto: G. Auferbauer

Der Sundlbach, den wir unweit der Unteren Sundlhütte überschritten, bot uns einen stimmungsvollen ersten Rastplatz. Allzugerne lassen wir uns Zeit, den noch frühen Vormittag so zu empfinden, als hätten wir unendlich viel Zeit vor uns.

Bei der Oberen Sundlhütte haben uns die Hütten gefallen, an denen wir merkten, daß bis vor wenigen Tagen noch Almbetrieb war. Ein schöner Flecken ist diese Sundlalm, auf der sich die Forststraße im Gelände verliert und wir auf Steigspuren durch wasserreiches Gelände endlich zum Sundlsee kamen. Hier war wieder Zeit für eine längere Pause, die die Kinder zum Steinewerfen nutzten, und wir, Luise und ich, bestaunten das klare Wasser.

Auf der Pletzen war es nun doch schon ein wenig spät geworden für unsere Gipfelrast. Aber wir haben uns längst darauf eingestellt, unsere Ausflugstage so lange wie möglich auszufüllen. Deshalb waren uns das Nachmittagslicht und die Kumuluswolken eine richtige Begleitung, als wir mit den Kindern über das Hirschfeld zogen.

Nomen est omen: Lange Zeit beobachteten wir ein großes Rudel Rotwild, wie es an der Nordseite des Hirschfeldes äste.

Immerfort am Rücken des Hirschfeldes, nämlich zum Steinmandl absteigend, kamen wir hinunter in den Herrschaftskranz, dessen Lage unschwer erraten läßt, welch wertvolle Landschaft sich hier ausbreitet. Auf Steigen, dann auf guter Straße, stiegen wir durch den Kranzwald hinunter und gelangten direkt zum Gasthaus Ingering, um auf der Straße noch eine halbe Stunde dem Ingeringbach zu folgen, bis sich unsere Rundtour nahe der Brücke endlich schloß.

Wenn wir an diesem Septembersonntag den Spuren des Sommers gefolgt waren, so kamen wir mit unseren Gedanken dennoch dem Winter nahe. Wir nahmen uns vor, zur Sundlalm und Pletzen gelegentlich mit den Schiern zurückzukommen; es dauerte gar nicht lange bis zu unserer Wiederkehr. Zum einen zeigt sich die Pletzen als eindrucksvoller Schiberg in Verbindung mit dem Aufstieg aus dem Ingeringgraben über die Sundlalm, wobei auf gleicher Strecke wieder abgefahren wird; denn der Herrschaftskranz sollte im Winter als Wildeinstandsgebiet respektiert werden.

Aber auch an der Westseite, aus dem Hintertal des Gaalgrabens, waren wir von der Tafnerhütte am Ochsenbach und durch das mächtige Kar der Ochsenalm auf die Pletzen heraufgestiegen. Damals waren Judith und Roland dabei.

Bild oben:
Im Schigebiet Zauchensee in den Radstädter Tauern. Die Oberzauchenseealm mit dem Leckriedel.
Bild unten:
Im Gebiet der Reiteralm, Schladminger Tauern. In Verbindung mit Gasselhöhe, Ruppeteck und Schober wird der Mittersee erreicht. In ihm das Spiegelbild der Dachstein-Südwände. *Fotos: G. Auferbauer*

Uns ist die Pletzen als ein Berg mit einem naturnahen Erlebnis während aller Jahreszeiten in Erinnerung.

Auf die Pletzen:

Aus dem Ingeringgraben: Zufahrt bis 1,5 km südlich des Gasthauses Ingering, nahe einer Brücke (1096 m); Aufstieg auf einem Forstweg zur Unteren und Oberen Sundlhütte, danach auf einem Steig über die Sundlalm und den Sundlsee 4 Stunden.

Aus dem Gaalgraben: Vom Forsthaus Hintertal (Lamer, 1173 m) über Tafnerhütte und Ochsenalm 4 Stunden.

Von der Sonnleitnerhütte (1215 m) über Großen Ringkogel 3½ Stunden.

Sonntagkogel (2343 m)

Dieser nördlichste Gipfel im Kamm von Pletzen und Ringkogel wird auch als Sunterkogel bezeichnet. An seinem Nordrücken bildet das Gaalertörl (1897 m) einen Teil jener Grenze gegenüber den Triebener Tauern.

Der Sonntagkogel hat vor allem als Schiberg einen guten Namen. Doch das heißt noch lange nicht, daß sich auf seinem Gipfel zu viele Besucher einfinden. Denn wer den Sonntagkogel besteigen will, hat einen weiten Weg vor sich. Nach einem fast 8 km langen Talstück, das bis in das Ursprungsgebiet des Gaalbaches führt, wird aus der „Kneisl", sie gehört zum Talabschluß beim Gaalertörl, über die steilen Westhänge der Sonntagkogel erstiegen.

Freilich ist der Sonntagkogel auch einen Besuch im Sommer wert. Sowohl vom Ingeringsee wie aus dem Gaalgraben läßt sich jeweils das Gaalertörl erreichen und im weiteren, auf einem Nordrücken, der Sonntagkogel.

Auf den Sonntagkogel:

Aus dem Gaalgraben: Vom Forsthaus Hintertal (1173 m) über Gaalwaldhütte und Kneisl und durchs Gaalertörl 5 Stunden.

Aus dem Ingeringgraben: Vom Gasthaus Ingering (1156 m) über Ingeringsee und Hinteralm zum Gaalertörl; aus ihm auf den Sonntagkogel 4½ Stunden.

Lorettokapelle (1917 m), Rosenkogel (1918 m) und Wildingerhöhe (1721 m)

Kurt Hofer, einer der Hausherren im Gaalgraben, seit dort die Sonnleitnerhütte der Alpenvereinssektion Knittelfeld steht, hatte eine gute Idee bei schlechtem Wetter: „Heut zeig ich euch die Lorettokapelle."

Unsere Erinnerung an diese Schitour ist so verschwommen, wie jener Tourentag im Nebel völlig unterging. Wir hatten dank der Ortskenntnis, über die Kurt verfügt, vom Sommertörl gut zur Lorettokapelle gefunden. Doch die Kapelle hatten wir eher tasten als sehen können. Ein Tag Weiß in Weiß.

Dieses Waschküchenerlebnis hat uns die Erinnerung an Lorettokapelle und Rosenkogel dennoch wachgehalten. So war das Sommertörl an einem Herbsttag ein verspätetes Ziel. Dieses Mal spannte sich jener unwahrscheinlich blaue Himmel über die Tauernberge, wie er eher von Ansichtskarten leuchtet.

Luise und ich waren in St. Oswald zugekehrt, sammelten Eindrücke und Farbfotos und kamen schließlich aus dem Wenischgraben zum Sommertörl herauf. Der Frost hatte den Boden eigenwillig, ja trügerisch aufgewölbt; auf dünnen Erd- und Eiskrusten schlenderten wir zum nahen Brentenkogel und erreichten kurz danach die Wildingerhöhe. Ein paar vom Sturm zerzauste Krüppelfichten sowie einige dunkle Felsblöcke geben der Wildingerhöhe ein urtümliches Aussehen.

Eine kleine Holzbank unter hereinhängenden Lärchenzweigen ließ uns den Spätherbsttag genießen: Ein Ausblick über das Pölstal zu den Wölzer Tauern, wo wir das Lachtalgebiet ebenso gut erkannten wie die Pusterwalder Umgebung mit Großhansl und Hohenwart.

Im Südwesten hingegen, jenseits des Murtales, verlor sich das Gelände der Seetaler Alpen allmählich am dunstigen Horizont. Doch im Nordwesten standen die Tauernberge umso klarer im Herbstlicht: Bruderkogel und Bösenstein, und direkt im Norden von uns Rosenkogel, Lorettokapelle, Lahneck, Glaneck und Kesseleck: Amachkogel und Lärchkogel samt Schleifeck und Schleifkogel runden den Ausblick ab.

Es war das Bild eines weiten ungetrübten Himmels und eines scheinbar nicht endenden Friedens.

Zur Lorettokapelle:

Aus dem Gaalgraben vom Gasthaus Wachter; aus dem Pölstal von St. Oswald, jeweils im Sommer Zufahrt auf das Sommertörl (1644 m). Vom Sommertörl zur Lorettokapelle ½ Stunde, auf den Rosenkogel ¼ Stunde länger.

Im Winter aus dem Gaalgraben wie von St. Oswald jeweils 1½—2 Stunden auf das Sommertörl.

Auf die Wildingerhöhe:

Vom Sommertörl 20 Minuten.

Das Sommertörl läßt sich außerdem mit Höhenwanderungen über Dirnbergerhöhe zur Fohnsdorferhütte auf die Gaalerhöhe verbinden. Von hier Abstieg nach Fohnsdorf oder, gegen Norden, nach Ingering II.

Kesseleck (2308 m)

Sein Name hängt eng damit zusammen, daß die nach Osten gerichteten Steilwände einen ansehnlichen Kessel bilden, dessen alpines Gepräge das weite Kar der Krausen zum Gipfel des Kesselecks hin abschließt.

Auch die Grazer Turner-Bergsteiger, die nicht nur begeistert klettern und bergsteigen, sondern auch Schitourengelände und Firngleiterrinnen schätzen, kehren gerne zum Kesseleck zurück.

An der Seite des Pölstales, also gegen Westen, bildet das Kesseleck in Verbindung mit dem Bärnkopf wie mit Amachkogel und Lärchkogel ein weiträumiges Halbrund, das als Weitboden und Schneeloch bezeichnet wird. Die Gaaler Tauern zeigen so, daß ihr Gelände als Einladung für Sommer und Winter gilt.

1987 hatten wir einen so kalten März, wie, laut Statistik, nur noch 1886 und 1785. Wenn diese Statistik für die Zukunft gelten darf, wird es erst im März 2088 wieder solch extreme Werte geben.

Doch wir wollen lieber skeptisch sein und Sturmhaube, Sturmjacke und Sturmhose auf Schitour mitnehmen, auch wenn der Kalender mildes Tourenwetter verspricht.

Auf das Kesseleck:

Aus dem Pölstal: 2 km südlich St. Johann am Tauern, bei einem Milchhütterl (Mooswirt, 1018 m) Wegweiser in den Lerchgraben. Vom Gehöft Oberer Lerchbauer (1222 m) durch den Lerchgraben zur Hangleitenhütte.

Nun entweder durch das Quellgebiet des Lerchbaches und die steilen Westhänge des Weitbodens oder über den Rücken der Stieralm und des Bärnkopfs auf das Kesseleck; jeweils 3—3 $^1/_2$ Stunden.

Aus dem Gaalgraben: Vom Forsthaus Hintertal (Lamer, 1173 m) durch den hinteren Gaalgraben zur Gaalwaldhütte und am Krausenbach aufwärts in die Krausen. Aus ihr über Schaftörl aufs Kesseleck 4 Stunden.

Amachkogel (2312 m)

Unser Wiedersehen nach drei Tourenwochen im fernen Nepal feierten wir in St. Johann am Tauern. Ein erstes Märzwochenende, bei dem uns der gemütliche Gasthof Klakl richtig einzustimmen wußte, hat uns am Samstag unter bleigrauem Himmel, schließlich sogar bei Schneetreiben, den Amachkogel dennoch erreichen lassen.

Auch wenn dieser Tauern-Zweitausender sich wie ein Zwerg gegenüber einem exotischen Sechstausender ausnimmt, das widrige Wetter am Amachkogel wußte uns zu fordern.

Das Bärntal, die Bärntalalm, danach die Felferalm, schließlich der weiträumige Ochsenboden ließen uns allmählich das Gaalereck erreichen, aus dem wir gegen Süden den Amachkogel erstiegen. Die Orientierung ist auch bei schlechterem Wetter nicht allzu schwierig, doch eher hinderte uns der heftige Wind daran, an diesem Tag vom Amachkogel zu schwärmen.

Eiszäpfchen an Mützen und Bärten, Rauhreif an Augenbrauen und Rucksack, so glich jeder von uns eher einem strapazierten Nikolaus, der mit seinen im großen Rucksack versteckten guten Sachen in einen Schneesturm geraten war.

Aber wie immer in solch trüben, stürmischen Stunden war uns auch am Amachkogel die Freude am Unterwegssein nicht verlorengegangen.

Unsere Freunde lernten ein Stück der Steiermark im Winter kennen. Dazu gehörte freilich stäubender Pulverschnee bei der Abfahrt durch den Ochsenboden, schließlich das lahme Tempo durchs Bärntal, das keine Abfahrt zuläßt, sondern eher nur ein Zurückgehen.

Da aber das Bärntal, das draußen beim Gasthaus Bruckenhauser seinen Anfang nimmt, ein guter Zugang vor allem in die Triebener Tauern ist, zieht es auch Sommergäste an.

Auf den Amachkogel:

Aus dem Pölstal: Vom Gasthaus Bruckenhauser (1111 m) durch das Bärntal, über Felferalm und Gaalereck 4 Stunden.

Stützpunkte

Für Touren in den Gaaler Tauern liegen alle Stützpunkte in Talnähe. Während des ganzen Winters dienen die Sonnleitnerhütte (als Selbstversorgerhütte) und davon in Nachbarschaft das Gasthaus Wachter vlg. Lasser; beide Objekte stehen im hinteren Gaalgraben.

Für einen nordwestseitigen Zugang zu den Gaaler Tauern wäre der Ort St. Johann am Tauern zu empfehlen und damit noch die nördlich von St. Johann liegende Gaststätte Bruckenhauser; außerdem kommen noch in Betracht der Ort Hohentauern sowie das Erholungsdorf St. Oswald.

Im Ingeringgraben, also zwischen Gaaler Tauern und Seckauer Tauern, liegt als zentraler Ausgangsort das Gasthaus Ingering, das jedoch ausschließlich während des Sommers geöffnet ist und nur Tagesgästen zu dienen vermag.

Fohnsdorferhütte (1490 m) auf der Gaalerhöhe: Selbstversorgerhütte. Hüttenwart Walter Rettenbacher, A-8753 Fohnsdorf, Landstraße. Zufahrt westlich Fohnsdorf durch den Allerheiligengraben bis auf den Schwalbenkogel. Zugang vom Schwalbenkogel 40 Minuten, von Ingering II über Gaalerhöhe 2 Stunden. Übergang zum Sommertörl über Prennhöhe 3½ Stunden.

Gipfel: Gaalerhöhe 10 Minuten.

Ingering, Gasthaus im Ingeringgraben, siehe Seite 124

Sonnleitnerhütte (1215 m) über dem Gaalgraben: Selbstversorgerhütte. Anmeldungen: Kurt Hofer, A-8720 Knittelfeld, Kapuzinerplatz 3; Tel. 0 35 12/28 85. Zufahrt über Ingering II — Gaaldorf — Gasthaus Wachter, bis zur Hütte.

Gipfel: Großer Ringkogel 3 Stunden, Pletzen 3 Stunden, Rosenkogel 2½ Stunden.

Steinmühle, Gasthof bei Seckau, siehe Seite 124

Wachter vlg. Lasser (1094 m), Gasthof im hinteren Gaalgraben: Ganzjährig geöffnet. A-8731 Bischoffeld, Gaalgraben 27; Tel. 0 35 13/222. Übergänge und Gipfel wie bei der Sonnleitnerhütte.

Triebener Tauern

Großer Schober (1895 m)

Wie ein dunkler Wächter begrenzt der Große Schober den kleinen Ort Wald am Schoberpaß. Doch der Große Schober hat auch seine Sonnenseite. Wir nehmen sie wahr bei unserem Besuch aus der Liesing.

In jenem gewaltigen Halbrund, aus dem die Liesing ihre Quellbäche und quellnahen Zuflüsse bezieht, bildet der Große Schober den nördlichsten Punkt. Es liegt also nahe, den Schober nicht nur wegen seines Gipfels zu ersteigen, sondern diesen eher als Ausgang zu wählen für eine nach Süden reichende Rundtour, welche bis an die Seckauer Tauern heranführt.

Der Große Schober ist insgesamt ein von riesigen Waldflächen bedeckter Berg, doch seine Alm- und Gipfelbereiche verleihen ihm jenes typische Aussehen, so daß er uns vor allem bei der Anfahrt aus dem Liesingtal, also von Süden her, nicht zu entgehen vermag.

Auf den Großen Schober:

Aus dem Liesingtal wie aus dem Paltental: Jeweils von Wald am Schoberpaß (841 m) über die Schwarzbeeralm $2\frac{1}{2}$ Stunden.

Aus der Liesing: Vom Ghf. Jansenberger (1220 m), noch kürzer vom Gehöft Reichenstaller (1100 m) über die Haggenalm 2 Stunden. Überschreitung vom Großen Schober zum Silberling, Himmeleck, Lattenberg, Kerschkern und Schrimpfkogel bis zum Liesingtörl und aus diesem durchs Finsterliesingkar zum Ghf. Jansenberger 6—8 Stunden.

Himmeleck (2096 m) und Griesmoarkogel (2000 m)

Die Triebener Tauern sind uns zwar zu jeder Jahreszeit einen Besuch wert, doch am häufigsten kommen wir im Winter: Sogar bei schlechterem Wetter läßt sich aus den

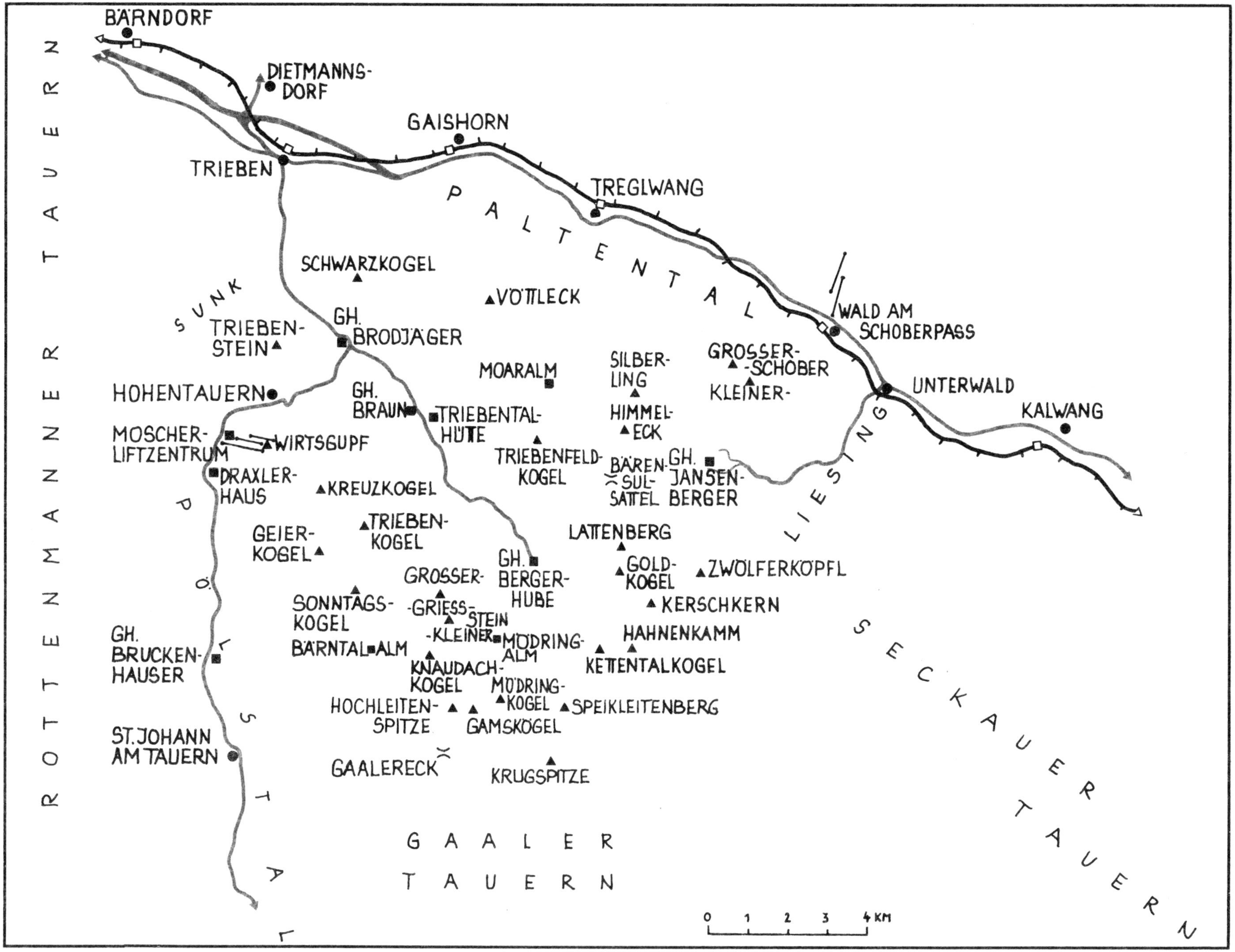
BÄRNDORF
DIETMANNS-DORF
GAISHORN
TRIEBEN
TREGLWANG
PALTENTAL
SCHWARZKOGEL
VÖTTLECK
WALD AM SCHOBERPASS
SUNK
TRIEBEN-STEIN
GH. BRODJÄGER
GROSSER-SCHOBER
KLEINER-
SILBER-LING
MOARALM
UNTERWALD
HOHENTAUERN
GH. BRAUN
TRIEBENTAL-HÜTTE
HIMMEL-ECK
KALWANG
MOSCHER-LIFTZENTRUM
WIRTSGUPF
TRIEBENFELD-KOGEL
BÄREN-SUL-SATTEL
GH. JANSEN-BERGER
DRAXLER-HAUS
KREUZKOGEL
TRIEBEN-KOGEL
LIESING
GEIER-KOGEL
LATTENBERG
GH. BERGER-HUBE
GOLD-KOGEL
ZWÖLFERKÖPFL
GROSSER-
-GRIESS-STEIN
-KLEINER-
SONNTAGS-KOGEL
KERSCHKERN
MÖDRING-ALM
HAHNENKAMM
GH. BRUCKEN-HAUSER
BÄRNTAL-ALM
KNAUDACH-KOGEL
KETTENTALKOGEL
MÖDRING-KOGEL
HOCHLEITEN-SPITZE
GAMSKÖGEL
SPEIKLEITENBERG
ST. JOHANN AM TAUERN
GAALERECK
KRUGSPITZE
PÖLSTAL
GAALER TAUERN
SECKAUER TAUERN
ROTTENMANNER TAUERN
0 1 2 3 4 KM

Gräben durch Waldzonen bis in den Bereich von Almen eine sichere Spur ziehen. Wenn andererseits die Schoberpaß-Bundesstraße draußen in Unterwald längst aper ist und der schmale Talgrund kaum noch Schnee zeigt, lassen wir uns nicht täuschen. Drinnen, im Ursprungsgebiet der Liesing, liegen unvermutet große Schneemengen, wie sie mit Hilfe des Windes in Hänge, Wälder und Gräben während Wochen und Monaten hereingetragen wurden.

In der Liesing finden wir zu jener Reihe von Schitourengipfeln, die alle einem gemeinsamen Kamm entragen, dessen Halbrund um die Hinterliesing einen gewaltig weiten Kessel bildet.

Einer der markantesten Gipfel ist das Himmeleck, dessen Südostflanke zur Liesingkaralm herunterreicht.

Als kleine Gruppe von Berufskollegen hatten wir uns zu unserer ersten gemeinsamen Schitour in der Liesing eingefunden.

Beim Jansenberger, der sich als Bauernwirtschaft zu einem soliden, gastlichen Stützpunkt entwickelte, wissen nicht nur Schibergsteiger diese steirische Gastlichkeit zu schätzen: Wir hätten nie vermutet, daß auch Urlaubsgäste aus Frankreich, Holland oder Deutschland in diesen hochgelegenen Talschluß finden.

Von der Familie Jansenberger wissen wir, daß sie auf der Beisteineralm eine schmucke Almhütte besitzt und auch dort ihre Gäste verwöhnt.

Während die Transitstrecke über den Schoberpaß ununterbrochen von Autokolonnen durchflutet wird, liegt unweit davon eine wahre Erholungslandschaft: das Liesing-Ursprungsgebiet.

Auf das Himmeleck:

Aus der Liesing vom Gasthof Jansenberger (1220 m) über Beisteineralm und Griesmoarkogel 2½ Stunden.

Kerschkern (2225 m) und Zwölferköpfl (2160 m)

Allmählich ist die Schaunitzalm in die Tourenbücher gekommen, weil über sie und das Schaunitztörl der zunehmend beliebte Winteranstieg auf den Kerschkern erfolgt. Die im Hinteren Triebental liegende und nun ganzjährig geöffnete Bergerhube ist der nächstliegende Ausgangspunkt. Der Kerschkern ist der höchste Gipfel der weiträumigen Liesingtaler Runde, die an den Triebener Tauern großen Anteil hat.

Uns hat am Kerschkern dessen Westflanke immer aufs neue überrascht, in deren gleichmäßiger Steilheit wir unsere Schwünge bis in den Boden der Schaunitz ziehen konnten.

Der Kerschkern hat aber auch einen zweiten Zugang, der noch dazu alpin interessanter ist: Vom Jansenberger über die Hühnerkaralm und durch das Hühnerkar, aus dem eine nordseitige Rinne den obersten Aufstieg am Kerschkern ermöglicht.

Östlich des Kerschkerns steht noch das Zwölferköpfl, mit einem Grat zu ihm verbunden, womit eine weitere Wintertour aus dem Hühnerkar gleich mitangeführt sei.

Auf den Kerschkern:

Aus dem Triebental: Von der Bergerhube (1198 m) über Schaunitzalm 3 Stunden.

Aus der Liesing: Vom Gasthof Jansenberger (1220 m) über Hühnerkaram 3 Stunden; vom Jansenberger aufs Zwölferköpfl 2½ Stunden.

Vöttleck (1888 m) und Triebenfeldkogel (1884 m)

Als wir in Gaishorn wieder einmal kurz zu Gast waren — hier wird der beste Emmentalerkäse Österreichs erzeugt —, erinnerten wir uns einmal mehr an das Vöttleck. Mit Klaus Kaler, der die Geschicke der Gemeinde Gaishorn mitlenkt, wollten wir schon längst auf diesen Berg.

Eine Reihe von Forststraßen durchzieht an der Schattseite des Paltentales jenes dichte Waldgebiet, von welchem das Vöttleck an seiner Nordseite bedeckt wird. In der Steiermark führt nun einmal jede Tour durch solche Waldzonen hindurch. Da macht das Vöttleck erst recht keine Ausnahme.

Umso mehr überrascht jedoch, welch anmutige Hochalmlandschaft sich weit über das Vöttleck hin erstreckt und dieses Almland einerseits zum Schwarzkogel und nach Süden über den Hühnerkogel bis zum Triebenfeldkogel verbindet.

Wieder ein Beweis, daß die Triebener Tauern neben ihren so markanten großen Bergen noch eine stattliche Zahl äußerlich unscheinbarer Gipfel haben, die aber — wie Vöttleck und Triebenfeldkogel — sogar als Hochwintertouren ihre Vorzüge haben.

Auf das Vöttleck:

Aus dem Paltental: Vom Forsthaus in Schattenberg (720 m) nach dem Gaishorner Badesee, durch den Grubergraben und über Gruberalm und Stieberalm 3 Stunden.

Von Treglwang (745 m) über Jagdhaus Egger 3½ Stunden.

Aus dem Vorderen Triebental: Vom Forsthaus (1066 m) über die Wessenkar-Jagdhütte 2½ Stunden.

Auf den Triebenfeldkogel:

Aus dem Hinteren Triebental: Vom Jagdhaus (1151 m) nahe Stubengraben und über Brandnerkogel 2½ Stunden.

Von der Bergerhube (1198 m) über Moaralm und Moartörl 2½ Stunden.

Aus dem Paltental: Von Treglwang (745 m) in Tobeitsch durch den Roßegggraben, über die Roßeggalm und durchs Moartörl 3½ Stunden.

Hahnenkammspitzen (bis 2130 m) und Kettentalkogel (2152 m)

Der Hahnenkamm wird mit seinem Zackengrat diesem Namen gerecht. Drei Gipfel, nämlich die Östliche, Mittlere und Westliche Hahnenkammspitze, werden überschritten. Die Gratlänge beträgt etwa 700 Meter, führt zwar durch leichtes Klettergelände, setzt jedoch Vertrautheit mit dem Gehen in schrofigem Gelände voraus.

Als kleine „Tourengesellschaft" rasteten wir am 22. Juni 1985 im Schaunitztörl. Ein paar Lawinenreste unten auf der Schaunitzalm ließen uns erkennen, aus welch unvermuteten Richtungen in diesem Gebiet Lawinen ihren Weg nehmen und wie nachhaltig sie den Wald zerstören können.

An diesem Frühsommertag lag über den Gaaler Tauern ein dunkelgrauer Himmel, doch reichte die Sicht dennoch zu fernen Gipfeln. Ein eigenartig trügerisches Licht unter einem flauen Himmel begleitete uns, verstärkte die eher triste Stimmung in dieser abgeschiedenen Landschaft.

Die Überschreitung der Hahnenkammspitzen ist ein Erlebnis: Steilstufen mit Blockwerk, Steigspuren in Gratnähe, ein beständiges Auf und Ab.

Als wir den Kettentalkogel erreichten, heulte der Wind energisch über den Tauernkamm und trieb uns an, ohne Gipfelrast ins Kettentörl hinunterzusteigen. Dabei durchstreiften wir das obere Kettental, jenes prächtige Kar, das Winterbergsteigern als nachhaltiges Erlebnis gilt.

Über die Hahnenkammspitzen:

Aus dem Triebental: Von der Bergerhube (1198 m) über die Schaunitzalm ins Schaunitztörl. Dem hauptsächlich mit steilem Rasen durchsetzten Grat folgend und Übergang auf den Kettentalkogel; von ihm ins Kettental zurück zur Bergerhube. Insgesamt 6—7 Stunden.

Östliche Hahnenkammspitze (etwa 2100 m)

Hans Bärnthaler und Manfred Schwaiger verzeichnen mit 16. September 1980 ihre Erstbegehung durch die Nordwand und bewerten sie „als schöne Kletterei, die direkt zum Gipfel führt". Für die Erstbegehung werden 3 Stunden angegeben und als Zeit für Wiederholer etwa 1½ Stunden.

Mittlere Hahnenkammspitze (etwa 2100 m)

Hier fanden Hans Bärnthaler und Roman Findl am 6. November 1978 über den Nordostwandpfeiler einen schwierigen Anstieg in überraschend festem Fels und wiederholten diese Neutour am 30. Jänner 1984 in sechs Stunden.

Westliche Hahnenkammspitze (etwa 2130 m)

Am 15. Juni 1980 gelang Hans Bärnthaler mit Siegbald Zeller, dem Bürgermeister von Spielberg, die Erstbegehung des Nordostpfeilers. Die durchwegs sehr schwierige Kletterei führt in fünf Seillängen über den deutlich ausgeprägten Pfeiler, der sich links des markanten östlichen Nordwandkamins abhebt.

Ebenfalls in der Nordwand der Westlichen Hahnenkammspitze gelang Peter Holl bereits am 31. Juli 1973 eine Erstbegehung, deren Route zum Teil am Pfeiler zwischen den beiden Kaminen verläuft.

Gamskögel (2386 m)

Dem Gamskögelgrat entragen die folgenden vier Gipfel: Östlicher Gamskogel, Mittlerer Gamskogel mit Ost- und Westgipfel und schließlich der höchste, der Westliche Gamskogel. Über sie führt, im Osten beginnend, aus der Amtmannscharte, der nach Westen verlaufende Gamskögelgrat.

Seine Überschreitung ist ebenso beliebt wie oft begangen; die Erstbegehung erfolgte durch G. Oszkaitis am 31. Mai 1925.

Die Kletterei enhält nur wenige schwierige Stellen. Die Gratlänge beträgt etwa eintausend Meter und findet vor allem als Sommertour bis spät in den sprichwörtlichen schönen Tauernherbst ihre zahlreichen Besucher.

Das Gebiet der Gamskögel zeigt sich vor allem alpin, wenn das mit Schnee und Fels kombinierte Gelände im Frühjahr oder gar im Winter als Ziel erwählt wird.

Schließlich ist der Gamskogel-Westgipfel überhaupt ein beliebtes Schitourenziel. Die Gamskögel sind für den anspruchsvollen Bergsteiger eine Einladung, die das ganze Jahr über gilt.

Die klassischen Erstbegehungen in diesem Gebiet liegen zwar zum Teil über 60 Jahre zurück, in den sechziger und sogar in den achtziger Jahren wurden aber neue Klettertouren erschlossen.

Ein Wiedersehen Grazer Jungmannschaftsmitglieder, die mittlerweile ihre eigenen Familien hatten, war willkommener Anlaß, mit Kind und Kegel über den Gamskögelgrat zu klettern.

Nicht selten wird der Gamskögelgrat für Gruppenfahrten zum Anklettern oder unter bereits deutlichen Zeichen des nahenden Winters als letzte Klettertour eines Sommers erwählt.

Aus dem Knittelfelder Raum haben sich vor allem die Geschwister Hans und Irma Bärnthaler sowie W. Ahrenpatzer, Siegbald Zeller, Hans Gregoritsch, D. Mayer und Roman Findl auf neue Kletterrouten in die Gamskögel begeben.

Der „Knittelfelder Weg“ in der Südostwand des Östlichen Gamskogels wurde am 16. Juni 1968 durch Ahrenpatzer, Zeller und Mayer erstbegangen.

Einen überaus schwierigen Südpfeiler erstiegen Hans und Irma Bärnthaler am 12. September 1979 auf den Östlichen Gamskogel.

Peter Holl und H. Weissenböck gelang die Erstbegehung des Nordostwandpfeilers am Mittleren Gamskogel-Ostgipfel am 5. Juni 1960.

Mit dem „Jungbergsteigerpfeiler“, der ebenfalls auf den Mittleren Gamskogel-Ostgipfel führt, reihten sich Roman und Martin Findl am 19. Juni 1983 in die Liste der Gamskögel-Erstbegeher. Ihre Tour wiederholten Vater und Sohn Findl mit Bernhard und Marcellus Schreilechner am 2. Oktober 1983; für die Tour finden sie folgendes Lob: „Bei konsequenter Beibehaltung des Routenverlaufs schöne Kletterei mit ungewöhnlich festen Platten und großblockigem Urgestein.“

Am Mittleren Gamskogel-Westgipfel durchstieg H. Braun am 3. September 1966 als erster die etwas brüchige und gefährliche Nordwestwand.

„Silvesterpfeiler“ benannten Gregoritsch und Bärnthaler ihre Tour am Nordostpfeiler des Westlichen Gamskogels. Der Name ihrer Route nimmt Bezug auf das Erstbegehungsdatum (31. Dezember 1980).

Eine lohnende Freikletterei mit originellen Kletterstellen in gutem, großblokkigem Urgestein fanden Hans Bärnthaler und Siegbald Zeller am 1. Juni 1982. Sie durchstiegen die gerade Südwand am Mittleren Gamskogel-Ostgipfel, nannten ihre Tour „Wiggerlweg“ und stuften sie als „derzeit schwierigste Route im Bereich der Gamskögel“ ein.

Die südseitigen Routen — wie Knittelfelderweg, Südpfeiler, Wiggerlweg und Jungbergsteigerpfeiler — wurden schon innerhalb einer lohnenswerten, doch langen Tagestour in dieser Reihenfolge durchklettert.

Über den Gamskögelgrat:

Aus dem Triebental: Von der Bergerhube (1198 m) über die Mödringalm in die Amtmannscharte 2 Stunden. Für die anschließende Kletterei bis zum Westlichen Gamskogel $2^1/_2$—3 Stunden. Abstieg in jenem leichten Gelände zur Mödringalm, das im Winter als Schitourenroute gewählt wird. Gesamtdauer der Gamskögel-Tour mit Abstieg zur Bergerhube 7—8 Stunden.

Hochleitenspitze (2329 m)

Sie ist uns mit ihren eindrucksvollen Westhängen aufgefallen, als wir mit einigen Freunden aus Wien ein Wochenende in der Umgebung von St. Johann am Tauern verbrachten. Damals zogen wir vom Gasthaus Bruckenhauser durch das Bärntal zur Felferalm, weil unser Ziel der Amachkogel war. Das zum Teil stürmische Wetter trieb manche Schneewolke in diesen Winkel zwischen Triebener und Gaaler Tauern und verstärkte für uns den Eindruck des Unbekannten.

Unser Weg von der Felferalm in das Gaalereck, einen Sattel, läßt den westlichen Teil der Hochleitenspitze gut überblicken. Aus dem Gaalereck verbindet ein gleichmäßig steiler Rücken, der sich sommers und winters gut begehen läßt, auf die Hochleitenspitze. Sie bildet einen markanten Gipfel, aus dem noch zwei schroffe Grate weiterleiten: Nach Norden Richtung Mödringertörl — Knaudachkogel und übers Knaudachtörl zu Kleinem und Großem Grießstein; hingegen beginnt in nächster Nähe der nach Osten ziehende Gamskögelgrat.

Von der Hochleitenspitze blicken wir über ihre gleichmäßigen Südhänge in eine karähnliche Vertiefung hinunter, Bärentritt genannt, in dessen Bereich der Musenbach seine Quellen hat und an seinem Oberlauf eine Grenze zwischen Triebener und Gaaler Tauern bildet.

Auf die Hochleitenspitze:

Aus dem Pölstal: Vom Gh. Bruckenhauser (1111 m) durchs Bärntal, über Felferalm und Gaalereck 4 Stunden.

Aus dem Triebental: Von der Bergerhube (1198 m) über Mödringalm 3½ Stunden.

Aus dem Gaalgraben: Vom Forsthaus Hintertal (Lamer, 1173 m) über Gaalwaldhütte, durch den Bärentritt und durchs Gaalereck 4½ Stunden.

In der Überschreitung vom Sommertörl (1644 m) über Lahneck, Kesseleck und Amachkogel 6—8 Stunden.

Großer Grießstein (2337 m) und Kleiner Grießstein (2175 m)

Wir sitzen wieder einmal vor der Triebentalhütte, spüren die Nachmittagssonne und zögern unsere Rückkehr in die Stadt solange wie möglich hinaus, unser Blick streift noch einmal über den Großen Grießstein. Seine Vorzüge kennen wir aus Frühjahrstouren, wohl auch seine schneegefüllten nordseitigen Rinnen aus dem Frühsommer; schließlich aber auch das gespenstische Licht trüber Spätherbsttage, die wir dennoch für Touren zu nutzen wußten.

An der Westseite von Kleinem und Großem Grießstein, in der Verbindung von Knaudachtörl zum Triebenertörl, verläuft der Zentralalpenweg.

Der Große Grießstein zeigt sich so beherrschend, als sei er der höchste Gipfel der Triebener Tauern. Doch dieser höchste Rang gebührt dem Gamskogel-Westgipfel (2386 m).

Der Kleine Grießstein vermag unser Interesse besonders dann zu wecken, wenn wir von der Mödringalm aus seine prächtigen südseitigen Hänge wahrnehmen. An diesem Kleinen Grießstein waren mit ziemlicher Sicherheit die ersten Firngleiterspuren der Steiermark zu sehen: Ing. Karl Taul aus Graz hat in den dreißiger Jahren seine selbstgefertigten Firngleiter an diesen Hängen erfolgreich verwendet. Dieses Paar historischer Firngleiter zählt seit 1986 zu den Exponaten im Wintersportmuseum Mürzzuschlag. In diesem Zusammenhang mit Ing. Tauls ersten Firngleiterfahrten wurde im Triebental ein Stück steirischer Schigeschichte mitgeprägt.

Bild oben:
Die Tauern-Südseite zeigt sich mit einer Reihe einladender Dörfer, wie z. B. mit dem Erholungsort Sauerfeld östlich von Tamsweg in den Schladminger Tauern.
Von hier aus läßt sich u. a. auch der Gstoder erreichen, der südlich dieses Ortes liegt.
Foto: G. Auferbauer

Bild unten:
Spätherbst im Lignitztal in den Schladminger Tauern. An seiner Westseite (links) wird dieses Tal vom Hundsteinkamm begrenzt, mit seinem nach Norden ziehenden Grat über Mitterspitzen, Sattelspitze, Steinkarspitze bis zum Graunock. Rechts vom Graunock die nicht einsehbare Lignitzhöhe, ein Übergang zur Keinprechthütte bzw. Landawirseehütte.
Nach rechts zieht der Bergwald zur Leßhöhe und zum Hocheck hinauf. Im Lignitztal gibt es keinen touristischen Stützpunkt.
Foto: Albert Essl

Auf den Großen Grießstein:

Aus dem Triebental: Von der Triebentalhütte (1104 m) bzw. vom benachbarten Gasthof Braun jeweils noch kurze Zufahrt talein zur Abzweigung zwischen den Gehöften Steiner und Seyfried (1117 m), durchs Bärental und über die Zirbenleiten 3½ Stunden.

Von der Bergerhube (1198 m) über Mödringalm und Knaudachtörl auf den Kleinen Grießstein 3 Stunden; Übergang zum Großen Grießstein durchs Rauchauftörl 1½ Stunden.

Wirtsgupf (1627 m) und Geierkogel (2231 m)

Auf dem nach Norden führenden Höhenrücken, der vom Geierkogel zum Wirtsgupf zieht und damit nach Hohentauern hinunterleitet, führt der Zentralalpenweg aus den Triebener Tauern in die Bösensteingruppe der Rottenmanner Tauern.

Beim Ort Hohentauern haben wir dem Einblick in die aus dem Grabenende hervorlugenden Kastenböden nicht widerstehen können und unsere Spur durch den Wirtsgraben aufwärts gezogen. Im steilen Gelände der Wirtsalm hält man sich besser gegen Osten, gegen den Kreuzkogel und durch die obersten Kastenböden auf jenen Grat zu, aus dem sich der Gipfel des Geierkogels ersteigen läßt.

Seinen Namen lassen wir uns gefallen, weil die Perspektive uns tief nach Osten und Westen blicken läßt, also ins Triebental und Pölstal. Wir kennen das Panorama gut genug, finden uns mit den Gipfeln der Triebener Tauern zurecht, wie gegen Westen in der Gruppe des Bruderkogels und der Bösensteingruppe.

Unser Rückweg bzw. unsere Abfahrt vom Geierkogel orientiert sich am Zentralalpenweg, womit wir, stets auf dem Rücken oder in seiner Nähe, zu den Kainzenböden gelangen und schließlich in das Gelände der Moscher-Lifte.

Radstädter Tauern.
Bild oben:
Auf dem Faulkogel: Gegen Norden zieht das Flachautal. Rechts im Hintergrund die Dachsteingruppe.
Bild unten:
Die „Tappenkarpromenade" führt zwischen Glingspitze und Schiereck in die sanft geformte Sattellandschaft zum Haselloch. Aus ihm leiten die Übergänge zur Tappenkarseehütte, Franz-Fischer-Hütte und hinunter in das Riedingtal.
Fotos: G. Auferbauer

Mit Erich Moscher haben wir oft und gerne zusammengesessen, von ihm gehört, welche Umwälzungen sich in den touristischen Erwartungen vollziehen: Daß sich die Menschen nach Aufbau- und Konsumphasen nun verstärkt nach einer Erlebnisphase sehnen.

Im kleinen Ort Hohentauern wird nicht unwesentlich an der Wertstellung des österreichischen Wintertourismus gefeilt. Die Ideen aus dem Raum Hohentauern trägt Erich Moscher als Präsident der Österreichischen Berufsschilehrer über Landes- und sogar Staatsgrenzen hinaus.

Wieder einmal zeigt sich die Steiermark als zeitgemäße Brücke.

Auf den Geierkogel:

Aus dem Paltental und Pölstal: Jeweils von Hohentauern (1274 m) durch den Wirtsgraben und über den Kreuzkogel 3 Stunden.

Vom Ghf. Moscher (1238 m) mit Hilfe der Schilifte über den Wirtsgupf und die Kainzenböden; ab Bergstation (etwa 1720 m) 1½ Stunden.

Aus dem Pölstal: Vom Gh. Bruckenhauser (1111 m) durchs Bärntal und Frattental über Triebenertörl und am Grat entlang über Sonntagskogel und Weingrubertörl 4½ Stunden.

Aus dem Triebental: Von der Triebentalhütte (1104 m) bzw. vom benachbarten Ghf. Braun durch das Braunkar und daraus entweder über Wirtstörl oder Triebenkogel jeweils 3 Stunden.

Triebenstein (1810 m)

Geradewegs nördlich von Hohentauern ragt der Triebenstein auf. Eher nehmen wir ihn als einen großen Waldberg aus, und dennoch weiß er uns mit einem alpinen Gelände im Gipfelbereich zu überraschen. Der Triebenstein wird in älterer Literatur den Triebener Tauern zugerechnet, weil die Gebietsgrenze gegenüber den Rottenmanner Tauern mit der Sunk angenommen wurde.

In der Gegenwart dominiert die Bundesstraße an der Ostseite des Triebensteins, weshalb er uns deutlich getrennt von den Triebener Tauern erscheint. Aber in seinem Gipfelnamen liegt nun einmal seine Zugehörigkeit zu den Triebener Tauern dokumentiert.

Tatsächlich ist der Triebenstein ein kleiner Inselberg, umgeben von Sunk, Triebenbach und Tauernbach. Nur der Südhang des Triebensteins, über den unser Anstieg von Hohentauern heraufführt, läuft in der Paßhöhe des Triebener Tauern aus.

Was den Triebenstein auszeichnet, ist seine einmalige Lage als Aussichtsberg gegenüber Rottenmanner und Triebener Tauern wie auch gegenüber den Eisenerzer und Ennstaler Alpen.

Auf den Triebenstein:

Aus dem Paltental: Zufahrt von Trieben über Brodjäger nach Hohentauern (1274 m); von hier 1½ Stunden.

Aus dem Pölstal: Ebenfalls von Hohentauern.

Stützpunkte

Die Triebener Tauern haben mehrere ganzjährig geöffnete touristische Stützpunkte. Dieser Vorteil ist nicht zu übersehen, denn sowohl im Sommer wie im Winter werden die Triebener Tauern vor allem von jenen Gruppen aufgesucht, die nicht nur als Tagesgäste, sondern erst recht als Dauergäste diesen Vorteil guter Stützpunkte zu schätzen wissen.

Bergerhube (1198 m), Almgasthaus im Hinteren Triebental. Ganzjährig geöffnet. Post: A-8784 Triebental 29; Tel. 0 36 18/382. Zufahrt bis zum Haus. Übergang zum Ghf. Jansenberger über Bärensulsattel $3^{1}/_{2}$ Stunden, nach St. Johann am Tauern 5 Stunden, über Kettentörl zum Gh. Ingering 4 Stunden.

Gipfel: Gamskögel 3 Stunden, Gr. Grießstein 4 Stunden Kerschkern 3 Stunden.

Braun (ca. 1100 m), Gasthof im Triebental. Ganzjährig geöffnet. Post: A-8784 Trieben; Tel. 0 36 18/269. Übergang nach Hohentauern über Wirtstörl 4 Stunden, zum Gh. Ingering über Kettentörl 5 Stunden, zum Ghf. Jansenberger über Bärensulsattel 5 Stunden.

Gipfel: Gamskögel $4^{1}/_{2}$ Stunden, Gr. Grießstein $3^{1}/_{2}$ Stunden, Triebenkogel $2^{1}/_{2}$ Stunden, Vöttleck 2 Stunden, Himmeleck $3^{1}/_{2}$ Stunden.

Brodjäger (1026 m), Gasthaus an der Tauern-Bundesstraße bei der Abzweigung ins Triebental; Postauto-Haltestelle. Ganzjährig geöffnet. A-8784 Trieben; Telefon 0 36 18/280.

Von hier Zufahrt zum Gasthof Braun, zur Triebentalhütte und Bergerhube.

Jansenberger (1220 m), Gasthof und Bauernhof im hinteren Liesingtal. A-8781 Wald am Schoberpaß; Tel. 0 38 34/330. Übergang zur Steinkaralm $^{1}/_{2}$ Stunden, Bärensulsattel — Bergerhube $3^{1}/_{4}$ Stunden, zur Hühnerkaralm 1 Stunde.

Gipfel: Kerschkern 3 Stunden, Himmeleck $2^{1}/_{2}$ Stunden, Gr. Schober $2^{1}/_{2}$ Stunden, Geierhaupt $4^{1}/_{2}$ Stunden, Feistererhorn 4 Stunden, Hochreichart 5 Stunden.

Triebentalhütte (1104 m), Selbstversorgerhütte nächst Gasthof Braun. Anmeldungen: OeAV-Sektion A-8010 Graz, Sackstraße 16; Tel. 0 3 16/72266. Zufahrt bis zur Hütte. Übergang Wirtstörl — Hohentauern 4 Stunden, Kettentörl — Gh. Ingeringsee 5 Stunden, Bärensulsattel — Ghf. Jansenberger — Unterwald 6 Stunden.

Gipfel: Gr. Grießstein $3^{1}/_{2}$ Stunden, Gamskögel $4^{1}/_{2}$ Stunden, Vöttleck 2 Stunden.

Rottenmanner Tauern

Bruderkogel (2299 m) und Schüttnerkogel (2170 m)

Seine eifrigsten Besucher kehren jeden Winter wieder. Manche der Besucher schwärmen schon im Dezember von ihrem Schiglück, das sie an ihm erfahren hätten: „A schöne Tour!“

Unser Freund Rudi Pischinger kennt den Bruderkogel eher als Kältepol, nämlich seit damals, als ein frostiger Februarwind Rudis Wangen frieren ließ. Doppeltes Pech am selben Tag: Denn beim Nachhausefahren war die Windschutzscheibe gebrochen. Rudi kehrte heim, als hätte er in Sibirien einen Kurzurlaub verbracht.

Doch der Bruderkogel hat auch seine sonnigen Seiten. Als Luise aus der Pölsen mit einer kleinen Gruppe über die Lackneralm aufstieg, lag prächtiges Wetter über den Rottenmanner Tauern. Weil aber der hartnäckige Wintersturm den Schnee von den obersten Hängen des Bruderkogels gefegt hatte, war die obere Lackneralm, sie gleicht eher einem mächtigen Kar, willkommen für Anstieg und Abfahrt am schneereichen Nachbargipfel, also dem Schüttnerkogel.

Denn Bruderkogel und Schüttnerkogel gehören wie Zwillinge zusammen.

Auf den Bruderkogel bzw. Schüttnerkogel:

Aus dem Pölstal: Vom Forsthaus Pölsen (1233 m) über die Lackneralm jeweils $3^1/_2$ Stunden. Auch Übergang am Grat zwischen Bruderkogel und Schüttnerkogel empfehlenswert.

Großer Hengst (2159 m)

Der Hausberg bei der Edelrautehütte steht im Süden von ihr zum Greifen nahe. Hin und wieder war uns der Hengst recht als kleine Eingehtour, doch eher haben wir ihn im Zuge einer großen Runde erreicht, bei der wir über Großen und Kleinen Bösenstein zum Hengst zurückgingen. Ein solcher Höhenweg ist zeitlos:

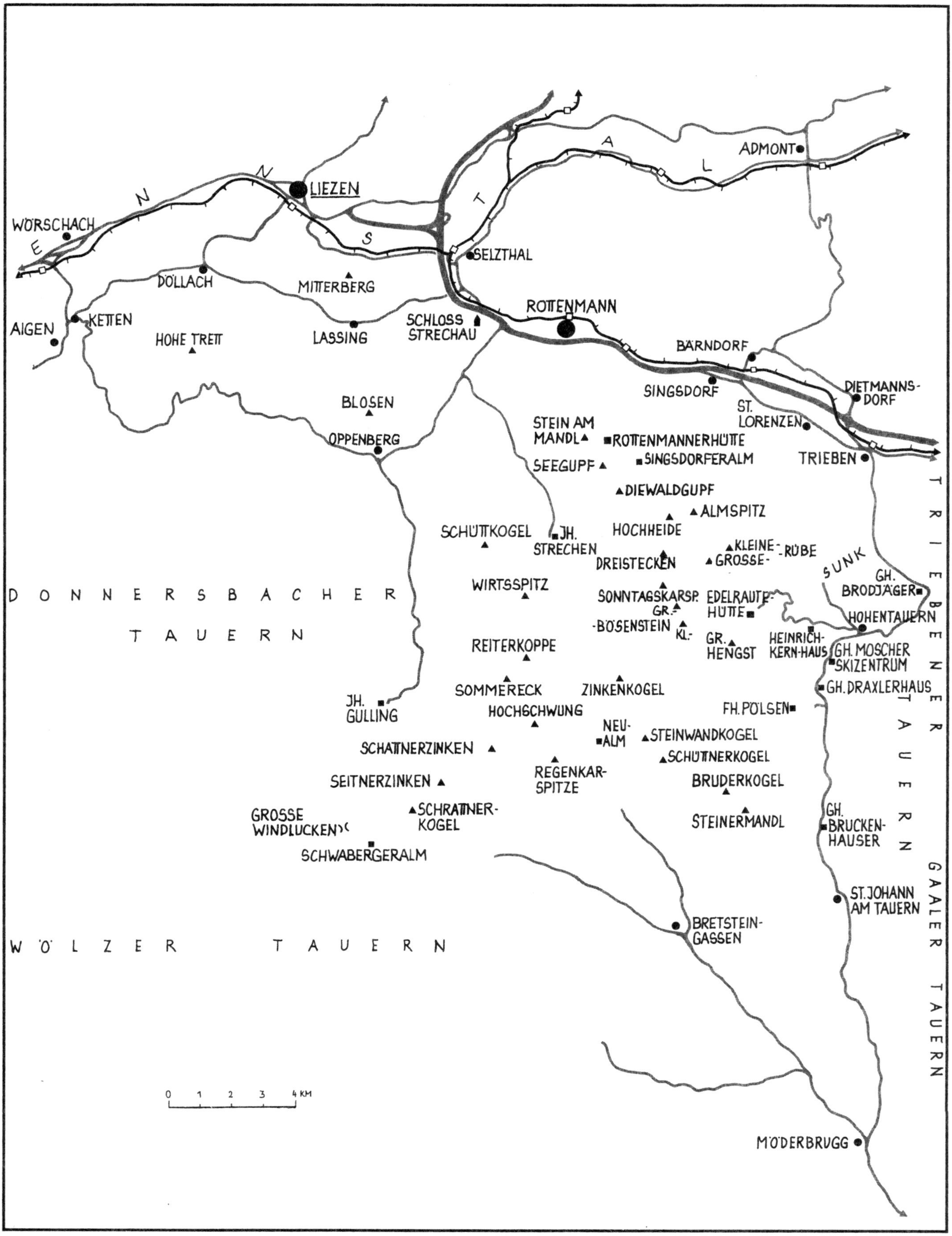

ENNSTAL
LIEZEN
WÖRSCHACH
ADMONT
SELZTHAL
DÖLLACH
MITTERBERG
AIGEN
KETTEN
HOHE TRETT
LASSING
SCHLOSS STRECHAU
ROTTENMANN
BÄRNDORF
SINGSDORF
DIETMANNS-DORF
BLOSEN
OPPENBERG
ST. LORENZEN
STEIN AM MANDL
ROTTENMANNERHÜTTE
SINGSDORFERALM
TRIEBEN
SEEGUPF
DIEWALDGUPF
ALMSPITZ
HOCHHEIDE
SCHÜTTKOGEL
JH. STRECHEN
KLEINE-
GROSSE-
RÜBE
DREISTECKEN
SUNK
GH. BRODJÄGER
WIRTSSPITZ
SONNTAGSKARSP.
EDELRAUTE-HÜTTE
DONNERSBACHER TAUERN
GR.-
-BÖSENSTEIN
KL.-
HOHENTAUERN
HEINRICH-KERN-HAUS
REITERKOPPE
GR. HENGST
GH. MOSCHER SKIZENTRUM
SOMMERECK
ZINKENKOGEL
GH. DRAXLERHAUS
JH. GULLING
HOCHSCHWUNG
FH. PÖLSEN
NEU-ALM
STEINWANDKOGEL
SCHATTNERZINKEN
SCHÜTTNERKOGEL
SEITNERZINKEN
REGENKAR-SPITZE
BRUDERKOGEL
GROSSE WINDLUCKEN
SCHRATTNER-KOGEL
STEINERMANDL
GH. BRUCKEN-HAUSER
SCHWABERGERALM
TRIEBENER TAUERN
ST. JOHANN AM TAUERN
BRETSTEIN-GASSEN
WÖLZER TAUERN
GAALER TAUERN
0 1 2 3 4 KM
MÖDERBRUGG

Er vermag im Winter und im Sommer zu begeistern.

Der Zentralalpenweg 02 nimmt über den Großen Hengst seinen Anfang, wenn es gilt, bei dieser überaus langen Etappe an einem Tag von der Edelrautehütte auf die Planneralm zu gelangen.

Wer den Großen Hengst mit seiner Ostseite sieht, die mit einigen markanten Flanken in das Hochtal zwischen Pölsen und Hohentauern mündet, sollte wissen, daß diese Hänge oft genug von den Brüdern Erich und Herbert Moscher befahren worden sind. Und wir selber schwärmen von jenem Firn, der uns am 25. April 1987 um 8 Uhr jauchzen und schwingen ließ.

Überdies ist der Große Hengst ein richtiger Eckpfeiler. Zwischen ihm und dem im Süden stehenden Bruderkogel liegt das Jagdrevier der Pölsen tief eingeschnitten.

Vom Bärwurzpolster kehren wir zur Edelrautehütte zurück. Von ihr aus ist der Hengst am nächsten erreichbar.

Auf den Großen Hengst:

Von der Edelrautehütte (1706 m) 1¼ Stunden. Die Schiabfahrt durch das ostseitige Brunnkar führt zum Gasthaus Simbürger, nächst Heinrich-Kern-Haus. Von hier mit Taxibus wieder zur Edelrautehütte hinauf.

Großer Bösenstein (2448 m), Dreistecken (2382 m) und Große Rübe (2093 m)

Es stimmt, er heißt auch Pölsenstein. Wir halten uns jedoch an die Schreibweise in der Österreichischen Karte.

Von der Edelrautehütte am Scheibelsee sind wir unterwegs Richtung Bösenstein.

In den steilen Rinnen und Mulden bleibt zwischen Hengst und Bösenstein der Schnee lange Zeit liegen. Die Umgebung der Edelrautehütte wäre deshalb — nach vielen anderen Besuchen zu allen Jahreszeiten — sogar ein Wochenend-Treffpunkt zum Firngleiten.

Doch heute wollen Luise und ich über den Bösenstein hinaus, steigen am Hauseck den zartrot blühenden Böden entgegen und sind, dem Grat folgend, rasch auf den Bösensteingipfel gelangt. „Ein echter Sommertag!" Luise schreibt uns ins Gipfelbuch.

Wir steigen hinunter zur Jägerscharte und gehen unter der Juli-Sonne dem Dreisteckengrat nach. Über die Sonntagskarspitze kommen wir zu jenem Dreistecken-gipfel, der unser vorläufiges Ziel ist. Denn nun suchen wir uns gute Tritte in jenem steilen Gelände, das mit einigen Felsstufen zur Seekarspitze hinunterführt, von der wir zur Großen und Kleinen Rübe hinauslaufen.

Während oben im Kar, beim Gefrorenen See, Eistrümmer und Schneereste als kalte Zeugen eines Jahrhundertwinters hinterblieben sind, stehen wir bei unserem Abstieg zur Ochsenkarhütte bei der Kotalm in einem Meer von Alpenrosen.

Auf einem Jagdsteig gelingt es uns, die heutige Tour zeitgerecht abzuschließen. Denn als wir den Kleinen Scheibelsee erreichen, sind es nur noch wenige Schritte zur Edelrautehütte. Nichts überrascht uns mehr, als daß wir so rechtzeitig zurückgekommen sind, um noch auf der sonnenreichen Terrasse den Tag ausklingen zu lassen. Dieser Abschluß wäre gewiß nicht vollkommen gewesen, hätte es keinen Liegestuhl gegeben und zu guter Letzt ein gemütliches Beisammensein mit dem Pächterpaar Rieger-Jansenberger.

Die Edelrautehütte hat seit ihrem 60. Geburtstag eine wirklich gastfreundliche Atmosphäre!

Auf den Großen Bösenstein bzw. auf den Dreistecken:

Aus dem Pölstal wie aus dem Paltental Zufahrt jeweils über Hohentauern; von hier Mautstraße. Aufstieg von der Edelrautehütte (1706 m) auf den Bösenstein 2 Stunden. Übergang zum Dreistecken $1\frac{1}{2}$ Stunden. Rundtour mit Großer Rübe insgesamt $6\frac{1}{2}$ Stunden.

Hochheide (2363 m)

Bei unseren Fahrten durch das Paltental läßt sich die Hochheide nicht übersehen. Sie beherrscht zwischen Trieben und Rottenmann das Paltental an seiner Westseite. Fast 1700 Höhenmeter liegen dazwischen; wann immer die Hochheide erstiegen wird, der Weg auf sie verlangt viel Zeit.

Nun gibt es auf halbem Weg zur Hochheide die Rottenmannerhütte als neu erbauten Stützpunkt, nachdem die alte Hütte Ende Jänner 1982 von einer Lawine hinweggefegt wurde.

Rottenmannerhütte und Hochheide sind also jene Einheit, wie sie jenseits des Dreisteckengrates Edelrautehütte und Bösenstein bilden. Beide Hütten und beide Gipfel sind mit einem großzügigen Gratweg verbunden: Der Dreisteckengrat zwischen Bösenstein und Hochheide dient als Zugang von Süden, ein Weg mit alpinem Charakter.

Hingegen schreiten wir über Seegupf, Diewaldgupf und Moserspitz lange Zeit auf dichten Graspolstern aus, wenn wir die Hochheide von Norden her erreichen wollen.

Diese Nordseite wird überdies im Winter gerne genutzt, denn die Hochheide zählt zu den großen Schigipfeln der Rottenmanner Tauern.

Auf die Hochheide:

Aus dem Paltental: Zufahrt von Rottenmann durch die Burgtorsiedlung zur Talstation der Materialseilbahn (Pichlerstein, 1300 m), Aufstieg zur Rottenmannerhütte $^3/_4$ Stunde.

Von der Rottenmannerhütte (1578 m) über Globuckensee 2—$2^1/_2$ Stunden; ab Pichlerstein $3^1/_4$ Stunden, ab Burgtorsiedlung $4^1/_2$—5 Stunden.

Aus dem Pölstal über Hohentauern: Von der Edelrautehütte (1706 m) über Großen Bösenstein und Dreisteckengrat 5 Stunden.

Almspitz (2188 m) und Schafzähne

Der Weiler Singsdorf im Paltental liegt am Nordfuß von Hochheide und Almspitz. Zwischen beiden Gipfeln ragen die Schafzähne auf, ein markantes Gratstück, das den Zugang von Osten her auf die Hochheide recht interessant mitgestaltet.

Unser Anstieg fängt gleich hinter Singsdorf an, beim Weinmeister, einem großen Gehöft. Zwischen Almbach und Tamischbach führt eine Forststraße in den Melzengraben zur Hintermelzen. Von dort queren wir auf einem Jagdsteig, über mehrere Gräben hinweg, hinaus zum Poirerriegel. Dort kommen wir wieder auf die Forststraße, schließlich erreichen wir die Podhardteralm. Nun wäre es am besten, auf dem durchwegs steilen Rücken diesem zu folgen. Ein kleines Abenteuer mehr. Wieder einmal finden wir uns einen eigenen Weg.

Rechts des Aufstieges, im Kar von Almspitz und Schafzähnen, liegt der Hornboden, von dem wir jedoch wissen, daß wir dort als Besucher nicht willkommen sind. Deshalb halten wir uns an den direkten Aufstieg zum Almspitz.

Der Übergang, an den Schafzähnen entlang, gehört als wahrer Abschluß dazu, um zur Hochheide zu gelangen. Damit ist erst ein vorläufiger Höhepunkt erreicht. Denn wir setzen unsere Rundtour mit dem Abstieg Richtung Rottenmannerhütte fort, zweigen jedoch am Seegupf auf den Hirschriedel ab und gelangen nahe dem Almbach zu jenem Forstweg, mit dem wir unsere Runde in Singsdorf endlich schließen können.

Eine fürwahr lange Tour!

Auf den Almspitz:

Aus dem Paltental: Von Singsdorf, Gehöft Weinmeister (769 m) 4½ Stunden. Übergang zur Hochheide 1 Stunde.

Als Rundtour insgesamt 8—9 Stunden.

Stein am Mandl (2043 m)

Diese Schreibweise in der amtlichen Karte wird kaum angewandt. Viel eher hören wir in der Umgebung Rottenmann den Namen Steinernes Mandl oder Steinermandl.

In jedem Fall wissen wir, daß dieser Gipfel als nördlichster Zweitausender der Rottenmanner Tauern gilt. Der nächste Zugang führt von der neuerbauten Rottenmannerhütte heran. Das Steinermandl läßt sich in zwei kleineren Rundtouren von der Rottenmannerhütte aus ersteigen, wobei entweder der Globuckensee oder der Seegupf mit dem Hirschriedel miteingebunden werden.

Für uns war das Steinermandl allerdings in eine etwas größere Runde miteinbezogen: Im Zuge einer Schitour, wie sie die Jungmannschaft der Akademischen Sektion Graz vor allem gerne auch in den Rottenmanner Tauern in ihr Programm aufnimmt, haben wir vom Stadtwaldlift über Rottenmannerhütte und Spitalalm zunächst das Steinermandl erstiegen. Damit war der Tag noch lange nicht genutzt: Nun überschritten wir Seegupf, Diewaldgupf und Moserspitz, von dem wir in einer etwas heikleren Passage Richtung Hochheide querten.

Das Gipfelbild der damaligen Tour ist in unserem Buch „Erlebnis Steiermark“ wiedergegeben, einen Augenblick aus jener Gipfelstunde festhaltend, die uns so nachhaltig in Erinnerung geblieben ist.

Auf das Stein am Mandl:

Aus dem Paltental: Von Rottenmann Zufahrt durch die Burgtorsiedlung; im Sommer bis zur Talstation der Materialseilbahn (Pichlerstein, 1300 m); von hier 2 Stunden.

Im Winter vom Stadtwaldlift am Rande der Rottenmanner Burgtorsiedlung (800 m) 3½ Stunden.

Für den Weiterweg zur Hochheide (2363 m) zusätzlich 2—3 Stunden.

Blosen (1724 m), Mitterberg (1046 m) und Hohe Trett (1681 m)

Es war ein eher regnerischer Dezembertag, als uns Rudi begleitete. Erst nahe dem Schloß Strechau hatten wir uns entschlossen, nicht weiter gegen Norden zu fahren, sondern ins Lassinger Hochtal abzuzweigen. Die Stimmung war gar nicht vorweihnachtlich; das Grau erinnerte eher an November und Allerheiligen.

An jenem 17. Dezember 1983 war für uns der Blosen ein Schitouren-Kurzziel — dachten wir irrtümlich. Denn das Waldgelände hatten wir in seinem wahren Höhenunterschied weit unterschätzt. Wir bemerkten bald, daß tausend Höhenmeter am Blosen nicht geringer sind als an einem jener Berge, wie sie z. B. in den gegenüberliegenden Haller Mauern oder in der Warscheneckgruppe auszunehmen sind.

Am Blosen haben wir erlebt, wie naß ein Wintertag sein kann, denn zuletzt „schneite es in Strömen".

Nach einer zügigen Abfahrt, die uns durch den Wasserfallboden über den Schattenberg herunterführte, hatten wir Sehnsucht nach Wärme, nach trockenen Kleidern.

Gleich neben der Lift-Talstation durften wir beim Gehöft Huber vlg. Ertlberger zukehren und uns mit heißem Tee und Kletzenbrot verwöhnen lassen. Eine urgemütliche Stimmung lag in diesem Raum. Und am Rande dieses nassen Tourentages haben wir unser Bild über Lassing besser abrunden können: „Mehr Leben in Lassing!" heißt das Ziel dieses Ortes. Viele Neuerungen sollen dazu beitragen.

Noch am selben Nachmittag waren wir Gäste, als Bürgermeister Bernhard Zaiser den Lassinger Schilift seiner Bestimmung übergab. Die Anlage war von der Brandlucken aus dem Bezirk Weiz hierher überstellt worden und hat den alten Pendellift abgelöst.

Darüber freute sich vor allem die Jugend, bestätigten Fritz Stangl und Leo Renner, die sich für die Neuerungen in Lassing miteinsetzten: Dazu gehören die Naturrodelbahnen am Mitterberg und Schattenberg, aber auch das Eislaufen und Eisstockschießen am Lassinger Badesee, vor allem die Mitterberg-Loipen, deren drei Rundkurse 15 km lang sind.

Die Umgebung von Lassing hat aber auch für den Sommergast ihre ständige Einladung bereit: Wie mit dem Wandergebiet drüben am Mitterberg, zwischen Döllach und Sonnberg; oder mit dem Spazierweg von Lassing hinaus zum Schloß Strechau.

Natürlich gehört auch der Blosen miteinbezogen samt dem Übergang auf dem waldbedeckten Kamm zur Hohen Trett.

Und wem es als Sommergast in Lassing zu heiß geworden ist, hat seine Freude mit dem Badesee.

Auf den Blosen:

Von Lassing (782 m) über Asingeralm und Nocheralm (Hobereralm) 2½ Stunden. Übergang zur Hohen Trett 2 Stunden.

Auf die Hohe Trett:

Von Döllach (646 m) auf Forstwegen über Schattenberg 3 Stunden.

Aus der Gulling: Von Aigen im Ennstal (652 m) über Rastanger oder Kohlanger und die Hinterleiten 2½—3 Stunden.

Wirtsspitz (2032 m)

Es gibt einige Täler in den Niederen Tauern, deren Namen besonders eng mit dem Jagdwesen verknüpft sind. Die Verbindung mit den Schlagworten Wild, Wald und Tourismus trifft im besonderen auf die Strechen zu.

Vor allem Schibergsteiger wissen zu schätzen, daß es noch Landschaftsteile gibt, die in ihrer gesamten Einheit nahezu unverändert geblieben sind, weil sich keinerlei touristische Erschließungsmaßnahmen darin festzusetzen vermochten.

Inmitten der Strechen, gegenüber den Jagdhäusern, beginnt im Winter der Zugang auf den Wirtsspitz. Das Geierkar, die Geierkar-Jagdhütte, darüber Teile des oberen

Geierkares und schließlich das Zirbenkar sind markant an jener Wintertour, welche uns die Steiermark ein Schitourenparadies nennen läßt.

Der Wirtsspitz hat einen zweiten, viel mehr der Sonne zugewandten Anstieg, nämlich jenen aus der Gulling bei Oppenberg. An dieser Westseite sind der Stillbach und die Stillbachhütte die wichtigsten Orientierungshilfen, um in die darüberliegenden sonnenreichen Hänge des Wirtsspitz zu gelangen.

Wenn wir als Tourengäste am Wirtsspitz willkommen sind, dann drückt sich darin aus, daß Schitouristen, Jäger und Forstleute in der Strechen wie in der Gulling einander verstehen.

Auf den Wirtsspitz:

Aus der Strechen: Von den Jagdhäusern (1115 m) durchs Geierkar und Zirbenkar 3 Stunden.

Aus der Gulling: Vom Gehöft Schüttoma (1080 m) über Stillbachhütte 3 Stunden.

Hochschwung (2196 m)

Im Tal von Oppenberg sind oberösterreichische Autokennzeichen häufiger als steirische. Denn das Tal der hinteren Gulling hat sich seit geraumer Zeit zu einem besonders beliebten Schitourengebiet entwickelt.

Das weiß auch die Schattnerwirtin, Frau Josefine Pernhofer, zu schätzen: „Die Tourengäste sind mir alle willkommen. Lauter gemütliche Leut!“

Beim Gasthof Schattner sind wir nicht nur als Gäste willkommen, wir erfahren auch, daß hier der Schlüssel für die sehenswerte Kirche erhältlich ist. „Eine Krippe aus der Münchner Werkstatt des Erasmus Grasser“, bestätigt die einschlägige Literatur diese sakrale Kostbarkeit.

Als Familie lernten wir Oppenberg und die Gulling an einem Februartag kennen, zu einer Tageszeit, an der die meisten Schifahrer offenbar ihre Tour bereits abgeschlossen hatten. Mit unseren Kindern Judith und Roland waren wir gemächlich dahinziehende Wintergäste Richtung Hochschwung. Gar nicht weit der Mödering, wo ein paar verfallene Hütten an einstigen Almbetrieb erinnern, trafen wir Frieda und Otmar. Ihr Gepäck bestand hauptsächlich aus Fotoausrüstung: „Wenn ich den Hochrettelstein fotografieren will, muß ich ja auf die gegenüberliegende Seite steigen“, faßte Otmar die mühsame Arbeit eines Bergfotografen zusammen.

Wem ergeht's bei solcher Arbeit besser?

Es war bereits später Nachmittag, als wir als Familienquartett auf dem Hochschwung standen. Der Wind zerrte beim Zusammenlegen der Felle, ließ sie noch ein paar Mal flattern, bevor wir sie endlich in den Rucksack zu verstauen vermochten.

Die Abfahrt legten wir in jenem Licht zurück, von dem wir wissen, daß es allmählich in die Dämmerung überleitet. So waren wir unten in der Gulling zur rechten Zeit angekommen: Nahe dem Jagdhaus lugten wir aus dem Auto zur großen Fütterung, an der sich bald das Rotwild drängte.

Auf den Hochschwung:

Aus der Gulling: Vom Schattnerlehen (1120 m) 3½ Stunden.

Regenkarspitze (2112 m)

Die Südseite der Rottenmanner Tauern hat ein paar einsame Winkel, wohl deshalb, weil lange Zugänge wenig beliebt sind. Doch uns ist das Authal diesmal recht, weil wir aus ihm einen prächtigen Weg wissen, jenen durch das Ilmkar an der Nordseite der Regenkarspitze.

Heraußen in Bretstein-Gassen zweigt eine kurze Straße ins Authal ab, wo wir längst vor dem Jagdhaus parken und damit gute sechs Kilometer Graben vor uns haben.

Unsere Idee mit der Regenkarspitze war gut getroffen. Denn es gibt nur wenige so klare und angenehme Tourentage, wie wir ihn diesmal erlebten. Zeitweilig nahm ich Dieter und Hans nur als kleine Punkte im gleißenden Ilmkar aus. Weil ich viel Zeit damit verbrachte, mir die vielen Abfahrten am Zinkenkogel und Steinwandkogel anzusehen, freilich auch den Talabschluß mit jenem Übergang, den die Karte mit Römerweg bezeichnet und der dort oben am Kamm den Zentralalpenweg 02 kreuzt.

Das Ilmkar schließt sich unter der Ostseite des Hochschwungs; Regenkarspitze und Hochschwung sind also Nachbargipfel. Für Schitouristen wird das Netz ihrer Routen und Abfahrten dichter, zu einem gleißenden Mosaik mit Karen, Graten, Flanken und Gipfeln.

Auf der Regenkarspitze sind wir einsame Gäste.

Uns gegenüber breitet sich ein Gewirr von Bergen, aus denen am deutlichsten der Hohenwart hervorragt. Es wird noch lange dauern, bis wir ihn erreichen.

Auf die Regenkarspitze:

Aus dem Bretsteingraben: Von Authal (1167 m) über die Neualm und durch das Ilmkar 3½ Stunden.

Stützpunkte

Die beiden touristisch wichtigsten Stützpunkte in den Rottenmanner Tauern sind die Edelrautehütte und die Rottenmannerhütte, wobei die Edelrautehütte noch den Vorrang hat, weil sie im Sommer und Winter bewirtschaftet ist.

Weitere Stützpunkte, nämlich an der Westseite der Rottenmanner Tauern, bietet Oppenberg mit dem OeAV-Vertragshaus Grobbauer und vor allem mit dem gepflegten Gasthaus Schattner. Stützpunkte für Zugänge und Touren an der Südostseite der Rottenmanner Tauern bilden vor allem die Orte Bretstein-Gassen, Möderbrugg, St. Johann am Tauern sowie, eher für den nordöstlichen Teil, der Ort Hohentauern.

Edelrautehütte (1706 m) am Scheibelsee. Ganzjährig bewirtschaftet, außer von Anfang November bis vor Weihnachten. A-8784 Hohentauern. Zufahrt von Hohentauern; Mautstraße bis nahe Hütte. Zugang von Hohentauern 1½ Stunden. Übergang Dreisteckengrat — Rottenmannerhütte 6½ Stunden, auf die Planneralm 11 Stunden.

Gipfel: Gr. und Kl. Bösenstein 2 bzw. 2½ Stunden, Hengst 1½ Stunden.

Grobbauer, Gasthof und OeAV-Vertragshaus in A-8786 Oppenberg. Tel. 0 36 19/213.

Touren siehe Schattnerwirt.

Heinrich-Kern-Haus (1250 m), Bösensteingebiet. Ganzjährig bewirtschaftet. A-8784 Hohentauern 70. Zufahrt von Hohentauern bis zum Haus. Übergang zur Edelrautehütte $1^1/_4$ Stunden, in die Sunk $^3/_4$ Stunde, in die Pölsen $^3/_4$ Stunde.

Gipfel: Gr. Hengst $2^1/_2$—3 Stunden, Bösenstein $3^1/_2$ Stunden, Bruderkogel ab Forsthaus Pölsen $2^1/_2$—3 Stunden.

Rottenmannerhütte (1578 m). Anfang Mai bis Ende September; übrige Zeit an Wochenenden. Winterraum. A-8786 Rottenmann. Zugang von Rottenmann $2^1/_2$ Stunden, von der Materialseilbahn-Talstation $^1/_2$ Stunde.

Übergang Dreisteckengrat — Edelrautehütte $6^1/_2$ Stunden.

Gipfel: Hochheide 2 Stunden, Steinernes Mandl $1^1/_2$ Stunden.

Schattnerwirt (etwa 1000 m), Gasthaus in Oppenberg. Ganzjährig geöffnet. A-8786 Oppenberg; Tel. 0 36 19/212. Übergang auf die Planneralm 6 Stunden.

Gipfel: Hochgrößen $3^1/_2$ Stunden, Wirtsspitz 3 Stunden, Hochrettelstein 4 Stunden, Hochschwung $3^1/_2$ Stunden.

Der Hochgolling, höchster Berg der Niederen Tauern und gleichzeitig im Herzstück der Schladminger Tauern.

Winter und Sommer liegen eng beisammen, wie auch dieser Wettersturz im August 1986 zeigt. Ausblick aus dem einstigen Bergbaugebiet bei der Oberen Tromörtenalm in die Ostflanke des Hochgolling. Nach links reicht der Südgrat in die Tromörtenscharte, nach rechts der Nordostgrat zum Rottor. Fotos: G. Auferbauer

Wölzer Tauern

Brennkogel (1871 m)

Wie eine Zunge reicht vom Hintergullingspitz nach Nordosten ein sanft geformter Rücken, dessen höchster Gipfel Brennkogel heißt. Luise und ich kennen den Brennkogel als eine Aussichtskanzel; sie liegt inmitten des hinteren Gullingtales, umgeben vom Hauptkamm der Wölzer und Rottenmanner Tauern wie von den Planneralmbergen der östlichen Donnersbacher Tauern.

Vom Brennkogel läßt sich eines der großzügigsten Tourengebiete überblicken, das vor allem von Oppenberg, aber auch von der Planneralm, erreichbar ist.

Wir haben den Brennkogel an einem Februarsonntag aufgesucht, und das prächtige Wetter war uns recht, um den Brennkogel und seine Umgebung als Titelbild für unseren „Ostalpen-Skiführer Band 4" auf den Film zu bringen.

Dabei kam dieses Bild über sieben Ecken zustande: Ich hatte zwar einen Film mit, doch meine Retina zu Hause an der Garderobe hängen lassen. Beim Gulling-Jagdhaus erhielt ich leihweise eine Kleinbildkamera. Bei der Rückgabe in Oppenberg meinte der Mann, der mir seine Kamera lieh und den Film nun zurückspulte: „Da sind kaum Aufnahmen drauf. Hat der Transporter nicht funktioniert?"

Radstädter Tauern.
Bild oben links:
Das Kleinarltal. Sein Hausberg ist die Ennskraxen. Dabei führt der Anstieg immer wieder an so schöne kleine Aussichtsterrassen heran. Im Hintergrund die Hochköniggruppe.
Bild oben rechts:
Die Jakoberalm, ein Stützpunkt am Tauern-Höhenweg zwischen Südwienerhütte und Franz-Fischer-Hütte. Über der Jakoberalm das Mosermandl.
Bild unten links:
Auf der Lantschfeldalm: Die Müllnerbauerhütte mit Großem und Kleinem Pleißlingkeil.
Bild unten rechts:
Im Mur-Ursprungsgebiet. Noch im Juli reichen die Schneefelder bis in das Quellgebiet, aus dem die Mur durch das Hochtal der Schmalzgrube der Sticklerhütte entgegenfließt. *Fotos: G. Auferbauer*

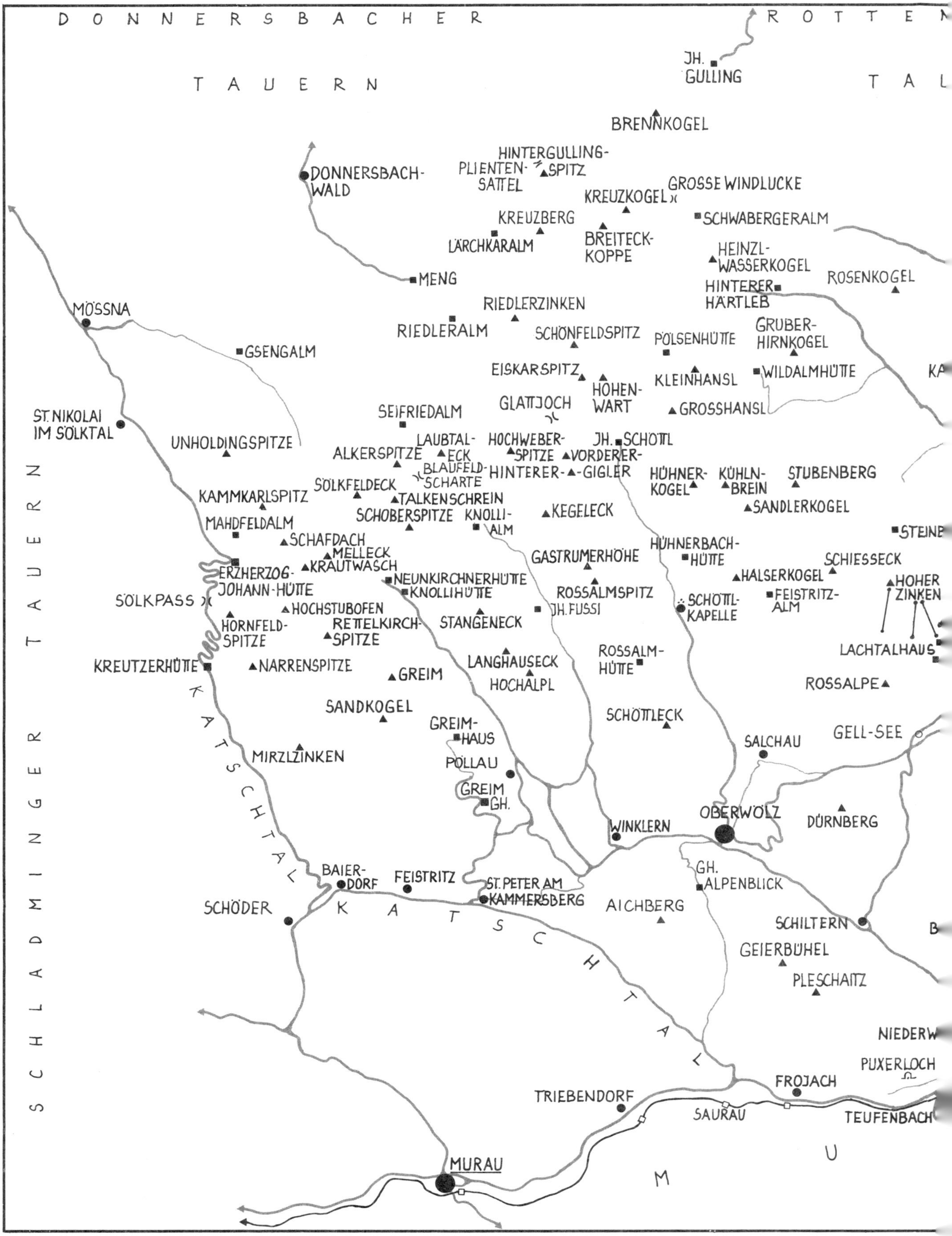
DONNERSBACHER TAUERN
ROTTENMANNER TAUERN
JH. GULLING
BRENNKOGEL
HINTERGULLING-SPITZ
PLIENTEN-SATTEL
DONNERSBACH-WALD
GROSSE WINDLUCKE
KREUZKOGEL
KREUZBERG
SCHWABERGERALM
BREITECK-KOPPE
LÄRCHKARALM
HEINZL-WASSERKOGEL
MENG
ROSENKOGEL
HINTERER HÄRTLEB
RIEDLERZINKEN
MÖSSNA
RIEDLERALM
SCHÖNFELDSPITZ
PÖLSENHÜTTE
GRUBER-HIRNKOGEL
GSENGALM
EISKARSPITZ
KLEINHANSL
WILDALMHÜTTE
HOHEN-WART
GLATTJOCH
GROSSHANSL
ST. NIKOLAI IM SÖLKTAL
SEIFRIEDALM
UNHOLDINGSPITZE
LAUBTAL-ECK
HOCHWEBER-SPITZE
JH. SCHÖTTL
ALKERSPITZE
VORDERER-
BLAUFELD-SCHARTE
HINTERER-GIGLER
HÜHNER-KOGEL
KÜHLN-BREIN
STUBENBERG
SÖLKFELDECK
TALKENSCHREIN
KAMMKARLSPITZ
SANDLERKOGEL
SCHOBERSPITZE
KNOLLI-ALM
KEGELECK
MAHDFELDALM
STEINB
SCHAFDACH
HÜHNERBACH-HÜTTE
MELLECK
GASTRUMERHÖHE
SCHIESSECK
KRAUTWASCH
ERZHERZOG-JOHANN-HÜTTE
NEUNKIRCHNERHÜTTE
HALSERKOGEL
HOHER ZINKEN
KNOLLIHÜTTE
ROSSALMSPITZ
FEISTRITZ-ALM
SÖLKPASS
SCHÖTTL-KAPELLE
HOCHSTUBOFEN
JH. FUSSI
STANGENECK
HORNFELD-SPITZE
RETTELKIRCH-SPITZE
LACHTALHAUS
ROSSALM-HÜTTE
KREUTZERHÜTTE
NARRENSPITZE
LANGHAUSECK
GREIM
HOCHALPL
ROSSALPE
SCHLADMINGER TAUERN
SANDKOGEL
SCHÖTTLECK
GREIM-HAUS
GELL-SEE
SALCHAU
MIRZLZINKEN
PÖLLAU
GREIM GH.
OBERWÖLZ
DÜRNBERG
WINKLERN
KATSCHTAL
GH. ALPENBLICK
BAIER-DORF
FEISTRITZ
ST. PETER AM KAMMERSBERG
AICHBERG
SCHÖDER
SCHILTERN
GEIERBÜHEL
PLESCHAITZ
NIEDERW
PUXERLOCH
FROJACH
TRIEBENDORF
SAURAU
TEUFENBACH
MURAU
MUR

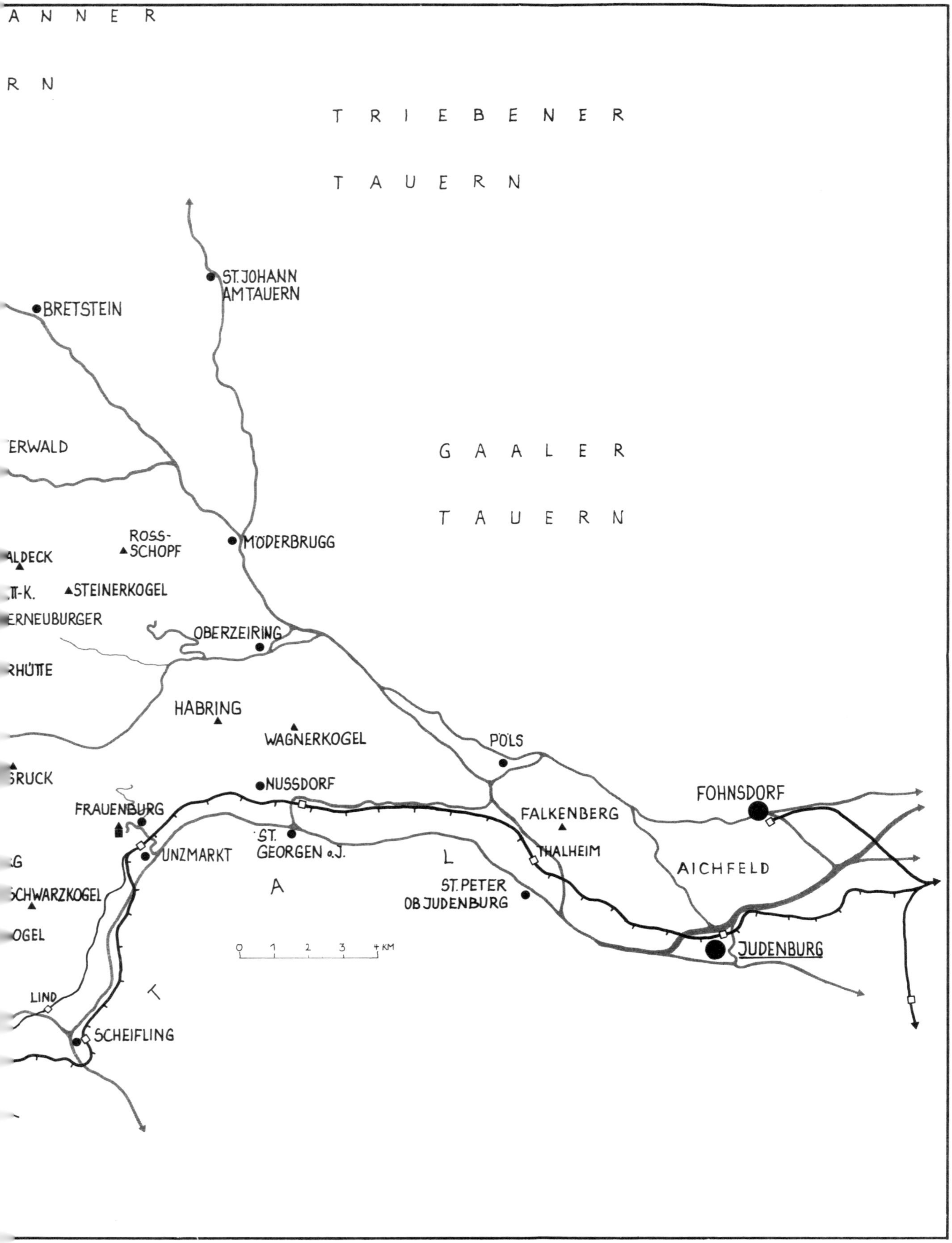
A N N E R
R N
T R I E B E N E R
T A U E R N
ST. JOHANN AM TAUERN
BRETSTEIN
ERWALD
G A A L E R
T A U E R N
ROSS-SCHOPF
MÖDERBRUGG
ALDECK
STEINERKOGEL
ERNEUBURGER
OBERZEIRING
RHÜTTE
HABRING
WAGNERKOGEL
PÖLS
GRUCK
NUSSDORF
FOHNSDORF
FRAUENBURG
FALKENBERG
ST. GEORGEN o.J.
UNZMARKT
THALHEIM
AICHFELD
SCHWARZKOGEL
A
L
ST. PETER OB JUDENBURG
OGEL
0 1 2 3 4 KM
JUDENBURG
T
LIND
SCHEIFLING

Vorsichtshalber ließ ich einen kurzen Teil des Films entwickeln. Die Bilder waren gut. Nun schickte ich den Rest des Films ein, worauf sich zeigte, daß doch alle 36 Aufnahmen zustandegekommen sind. Da war auch das Titelbild dabei.

Auf den Brennkogel:

Aus der Gulling: Vom Forsthaus (1169 m) über Moar am Bichl und auf der Forststraße Richtung Brennkogelhütte. Aus ihrer Nähe auf den Gipfel 2½ Stunden.

Im Zuge einer Rundtour vom Brennkogel in den Brennkogelsattel (kleiner See) und hinunter zum Hasenbichl. Von ihm, entlang der Plienten (Weißgulling), zurück zum Forsthaus Gulling; als Rundtour 4—5 Stunden.

Wegen der Wildfütterungen in der Plienten wie beim Gulling-Forsthaus sollte die Rückkehr bei den Wintertouren bis spätestens 16 Uhr erfolgen.

Kreuzkogel (2109 m) und Breiteckkoppe (2144 m)

Die Schwarzgulling wird auch in Zukunft nicht zu viele Besucher zählen. Denn wer z. B. im Winter in die Schwarzgulling kommt, hat zwischen dem Jagdhaus Gulling und der Mittergulling ein langes ebenes Wegstück zurückzulegen.

Es war mein erster Besuch drinnen in der Schwarzgulling, damals, als Hilde und Willi über die Große Windlucke mit heraufstiegen zum Kreuzkogel. Der Nachbargipfel, die nahe Breiteckkoppe, läßt sich vom Kreuzkogel aus unschwer erreichen. Wer als Wintertourist diese beiden Gipfel ersteigt, findet von ihnen, nach Norden, Abfahrten in den Talschluß der Hintergulling.

Doch auf dem Kreuzkogel waren wir gerade rechtzeitig angekommen, um mitzuerleben, wie zwei Tourenfahrer durch die steile ostseitige Gipfelflanke ihre Schwünge setzten, die schließlich zur Schwabergeralm und in den hinteren Bretsteingraben ausliefen.

Der Kreuzkogel wie die Breiteckkoppe sind zusammen ein Teil jener Tagesetappe des Zentralalpenweges, der die Edelrautehütte mit der Planneralm verbindet.

Wann immer der Kreuzkogel oder die Breiteckkoppe aufgesucht werden, jeweils wird sich bestätigen, daß jede der vier Jahreszeiten recht sei.

Auf den Kreuzkogel:

Aus der Gulling: Aufstieg vom Jagdhaus Gulling (1169 m) über Moar am Bichl auf die Gatschenbergeralm und in die Große Windlucke (1857 m); aus ihr weiter nach dem Kamm 3½ Stunden.

Übergang zur Breiteckkoppe ¼ Stunde.

Hohenwart (2363 m)

Zu den höchsten Gipfeln der Wölzer Tauern zählt der Hohenwart. Wir hatten ihn für eine Jännertour ausgewählt.

Aus dem Hinterwinkel des Pusterwaldtales wird das Jagdhaus Hainzl erreicht, von dem sich der mächtige Hohenwart mit seinem nordostseitigen Talschluß gut einsehen läßt. Bis zur Pölsenhütte dient als Zugang ein Forstweg.

In der Wintereinsamkeit eines Jännertages haben wir uns als kleine Gruppe ein großes Ziel gewählt: Im Quellgebiet des hinteren Pölsenbaches liegt jenes weiträumige Kar, durch das wir allmählich dem Pölseckjoch näherkommen. Karin und Wolfmar sind vom Hohenwart recht beeindruckt: „Ein schöner Knopf", meint anerkennend Wolfmar.

Der seit Wochen dauernde Höhensturm hat die nordwestseitigen Hänge und Grate vom Schnee freigeblasen; nahezu schwarz sehen Hänge und Felsen aus. Doch an den Windschattenseiten liegt ausreichend Schnee, dessen Tragfähigkeit jedoch nicht selten trügt. Das läßt auch uns, hier im Karschluß, besonders vorsichtig sein, weshalb wir auf kürzestem Weg zum Pölseckjoch hinaufsteigen und dem Grat nach auf den Hohenwart.

Der kalte Jännerwind verstärkt noch die von Einsamkeit geprägte Stimmung dieser Landschaft: Rund um uns liegt ein an Gipfeln und Karen reichhaltiges Tourengelände.

Auf den Hohenwart:

Aus dem Pusterwaldtal: Vom Hinteren Härtleb (1255 m) über Pölsenhütte und Pölseckjoch 5 Stunden.

Großhansl (2315 m)

Mit Rudi haben wir unsere erste Schitour im Jänner 1987 zurückgelegt. Hier oben im Weittal zwischen Kleinhansl und Scharnitzfeld ging der Pulverschnee allmählich in jenen harten Schnee über, wie wir ihn im Hochwinter vor allem an Sturmseiten finden. Über die zum Teil abgewehten Flächen trugen wir die Schi auf dem Rucksack jenem Grat entgegen, von dem lange Schneefahnen wie weiße Zungen fortzogen.

Auf dem Gipfel des Großhansl hatten wir Mühe, uns auf die Abfahrt einzurichten: Der eiskalte Föhnsturm jagte so heftig über die Tauernberge, daß uns angst und bange wurde. Wir sind vom Großhansl ins Weittal nahezu hinuntergeflüchtet, so widrig war es dort oben.

Als wir drunten im Scharnitzgraben an die Haustür klopften, um den Familien Pichler und Schell alles Gute fürs neue Jahr zu wünschen, sehnten wir uns vor allem nach Wärme. Da wurde uns schon am Kachelofen der richtige Platz angeboten. Und in der warmen Stube ließ sich's gut erzählen vom Jännersturm am Großhansl. Und je mehr wir vom heißen Haustee tranken, desto kälter wurde es in unseren Erzählungen.

Auf den Großhansl:

Aus dem Pusterwaldtal: Vom Bruckenwirt in den Scharnitzgraben und Zufahrt bis zum Gehöft Koller (Schild: Meldestelle für Bergunfälle), Parkmöglichkeit (etwa 1180 m). Durch den Scharnitzgraben über die Jaurishütte und übers Scharnitzfeld 4 Stunden.

Hühnerkogel (2242 m), Kühlnbrein (2229 m), Steineck (2260 m) und Sandlerkogel (2186 m)

Als wir dieses Gipfelquartett an einem Maiensonntag besuchten, hatten wir bei der Schöttlkapelle unsere Schi angeschnallt. Eine Forststraße, oberhalb des Hühnerbaches, erschließt den Zugang in das mit Steineck, Kühlnbrein und Hühnerkogel gebildete Hochkar.

Während wir zum Teil knietiefe Spuren im Pulverschnee legten, um zunächst auf den Hühnerkogel zu steigen, blickten wir hin und wieder durch Wolkenfenster in den Schöttlgraben hinaus.

Dort draußen ahnten wir den Frühling.

Unser Grüppchen war dieses Mal flott unterwegs. Denn kaum waren wir am Hühnerkogel angelangt, übersiedelten wir in die entgegengesetzte Richtung: Die Südwesthänge am Kühlnbrein waren unsere Abfahrt, und aus dem obersten Teil des Hühnergrabens trugen wir auf einem abgewehten Rücken unsere Schi zum Steineck hinauf. Da war's auch nicht mehr weit, den Sandlerkogel aufzusuchen.

Fast hätte es uns verlockt, durch die bestechend gleichmäßigen Hänge der Halseralm zur Feistritzalm am Krumeggerbach hinunterzufahren. Doch wir zogen es vor, nur die obere Halseralm zu queren. Nahe dem Steineck hatten wir nämlich jene Einfahrt im Auge, die uns bald aufjubeln ließ. Fast 500 Höhenmeter Abfahrt im Pulverschnee!

Dieses späte Schiglück im Mai war Grund genug, draußen in Oberwölz den Nachmittag ausklingen zu lassen: Sonnenlicht überflutete die Gassen und Plätze, rund um die kleine Stadt waren die frischen Farben vom Frühling bestimmt.

Auf den Hühnerkogel:

Aus dem Schöttlgraben: Von der Schöttlkapelle (1216 m) am Hühnerbach auf der Forststraße Richtung Hühnerbachhütte (1586 m) 1 Stunde. Die Forststraße führt jedoch bis an die Waldgrenze und überquert dort den oberen Hühnerbach (etwa 1620 m); von hier auf die erwähnten Gipfel jeweils 1½ Stunden.

Schießeck (2275 m)

Sowohl aus dem Lachtal wie von Pusterwald durch den Fuchsgraben läßt sich das Schießeck erreichen. Dazu kommt noch der Zugang von Oberwölz am Krumeggerbach über die Feistritzalm.

Vor allem liegt das Schießeck noch an jenem Höhenweg, der vom Zinken über die Grillerlucke heranführt und nach Nordwesten zu Sandlerkogel, Steineck, Kühlnbrein und Hühnerkogel weiterleitet. Die Überschreitung läßt sich durchs Stallertörl aufs Scharnitzfeld sowie zum Großhansl und Kleinhansl fortsetzen, von wo sich diese ausgedehnte Runde mit Wildalm und der Rückkehr durch den Scharnitzgraben nach Pusterwald schließt.

Doch im Zuge eines Besuches im Lachtal brauchten Luise und ich für das Schießeck weitaus weniger Zeit aufzuwenden: Denn aus dem Lachtal waren wir an einem Dreikönigstag auf den Hohen Zinken heraufgefahren, um den Lifttag mit einer kleinen Schitour abzurunden. Was lag näher, als zum Schießeck hinüberzugehen und von dort durchs Große Lachtal abzufahren. Eine empfehlenswerte Geländeabfahrt! So eine Art Schnuppertour.

Auf das Schießeck:

Aus dem Lachtal (1570 m): Als Wintertour mit Hilfe der Schlepplifte auf den Hohen Zinken (2222 m); Abfahrt in die Grillerlucke (2147 m) und aus ihr kurzer Gegenanstieg zum Schießeck. Vom Zinken $^1/_2$ Stunde.

Im Sommer mit Aufstieg vom Lachtal über die Schlattereralm zum Schönberg (1943 m) und über die Tanzstattkapelle (1907 m) und den Kleinen Zinken (2135 m), mit Übergang zum Hohen Zinken und Schießeck $2^1/_2$—3 Stunden.

Rückweg über den Knappenstein ins Große Lachtal $1^1/_2$ Stunden.

Oberzeiring
Silber, Eisen und Gesundheit

Ein Sprichwort sagt: „Der Silberbergbau in Zeiring hat einen eisernen Hut und einen goldenen Fuß."

Der Silberbergbau ist in Wassermassen versunken.

Das Zeiringer Eisenerz wird seit 90 Jahren nicht mehr verhüttet.

Und der goldene Fuß?

Ohne Zweifel steht Gold heute für Gesundheit: Gesund werden im Heilstollen Oberzeiring!

„Zeiring in der Steiermark ist die Mutter von Wien." Ein großes Wort für den einst größten Silberbergbau der Ostalpen.

Was sich an jenem Montag vor dem 15. August 1361 im Silberbergwerk von Oberzeiring ereignete, läßt keine Chronik wissen. Nur in Sagen ist das Unglück festgehalten, bei welchem rund 1400 Knappen — von Wasser plötzlich eingeschlossen — für immer im Berge zurückblieben.

Die Größe jener damals entstandenen wirtschaftlichen Tragödie läßt sich daran ermessen, daß Kaiser Maximilian in den Jahren 1506/07 persönlich die Wiederaufnahme des Silberbergwerkes anordnete, die Arbeiten überwachte — und den Mißerfolg miterlebte.

1751 setzte Kaiserin Maria Theresia 30.225 Gulden ein. Auch sie waren vergeblich aufgewendet, denn sie „zeitigten außer der Errichtung eines Bergbauinspektorats in Oberzeiring keinerlei ermunternde Ergebnisse".

Ab 1714 wurde in Zeiring nur noch Eisenerz abgebaut. Mit 31. Oktober 1783 ist die erste Belehnung der Zeiringer Gruben als Eisensteinbau dokumentiert. 1806 erhielten sie neue Besitzer. „1832 erwarb der aus Mitterndorf stammende Mautinhaber von Unterzeiring, Franz Xaver Neuper, die Eisengruben mitsamt den dazugehörigen Schmelzöfen", hält die Jubiläumsschrift anläßlich der 1000-Jahr-Feier von Oberzeiring — sie fand 1956 statt — fest.

Noch im Jahre 1852 erbauten Franz und Johanna Neuper einen 26 m hohen Holzkohlen-Hochofen. 80 Hüttenarbeiter und Knappen waren beschäftigt. Doch 1899 war der gesamte Bergbaubetrieb stillgelegt. Um Oberzeiring wurde es wahrhaft still. Erst 60 Jahre später erwachte neues Leben.

Der Zufall führte Regie: Besucher des Schaubergwerkes Oberzeiring — es besteht seit dem Jubeljahr 1956 — stellten fest, daß sie sich nach den Stollenaufenthalten überaus wohlfühlten. Diese Erfolgsmeldungen waren die ersten Wurzeln für jenen neuen starken Baum, mit dem Oberzeiring symbolisch hinauswachsen sollte.

Seit rund 25 Jahren entwickelt sich Oberzeiring zu einer Therapiestation für Patienten mit Asthma- bzw. Bronchienerkrankungen. Das Heilmittel, nämlich die spezifisch wertvolle Stollenluft, wurde von den Universitätsprofessoren Schemnitzky und Inama analysiert: „Zusammengefaßt kann gesagt werden, daß dem Stollenklima im alten Silberbergwerk Oberzeiring ein überdurchschnittlich guter Heilwert zukommt."

In Oberzeiring ist der Aufbruch spürbar. Das Kurzentrum wird wohl seine längst notwendige physikalische Abteilung in absehbarer Zeit erhalten. Damit wäre das wirtschaftliche Rückgrat Oberzeirings gefestigt.

Oberzeiring zählt zu den neun Projekten jener Ortserneuerung, mit deren Hilfe eine moralische Aufrüstung und gezielte regionalwirtschaftliche Effekte erreicht werden sollen. Das kulturelle Geschehen wird gewiß im besonderen von der Theatergruppe mitbestimmt: Die Veranstaltungsreihe „Murtaler Theatertage" soll diese Leistung dokumentieren.

Oberzeiring zieht Nutzen aus einer spürbar stärker gewordenen Demokratisierung im Gemeindebereich. Die Kräfte dafür sind sachbezogen zugeordnet.

Deshalb gehört zu Oberzeiring eine stattliche Reihe von Namen miterwähnt:

Bürgermeister Leo Pichler und Matthias Öffel, Peter Faßhuber, Engelbert Haberer, Univ.-Prof. Dr. Karl Harnoncourt, Josef Haunschmidt, Dr. med. Klaus Heschl, Dir. Karasin, Johann Klinkan, Ferdinand Krepelka, Peter Mayer, Horst Neissl, Ing. Wernfried Neuper, Friedrich Schaffer, Anton Strasser, DI Guido Strohecker, Alfred Taucher, Dr. Peter Wall, Klemens Wieser und viele Dutzend Namen mehr.

Keineswegs dominiert die Männerrunde, denn rundum beobachten die Frauen, daß in Oberzeiring mit aller Aufbruchstimmung die Kirche im Dorf bleibt.

Noch eine kurze Zusammenfassung:

Die Marktgemeinde Oberzeiring zählt 1100 Einwohner. Der Ort liegt in einer Seehöhe von 934 m an der Sonnseite der Wölzer Tauern und gehört zum Bezirk Judenburg.

Der *Heilstollen* ist täglich in Betrieb, außer sonntags. Stolleneinfahrt jeweils um neun Uhr. Die Stollenluft in der Piergrube des alten Silberbergwerks wurde von der Steiermärkischen Landesregierung zum Heilvorkommen erklärt. Die Heilanzeigen auf Grund klinischer Erfahrungen beziehen sich vor allem auf bronchitische Erkrankungen.

Zu den *Sehenswürdigkeiten* Oberzeirings zählen das Schaubergwerk (Führungen: 1. Mai bis 31. Oktober täglich um 10, 11, 14, 15 und 16 Uhr, vom 1. November bis 30. April täglich 11 und 14 Uhr; bei Bedarf und vorheriger Anmeldung zusätzlich weitere Führungen, ab drei Personen; Johann Klinkan, Tel. 0 35 71/693), Töpferei, Schimuseum, Hammerwerk Neuper, Propstei, Knappenkirche (Elisabethkirche) mit besonders interessanten Fresken (Schlüssel für die Kirche beim ebenfalls sehenswerten Gasthof Haunschmidt), Pfarrkirche St. Nikolaus mit Marktplatz.

Zur Umgebung von Oberzeiring gehört ein weiträumiges Naherholungsgebiet mit bezeichneten Spazierwegen in sonnenreichen Tallandschaften wie zu Bergbauernhöfen und durch Waldgebiete.

Für den Wintersport: Schilift, Eisbahn, Loipe und Rodelstrecke im Ortsbereich.

Zu den Ausflugszielen zählen Lachtalgebiet, Möderbrugg, St. Oswald, Pusterwald, Bretstein, St. Johann am Tauern und Hohentauern.

Informationen: Kurverwaltung A-8762 Oberzeiring, Tel. 0 35 71/766 oder 236 (Berghof); Marktgemeindeamt, Tel. 0 35 71/308; Verkehrsbüro, Tel. 0 35 71/387, 327.

Frauenburg bei Unzmarkt

Im oberen Murtal, zwischen Judenburg und Scheifling, bleiben die Augen der Reisenden an einem besonderen Anblick haften: Auf einem Felsen wehrhaft hingebaut, steht die dem heiligen Jakob geweihte Kirche in Nachbarschaft der ansehnlichen Frauenburg, die von Ulrich von Liechtenstein errichtet wurde. Er gilt als bedeutendster steirischer Dichter des Mittelalters und war ebenso einflußreicher Landespolitiker.

Die Zinnen und Mauern der Frauenburg reichen mit ihrem östlichen Teil nahe zur Kirche heran; ein Verbindungsweg führt durch ein solid gemauertes steinernes Tor hindurch.

Wie kommen wir hier herauf zu Kirche und Burg?

Unser Ausflug, der vielleicht zwei Stunden dauert, schließt viele kleine Kostbarkeiten ein: Zunächst den anmutigen Zugang von Unzmarkt, entlang einer Allee von Kastanienbäumen. Dieser Fußweg zweigt noch vor dem Haus Nr. 42 von der Burgstraße ab. Eine gedeckte, massive Holztreppe mit 168 Stufen leitet sonnseitig zur Kirche hinauf. Ein bequemer und romantisch anmutender Weg.

Aus dem Kirchhof lassen sich das Murtal und die weitläufigen Waldberge überblicken: Hier bei Frauenburg stehen die Ausläufer der Niederen Tauern jenen der Seetaler Alpen gegenüber.

Von der Kirche bummeln wir auf dem Burgweg durch das schon erwähnte Tor an die Nordseite und gelangen an das Ende der Burgstraße. Ein Saumweg führt vom letzten Gehöft endlich in den großräumigen Burghof: Die gesamte Anlage ist denkmalgeschützt; der überdachte Rittersaal dient seit 1975 zuweilen als Fest- und Tanzsaal.

Die Frauenburg war bis vor 200 Jahren in recht gutem Zustand. Doch 1760 wurde Unzmarkt von einer Feuersbrunst zerstört; dem Wiederaufbau diente Bauholz, das der aufgelassenen Frauenburg entnommen worden war.

Frauenburg: Erbaut 1230—1248. Denkmalgeschützte Burgruine. Frei zugänglich. Am schönsten zu erreichen vom Ort Frauenburg über den Kirchsteig.

Wanderungen: Beginn im Ort Frauenburg, am Fuße des Kirch- und Burgfelsens. Wegtafel beim Haus Burgstraße Nr. 39.

Weg Nr. 959 über den Sattel (1582 m) zum Gellsee und Richtung Lachtal 4 Stunden.

Weg Nr. 960 über Thomasberg und Habring (1497 m) nach Oberzeiring $3^1/_2$ Stunden.

Auf den Bocksruck (1766 m) 3 Stunden.

Anfahrt durch das Murtal nach Unzmarkt; Parkplatz beim Bahnhof.

Greim (2474 m) und Sandkogel (2214 m)

Der Greim zählt zu den bekanntesten Bergen an der steirischen Tauern-Sonnseite. Mit seinem weithin offenen, übersichtlichen Gelände wird er vor allem als idealer Schiberg geschätzt; mit seiner markanten gleichmäßigen Form ist er außerdem das alpine Wahrzeichen für den Ort St. Peter am Kammersberg. Schließlich ist die Greimrinne wegen ihres Schirennens bekannt, das im späten Frühjahr stattfindet.

Als Luise und ich an einem Valentinstag zum Greim aufgestiegen waren, brandete uns eine Flut windgepeitschter Schneekristalle entgegen. Sie prasselten aus blauem Himmel auf uns nieder und vermochten sogar, uns am Vormittag in den Wald zurückzutreiben. Dort warteten wir, vor dem Sturm geschützt und von der Sonne ermuntert, bis sich der Höhensturm allmählich zu beruhigen begann. Im Nachmittagslicht zogen wir durch das weite Gelände der Greimrinne aufwärts und hatten damit jenen Gipfel erreicht, von dem Besucher schwärmen, weil sie das Glück hatten, in gleißenden Firnhängen zu schwingen.

Wir hingegen waren auf unsere Art froh: Im eigenwilligen Muster schier unendlich weiter Windgangl fanden wir schließlich zu gleichmäßigem Pulverschnee, der uns bis zur Rettelhube hinuntertrug.

Vom Alpengasthof Greim läßt sich das eindrucksvoll weitläufige südseitige Tourengebiet überblicken. Dabei fällt vor allem der Sandkogel auf. Er wird eines unserer nächsten Ziele sein.

Nicht zuletzt hat aber der Greim seine Bedeutung für all jene Besucher, die im Sommer oder Herbst auf einem der markierten Wege zu ihm heraufsteigen.

Auf den Greim:

Aus dem Katschtal: Zufahrt von St. Peter am Kammersberg bis zum Gasthof Greim (1262 m): In der schneefreien Zeit noch weiter über Rettelhube bis zum Greimhaus (nicht bewirtschaftet, 1618 m).

Aufstieg von der Rettelhube (1300 m) durch die Greimrinne 3—3½ Stunden, vom Greimhaus 2½ Stunden.

Aus dem Wölzertal: Zufahrt von Oberwölz über Winklern und Knappsäge zum Gregorsima, wo die Straße zum Gasthof Greim abzweigt.

Auf den Sandkogel:

Zufahrt vom Gasthof Greim auf dem Röstweg bis zum Arlingbach (1348 m); von hier 2¼ Stunden. Übergang auf den Greim 1 Stunde.

Hochstubofen (2385 m)

Wir hatten am Tag zuvor draußen am Puttererse den Sommer in vollen Zügen genossen. Doch heute, am Pfingstmontag 1985, haben wir die Firngleiter bzw. Kurzschier dabei.

Von der Winklerkehre der Sölkpaßstraße haben wir einen guten Weg heraufgefunden in die hochgelegenen nordseitigen Kare. Je näher wir dem Westgrat am Hochstubofen entgegensteigen, desto heftiger zerrt der Föhnsturm an der Kleidung, durchwühlt die Haare, rüttelt und schüttelt uns, daß wir Mühe haben, über den Blockgrat hinaufzusteigen.

Auf dem Gipfel des Hochstubofens sehen wir uns für kurze Zeit um: Vor allem weckt der großräumige ostseitige Kessel unser Interesse; in seinem Auslauf steht die Neunkirchnerhütte. Diese Ostseite, die der Hochstubofen in Verbindung mit Rettelkirchspitze, Krautwasch und Melleck wie zu einem extra großen Kar ausbildet, wird uns irgendwann einmal als Gäste sehen. Doch heute liegt unser Ziel auf der Sölker Seite: Bald zeigen sich Judith und Roland als geschickte Firngleiter. Mit Karen, Mulden, Rinnen und Schneezungen stoppeln wir diese späte Abfahrt zusammen, die uns zur Winkleralpe zurückbringt.

Der Föhn hat rundum Wasser hervortreten lassen, das sich wie ein Netz feinster Adern glitzernd über die Almböden bewegt. Doch dieser triefend nasse Boden hat uns keineswegs gestört. Was uns bei dieser Tour Mißbehagen verursachte, war jener unverschämt grob ausgeschobene Aufschließungsweg, der nahe der Erzherzog-Johann-Hütte zur Winkleralpe vorangetrieben worden war. Eine solch grobe Hand steht kraß im Widerspruch zum Prädikat „Naturpark“, mit dem man Gäste für das Sölktal gewinnen will.

Vielleicht sollte dieses frevelhafte Beispiel eine letzte Mahnung erfahren, daß das Prädikat Naturpark nicht als Gütesiegel auf ewige Zeiten verstanden werden sollte. Es kann nicht schaden, hin und wieder die Rute ins Fenster zu legen.

Auf den Hochstubofen:

Aus dem Großsölktal: Von St. Nikolai im Sölktal Zufahrt bis zur Winklerkehre und Erzherzog-Johann-Hütte (1480 m); über Winkleralpe 2½—3 Stunden.

Schafdach (2314 m)

Beim Ausblick vom Deneck fällt das gegenüberliegende Schafdach auf.

Der Einzugsbereich des Großsölkbaches hat auch an den Westhängen des Schafdaches eine seiner Quellen. Als wir zu den auffallend geformten Steilhängen des Schafdaches anstiegen, waren wir aus der Winkleralpe herübergequert und standen bereits viele Höhenmeter oberhalb der Mahdfeldhütten. Das Gelände wird im Sommer almwirtschaftlich genutzt, doch jetzt im Frühjahr lag eine uns gut tragende Schneedecke über all den Rücken und in den Karen. Wir stapften von den Mahdfeldhütten geradeaus den fast 600 m hohen Steilhang.

Vom Gipfel des Schafdaches reichte der Ausblick bloß bis zum Hochstubofen. Ein dunkler Himmel lag über ihm, von dem sich der Hauptkamm der Wölzer Tauern in gespenstischem Weiß abhob.

Unsere Rast auf dem Schafdachgipfel konnten wir unbeschwert lange ausdehnen, weil an diesem Vormittag die Sonne zu wenig Kraft hatte, den Pulverschnee zu verderben.

Die Abfahrt vom Schafdach zählt zu den großen Erlebnissen im Schitourengebiet der Umgebung von St. Nikolai im Sölktal.

Auf das Schafdach:

Aus dem Großsölktal: Von der Winklerkehre bei der Erzherzog-Johann-Hütte (1480 m) durch die Winkleralpe und über die Mahdfeldhütten 2½—3 Stunden.

Unholdingspitze (2293 m)

Das Steirische Landesjugendreferat hatte zu einem Fortbildungslehrgang für Schitourenwarte nach St. Nikolai im Sölktal eingeladen. Für unseren Kursleiter Klaus Hoi hatte der Kurs keinen guten Anfang, weil sein Auto nahe der Ausfahrt von Öblarn in den Straßengraben gedrängt wurde. Dennoch: Am selben Abend waren wir im Saal des „Gamsjäger", drinnen in St. Nikolai, mitten in der Theorie in Zusammenhang mit Schnee und Lawinen.

Unser Tourentag an der Unholdingspitze war eher trüb. Durch das steile Waldgelände waren wir von der Hansenalm, einem Jagdsteig folgend, in den oberen Unholdinggraben heraufgekommen, wo wir nahe der Waldgrenze das erste Schneeprofil gruben.

Wie in einem Tortenstück lagen harter und weicher Schnee, dazwischen aber auch manch trügerisch verborgene Rauhreifschicht. Die insgesamt fast zwei Meter hohe Schneedecke ruhte auf jenem Schwimmschnee, von dem wir wissen, daß er im Frühwinter entsteht: Je stärker das Temperaturgefälle zwischen Schneeoberfläche und dem Erdboden, desto intensiver erfolgt die Umwandlung der bodennahen Schichten in den sogenannten Schwimmschnee, dessen Struktur einem Kugellager gleicht. Während unsere Gruppe Hugo Stelzig führte, war mit der zweiten Gruppe Walter Almberger unterwegs.

Am Freiboden läßt sich nahe dem Rücken gut und sicher in den leicht verblockten Gipfelhang der Unholdingspitze aufsteigen.

Bei der Abfahrt ließen wir uns jedoch so weit wie möglich in den obersten Unholdinggraben hinabtragen. Zu den steirischen Wurzel-Spezialitäten kamen wir noch früh genug.

Auf die Unholdingspitze:

Aus dem Großsölktal: Von St. Nikolai im Sölktal auf der Sölkstraße zur nahen Hansenalm (1226 m), durch den Unholdinggraben und über den Freiboden 2½—3 Stunden.

Stützpunkte

Das touristisch erschlossene Zentrum der Wölzer Tauern liegt im Bereich des Lachtales. Hier stehen auch die meisten und am höchsten gelegenen Stützpunkte als Gasthöfe, Pensionen und Vereinsobjekte.

Der weitaus größte Teil der Wölzer Tauern verfügt über keine touristischen Stützpunkte, da fast alle Täler — meist aus jagdrechtlichen Gründen — für den allgemeinen Verkehr gesperrt sind.

So liegen im Bereich der Wölzer Tauern an ihrer Südseite die meisten Stützpunkte in Ortsbereichen wie in Pusterwald, Möderbrugg, Oberzeiring, Oberwölz, Schönberg, St. Peter am Kammersberg und Pöllau am Greim.

Für Schibergsteiger sind im westlichen Teil der Wölzer Tauern außer der Neunkirchnerhütte (Selbstversorgerhütte) vor allem der Alpengasthof Greim und das Gasthaus Kreutzerhütte empfehlenswert.

Alpengasthof Greim (1262 m). A-8843 Pöllau am Greim; Tel. 0 35 36/477. Zufahrt von St. Peter am Kammersberg Richtung Pöllau; Abzweigung beim Gregorsima. Übergang Greim — Funklscharte — Neunkirchnerhütte 5½ Stunden.

Gipfel: Greim 3½ Stunden, Sandkogel, von der Röst 2½ Stunden.

Bruckerhütte (1520 m) im Lachtal. Anfang Dezember bis Ende April und Anfang Juni bis Ende Oktober. A-8831 Schönberg—Lachtal 276; Tel. 0 35 87/206. Zufahrt bis zur Hütte. Übergang zur Klosterneuburgerhütte 1 Stunde, nach Pusterwald 3 Stunden.

Gipfel: Schießeck 2½ Stunden, Hoher Zinken 2 Stunden.

Erzherzog-Johann-Hütte (ca. 1500 m), Berggasthof an der Nordseite des Sölkpasses.

Radstädter Tauern.
Bild oben:
Die „Tappenkarpromenade" führt zuletzt noch auf den Weißgrubenkopf. Rechts davon der Wildkarkopf; im Hintergrund der zum Kraxenkogel führende Höhenzug.
Bild unten:
Beim Karwassersee. Aus ihm fließt der Muritzenbach („kleine Mur") in den Schmalzgraben ab. Im Hintergrund das Weißeck, der höchste Berg der Radstädter Tauern. *Fotos: G. Auferbauer*

Mitte Mai bis Ende Oktober. A-8961 Stein an der Enns. Übergang zur Neunkirchnerhütte 3 Stunden.

Gipfel: Hochstubofen $2^1/_2$ Stunden, Schafdach $2^1/_2$ Stunden.

Klosterneuburgerhütte (1879 m) im Lachtalgebiet. Ganzjährig bewirtschaftet. A-8831 Schönberg-Lachtal. Zugang vom Lachtalhaus 1 Stunde, von Oberzeiring oder Möderbrugg sowie von Pusterwald jeweils 3 Stunden.

Gipfel: Hoher Zinken 1 Stunde, Schießeck $1^1/_2$ Stunden.

Knollihütte (1521 m), nahe Neunkirchnerhütte, Jausenstation und Almwirtschaft. Anfang Juni bis Mitte Oktober. Hier ist der Schlüssel für die Neunkirchnerhütte erhältlich.

Übergänge und Gipfel siehe Neunkirchnerhütte.

Kreutzerhütte (1378 m), Berggasthaus am Südfuß des Sölkpasses. April bis Ende Oktober. A-8844 Schöder. Übergang zu den Zwieflerseen $1^1/_2$ Stunden, Toreben — Rudolf-Schober-Hütte 5 Stunden, Zwieflerseen — Eisenhut — Feldkögerl — Schöder 6—7 Stunden.

Gipfel: Eisenhut 3 Stunden, Dachleiteck 3 Stunden, Hornfeldspitze, vom Sölkpaß $1^1/_2$ Stunden.

1. Reihe oben (v.l.n.r.):
Manfred Seiringer, Zimmermann aus Niederöblarn. Er war beim Umbau der Englitztalhütte für das Aufstellen des Dachstuhls verantwortlich.
Aloisia Perner vlg. Berger, Sennerin aus Sonnberg, Gemeinde Öblarn. Sie verbringt den Bergsommer im Englitztal auf ihrer Almhütte.
Theobald Dürr aus Donnersbachwald bewirtschaftet mit seiner Frau Veronika die Mörsbachhütte.
2. Reihe Mitte:
Max Kreuzer vlg. Ohrn, Bergbauer in der Gemeinde Oberzeiring. Das Gehöft Ohrn liegt an der Zufahrt zur Klosterneuburgerhütte.
Rosl Gahr aus Mariapfarr, vielfach ausgezeichnete Sennerin, auf dem Twenger Lantschfeld.
Albert Essl, Schi- und Bergführer aus Lintsching bei Mariapfarr, Pächter der Landawirseehütte.
3. Reihe unten:
Helene Rainer aus Tamsweg in ihrer Lungauer Festtagstracht.
Heli Gebauer, Alt-Bergführer, bei seinem Besuch auf der Ignaz-Mattis-Hütte.
Peter Gruber vlg. Jakoberbauer aus Zederhaus, Besitzer der Jakoberalm. Sie liegt am Tauern-Höhenweg zwischen Südwienerhütte und Franz-Fischer-Hütte und dient auch als Zugang vor allem auf das Mosermandl.
Fotos: G. Auferbauer

Alpengasthof Lachtalhaus (1570 m): Anfang Juni bis Ende September und Anfang Dezember bis nach Ostern. A-8831 Schönberg-Lachtal; Tel. 0 35 87/210. Übergang zur Klosterneuburgerhütte 1 Stunde, Tanzstatt — Pusterwald 3 Stunden, nach Oberzeiring und Möderbrugg 4 Stunden.

Gipfel: Schießeck 2½ Stunden, Hoher Zinken 2 Stunden.

Neunkirchnerhütte (1535 m) im Eselsberggraben. Selbstversorgerhütte. Hüttenschlüssel in der Knollihütte bei Hubert Leitner vlg. Knolli, Eselsberg, A-8832 Oberwölz. Zugang von Pöllau bzw. Eselsberg jeweils 2 Stunden. Übergang nach St. Nikolai im Sölktal über Haseneckscharte 4½ Stunden.

Gipfel: Hochstubofen 2½ Stunden, Greim 3½ Stunden, Schoberspitze 3 Stunden.

Steinbachhütte (1555 m), Jausenstation und Almwirtschaft im oberen Bärental, an der Nordseite des Hohen Zinken. Mitte Juni bis Ende September. Zufahrt mit Pkw im Sommer bis zur Hütte. Zugang von Pusterwald 1¼ Stunden. Übergang ins Lachtal 2½—3 Stunden, über Klosterneuburgerhütte nach Möderbrugg oder Oberzeiring jeweils 5—6 Stunden.

Gipfel: Hoher Zinken 2 Stunden, Schießeck 2 Stunden.

Wildalmhütte (1752 m) im hinteren Scharnitzgraben. Mitte Juni bis Ende September. Zugang vom Bruckenwirt nahe Pusterwald 2 Stunden, vom Jagdhaus im Scharnitzgraben ¾ Stunde. Übergang Pölseckjoch — Schöttljagdhaus 4 Stunden., ins Lachtal 5—6 Stunden.

Gipfel: Kleinhansl 1½ Stunden, Großhansl 2 Stunden, Hohenwart 3½ Stunden, Gruber Hirnkogel 1 Stunde.

Donnersbacher Tauern

Putterersee und Kulm (914 m)

Die Pfingstfeiertage 1985 hatten wir eigenwillig kombiniert: Am Sonntag ließen wir uns am Putterersee vom Schönwetter verwöhnen. Da gehörten Schwimmen und Surfen dazu, bevor wir zum Bergsteigen und Firngleiten Richtung Sölkpaß aufbrachen.

Die Steiermark zeigte uns wieder einmal ihre so oft gelobte Vielfalt.

„Seit 1920 gibt's die Badeanlage am Putterersee", erzählte bereitwillig Seebesitzer Christian Dornbusch, der auch als Fremdenverkehrsobmann für Aigen im Ennstal langjährige Erfahrung gesammelt hat.

Das leicht „anmoorige" Seewasser steigere, einem Gutachten zufolge, das Wohlbefinden der Badegäste. Das wissen offenbar von weither angereiste Urlauber eher zu schätzen als die dem Putterersee am nächsten Wohnenden. Aber wo gibt es nicht jenen eingefleischten Widerstand, demnach Kleinodien des eigenen Landes in ihrem Wert unterschätzt bleiben?

Das idyllische Badegelände des Putterersees liegt unweit Aigen im Ennstal. Die 13 Hektar große Wasserfläche bietet Platz genug für Surfer und Bootfahrer und hat überdies eigene Schwimmbereiche für Kinder. Rund um den See breitet sich ein Spazier- und Spielgelände aus.

Außerdem lassen sich vom Putterersee eine Reihe lohnender Ziele erreichen, z. B. der Kulm oder die Hohe Trett; aber auch u. a. das Gumpeneck (2226 m) oder Mölbegg (2076 m).

Der Putterersee war für uns als Familie eine gelungene Kombination inmitten der Erholungsregion „Heimat am Grimming", womit gleich feststeht, woher sich der Regionsname ableitet: Vom Hausberg, dem Grimming, jenem Mons Styriae altissimus.

Mölbegg (2080 m) und Hochstein (2183 m)

Dunkles Kristallin als grobes Blockwerk liegt an diesem Traumpfad den Grat entlang. Am weiten Höhenweg finden wir kein Wasser, doch aus dem unerreichbar tiefen Kar funkelt der Hochtalersee wie ein Hauch stiller Ironie.

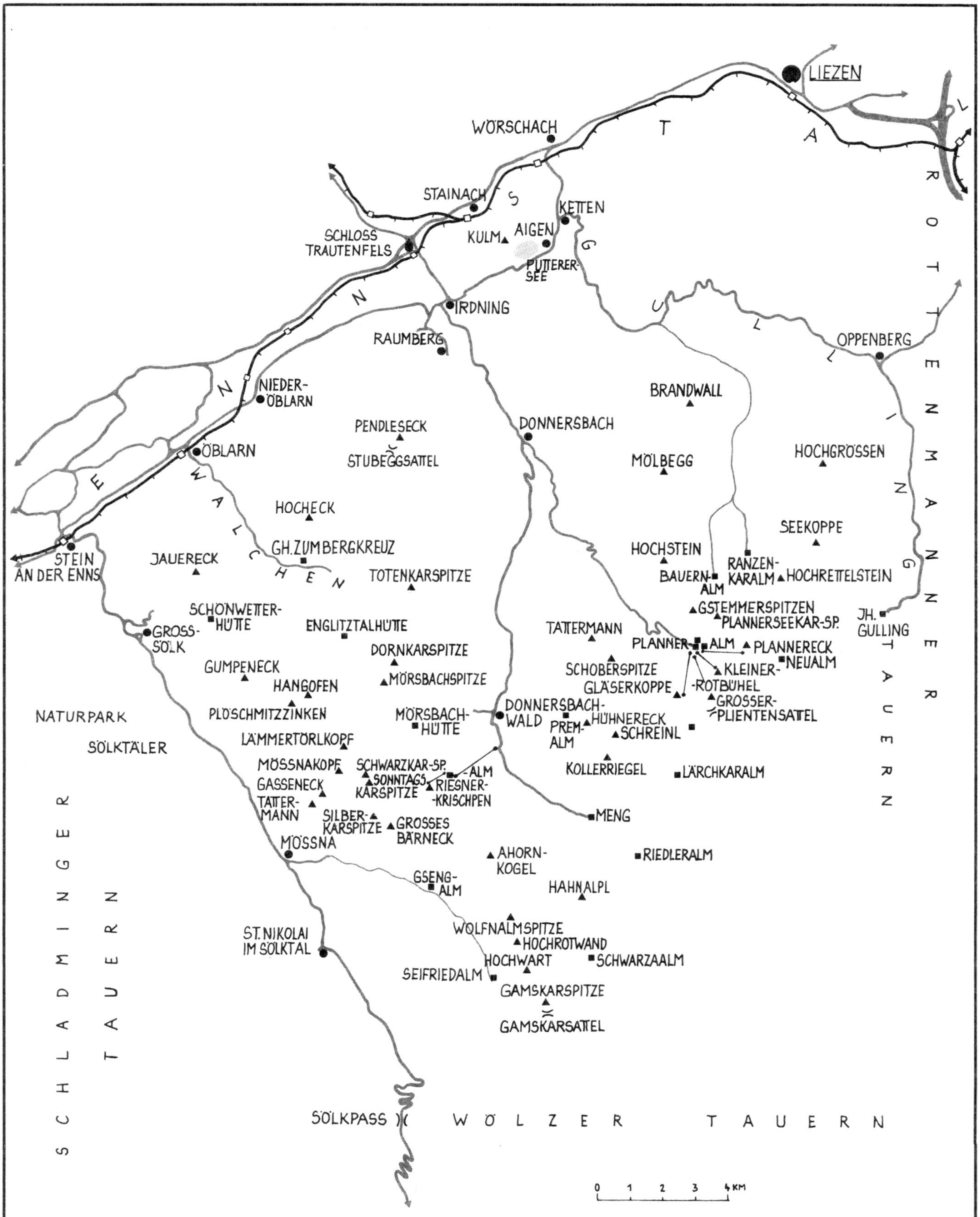
LIEZEN
WÖRSCHACH
STAINACH
KETTEN
SCHLOSS TRAUTENFELS
KULM
AIGEN
PUTTERER-SEE
IRDNING
RAUMBERG
OPPENBERG
NIEDER-ÖBLARN
BRANDWALL
PENDLESECK
STUBEGGSATTEL
DONNERSBACH
ÖBLARN
MÖLBEGG
HOCHGRÖSSEN
HOCHECK
SEEKOPPE
GH. ZUMBERGKREUZ
HOCHSTEIN
STEIN AN DER ENNS
JAUERECK
TOTENKARSPITZE
RANZEN-KARALM
BAUERN-ALM
HOCHRETTELSTEIN
SCHÖNWETTER-HÜTTE
GSTEMMERSPITZEN
PLANNERSEEKAR-SP.
JH. GULLING
GROSS-SÖLK
ENGLITZTALHÜTTE
TATTERMANN
PLANNER-ALM
PLANNERECK
NEUALM
DORNKARSPITZE
SCHOBERSPITZE
KLEINER-ROTBÜHEL
GUMPENECK
HANGOFEN
MÖRSBACHSPITZE
GLÄSERKOPPE
GROSSER-PLIENTENSATTEL
NATURPARK SÖLKTÄLER
PLÖSCHMITZZINKEN
MÖRSBACH-HÜTTE
DONNERSBACH-WALD
PREM-ALM
HÜHNERECK
SCHREINL
LÄMMERTÖRLKOPF
MÖSSNAKOPF
SCHWARZKAR-SP.
SONNTAGS-KARSPITZE
-ALM
RIESNER-KRISCHPEN
KOLLERRIEGEL
LÄRCHKARALM
GASSENECK
TATTER-MANN
SILBER-KARSPITZE
GROSSES BÄRNECK
MENG
MÖSSNA
AHORN-KOGEL
RIEDLERALM
GSENG-ALM
HAHNALPL
WOLFNALMSPITZE
HOCHROTWAND
ST. NIKOLAI IM SÖLKTAL
HOCHWART
SCHWARZAALM
SEIFRIEDALM
GAMSKARSPITZE
GAMSKARSATTEL
ENNSTAL
SALZA / WALCHEN
GULLING
ROTTENMANNER TAUERN
SCHLADMINGER TAUERN
SÖLKPASS
WÖLZER TAUERN
0 1 2 3 4 KM

An diesem 12. Oktober 1986 sind das Mölbegg und der Hochstein nicht bloß Gipfelziele, sondern vielmehr wahre Gipfeltreffen: Zunächst teilen wir am Mölbegg die gemeinsame Rundschau mit einer Irdninger Familie. Dabei erfahren wir vom Tierarzt Dr. Hans Jörg Uray über die Umgebung: „In Mitteregg standen einmal 30 Bergbauernhöfe."

Das Mitteregg ist ein nach Norden ziehendes Hochtal zwischen Mölbegg und Hochgrößen.

Am Ende des Höhenweges, der uns vom Mölbegg der Sonne entgegenführte und über die Edelweißspitze allmählich dem Hochstein näherbrachte, gab es ein Wiedersehen mit Ernst Rüscher und seiner Frau Christl. Sie nützten samt dem sie begleitenden Jagdhund ein paar Tage Betriebsferien, fern ihres Gasthofes „Zur Gemse", der in Donnersbachwald steht.

Noch während dieser unverhofften Begegnung kam weiterer Besuch hinzu: Wie verabredet, war Markus Strobl aus Gleisdorf zu unserer Runde nächst dem Hochsteingipfel gestoßen. Offenkundig war Markus in Eile: „Muß gleich weiter! In Aigen wartet das Mittagessen."

Für Luise und mich dauerte die Tour über den Hochstein mit dem uns von Ernst Rüscher empfohlenen Abstieg durch den Steilgraben noch bis in den späteren Nachmittag. Bei der Rüscher-Jagdhütte war uns die kleine Bank willkommen, diesen begegnungsreichen Herbsttag stimmungsvoll ausklingen zu lassen.

Als wir auf dem alten Planneralmweg durch Furrach allmählich gegen Donnersbach zurückkehrten, konnten wir uns an den Farben des Hochtales kaum sattsehen.

Den Tag rundete schließlich die Hilfsbereitschaft des Gasthausbesitzers Ertlschweiger ab, er brachte uns bereitwillig zu unserem am Ilgenberg abgestellten Fahrzeug zurück. Seither wissen wir, daß der bessere Parkplatz bei der Mautstelle Ertlschweiger liegt, um von hier aus über den Ilgenberg und das höchstgelegene Gehöft Hochbär die Tour auf das Mölbegg zu beginnen.

Auf das Mölbegg:

Aus dem Donnersbachtal: Von Donnersbach (713 m) Zufahrt auf der Planneralmstraße bis zum Gasthof Ertlschweiger (940 m).

Aufstieg zum Mölbegg 3 Stunden; Übergang zum Hochstein 2 Stunden. Für Geübte ist der Übergang zu den Gstemmerspitzen und von dort auf die Planneralm empfehlenswert; weitere 3 Stunden.

Planneralm (1588 m) und Hochrettelstein (2220 m)

Das Hüttendorf auf der Planneralm hat sich seit den sechziger Jahren in jenem Verhältnis vergrößert, in dem sich die Planneralm allmählich zu einem überaus beliebten Schigebiet entwickelte. Planneralm und Plannerkessel werden von einem stattlichen Höhenzug umgeben. Dazu zählen die drei Gstemmerspitzen, die Plannerseekarspitze, der Plannerknot und das Plannereck, woran sich Kleiner und Großer Rotbühel anschließen, hinter denen Plientensattel und Hintergullingspitz liegen. Die Runde wird fortgesetzt mit dem zu Gläserkoppe, Jochspitze, Goldbachscharte, Karlspitze und über die Karlscharte zur Schoberspitze und bis hin zum Tattermann reichenden Höhenzug. Die Planneralm hat weiträumige Verbindungswege, wie die vorhin erwähnten Namen ahnen lassen.

Für mich liegen die ersten Tourentage so weit zurück, daß ich sie noch mit dem Fußweg von Donnersbach in Verbindung halte.

Meine späteren Wiedersehen mit der Planneralm waren meist verbunden mit Fortbildungskursen, schließlich mit einer ausgedehnten Familien-Schitour: Über den Plannersee und den Plannerknot sind wir zum Hochrettelstein hinausgegangen. Dort ließen wir uns vom Firnspiegel gerne verführen, durch die gleißenden Südhänge in die Plienten hinunterzufahren. Dieser Name gilt für die Weißgulling, in deren Ursprungsgebiet wir zum Hasenbichl und zur Neualm wieder aufsteigen und schließlich in den Plientensattel, womit unser Rückweg ab dem Großen Rotbühel mit einer Abfahrt zur Planneralm abgeschlossen werden konnte.

Damals waren wir am späten Nachmittag im Gasthof Lackner willkommen. Seinem humorvollen Hausherrn, dem Donnersbacher Altbürgermeister Franz Lackner, haben wir gerne gelauscht. Ein Stück lebhafter Geschichte hat er wiedergegeben, hat erzählt vom touristischen Werdegang der Planneralm. Sie gehört einer Almgemeinschaft, die aus sieben Bauernfamilien besteht. Dazu zählt auch die Familie Dornbusch aus Aigen. Die Dornbuschhütte auf der Planneralm wurde den zeitbedingten Veränderungen ebenso angepaßt: Aus einem Viehstall wurde eine schmucke Almhütte; sie steht inmitten der Abfahrt zwischen den beiden Rotbühelliften.

Auf die Planneralm:

Aus dem Donnersbachtal: Zufahrt von Donnersbach auf Mautstraße bis in das Almgebiet.

Von der Planneralm bezeichnete Wege auf die Plannerseekarspitze (2067 m) 1¼ Stunden; Hochrettelstein 2 Stunden.

Als Rundtour mit Abfahrt durch die Plienten und Rückweg über Plientensattel 4—5 Stunden.

Vom Hochrettelstein Übergang zur Seekoppe (2150 m) ¾ Stunden; von der Seekoppe auf dem Kammweg zum Hochgrößen (2115 m) 1 Stunde.

Latschenöl von der Planneralm

Die Planneralm hat mit ihren weiten Latschenfeldern eine weitere Bedeutung erlangt: Hier oben wird das als Naturheilmittel geschätzte Latschenkieferöl gewonnen. Das würzig riechende Öl ist unbestritten ein uraltes Volksheilmittel und wird bei bronchialen Erkrankungen wie auch bei Asthma und Keuchhusten angewandt, dient aber auch als Einreibungsmittel gegen Rheuma, Gicht und Nervenentzündungen.

Der aus Tirol stammende Franz Kostenzer war zunächst drüben in der Ramsau am Dachstein mit dem Latschenölbrennen beschäftigt, bevor er auf die Planneralm herübersiedelte. Pro Jahr gewinnt er gemeinsam mit seinem Neffen Günther Kostenzer bis zu 80 Liter Latschenöl. Und weil Franz Kostenzer weit über 85 Jahre alt geworden ist, ist ihm leicht zu glauben, wenn er meint, daß er seine Gesundheit nur dem Latschenkieferöl zu verdanken habe.

Hochgrößen (2115 m)

Während Luise und ich den letzten Jännertag 1987 im Mörsbachgebiet verbrachten, waren Dieter und Rudi nach Oppenberg gefahren, weil sie sich den Hochgrößen zum Ziel gesetzt hatten. Die Schattnerwirtin, Frau Pernhofer, hat uns immer wieder davon erzählt, wie oft und gerne der Hochgrößen vor allem als Schiberg erstiegen werde.

Als Dieter und Rudi ihre Spuren aus der Gulling, gegenüber von Oppenberg, recht eigenwillig steil zum Tröschmitzboden anlegten, waren sie wieder einmal in ihrem gewohnten Ruck-Zuck-Stil unterwegs. Denn vom Steinkarlsee waren sie geradewegs durch das verblockte steile Gelände auf den Vorgipfel des Hochgrößen aufgestiegen und wie in einer Direttissima auf den Gipfel gekommen. Irgendwann zu Mittag waren die beiden Freunde bereits wieder zu Hause in Graz — eigentlich viel zu früh an solch schönem Tag.

In ihren steilen Spuren am Hochgrößen war zur selben Mittagszeit eine zweite Gruppe beschäftigt, sich allmählich dem Gipfel zu nähern. Wie die Schattnerwirtin uns bei einem späteren Besuch erzählte, dauerte es bis zur Dämmerung, daß diese kleine Gruppe endlich wieder zurückgefunden hatte; die geländebedingten Anforderungen am Hochgrößen waren ihr offenbar um drei Schuhnummern zu groß gewesen.

Während im Hochwinter der Hochgrößen über seine Nordseite erstiegen und befahren wird, bringt das Frühjahr einen Höhepunkt an der Südseite: Die Abfahrt in die Rieden.

Nach diesen beiden auf den Winter ausgerichteten Touren bleibt noch zu erwähnen, daß dem Erlebnis am Hochgrößen auch an einem Herbsttag nachgegangen werden sollte. Damit wäre wieder einmal der Jahrlauf in den Niederen Tauern abgerundet.

Auf den Hochgrößen:

Aus der Gulling: In Oppenberg (1006 m) vom Gh. Schattner zur Gulling hinunter und durch das nordseitige Waldgelände auf Forststraßen und einem sehr steilen Jagdsteig über die Tröschmitz-Jagdhütte zum Steinkarlsee. Hierher auch aus der Gulling, sowohl von Oppenberg wie von Vorberg beim ehem. Bachwirt. Vom Steinkarlsee über Bohringeralm und Steinkarlalm.

Von Oppenberg 3½ Stunden, vom Bachwirt 4½ Stunden.

Schreinl (2154 m)

Wie eine Halbinsel steht der südwestseitige Stock der Planneralmberge da. Das Donnersbachtal bildet jene Grenze, die bis an das Ende der Fahrstraße beim Gehöft Mengg reicht. Von hier an, am Ostfuße des Schreinl, bilden Lärchkarbach und Goldbach eine weitere natürliche Grenze. Gleichzeitig sind beide Bäche eine Grenze zwischen Wölzer und Donnersbacher Tauern.

Das Schreinl als höchster Gipfel dieses Bergstockes überragt jene Umgebung, in der das Hühnereck und der Michlirlingsee liegen, die Michlirlingalm und Premalm. Im Norden sind es die bekannten Gipfel wie Tattermann, Schoberspitze und Karlspitze.

Zur Umgebung von Donnersbachwald gehört die Premalm. Sie liegt in einer Seehöhe zwischen 1600 und 1800 m, und wir haben die Premalm wie eine Sonnenterrasse empfunden. Sie ist ein ursprüngliches, mit Zirben bestocktes Gelände, in dem wir an einem Frühjahrswochenende einsame Gäste waren.

Viel eher noch wird das Schreinl als Schiberg aus dem Plannerkessel erstiegen, wobei die Abfahrt vom Schreinl zur Stalla-Alm in den Ursprungsbereich des Goldbaches hinunterführt.

Wie rundum in den Niederen Tauern, so hat auch das Schreinl seinen beständigen Wert im Winter wie im Sommer. Deshalb wird es gerne mitaufgesucht in Zusammenhang mit der Durchwanderung des Zentralalpenweges, der die Karlspitze berührt und von der aus ein kurzer, leicht begehbarer Höhenweg zum Schreinl nach Süden führt.

Auf das Schreinl:

Aus dem Donnersbachtal: Zufahrt nördlich des Dorfes Donnersbachwald zum Gehöft Rudorfer vlg. Prem (970 m), auf einer etwa 8 km langen Forststraße bis zur Premalm (1613 m). Von der Premalm übers Hühnereck 1½ Stunden.

Von der Planneralm (1588 m) über die Goldbachscharte und Karlspitze 1½ bis 2 Stunden.

Im Winter mit Hilfe des Gläserkoppen-Schleppliftes um ¾ Stunden kürzer.

Das Mörsbachgebiet mit dem Großen Bärneck (2071 m)

Um 1926/27 erbaute der Bauer Gürtler vlg. Steger auf der Vorderen Mörsbachalm eine Hütte. Sie wurde 1930 von der Alpenvereinssektion Reichenstein erworben. Damit hatten die „Reichensteiner“ als Besitzer der Planneralmhütte gleichzeitig im Mörsbachgebiet Fuß gefaßt. Von 1939 bis 1957 war die Mörsbachhütte offiziell Eigentum der Sektion Prag; die ältesten Wolldecken hatten bis in die siebziger Jahre an diesen Besitzernamen erinnert. Doch bereits ab 1950 wurde die Mörsbachhütte von der Alpenvereinssektion Graz verwaltungsmäßig betreut und schließlich 1957 grundbücherlich erworben.

Die Chronik von Hütte und Mörsbachalm weiß Theobald Dürr flink zu erzählen. Mit seiner Frau Veronika bewirtschaftet er die Mörsbachhütte seit 15. Mai 1977, womit bei unserem Besuch Anfang Feber 1987 ein weiterer wichtiger Grund gefunden war, auf unser aller Wohl anzustoßen.

An jenem Wochenende war das Steirische Landesjugendreferat im Mörsbachgebiet zu Gast: Über 50 Teilnehmer hatten sich zu einem Tourenwarte-Fachkurs eingefunden. Unter der technischen Leitung von Prof. Klaus Ruckenbauer war dieser speziell auf Lawinenkunde ausgerichtete Fortbildungskurs nicht nur fachlich erfolgreich geworden. Ein tiefblauer Himmel und stäubender Pulverschnee rundeten das Wochenende zu jenem Erlebnis ab, wie es sich Schifahrer als Urlaubsgäste im eigenen Land wünschen.

Im Mörsbachgebiet sind die Winter- und Sommertouren auf gleiche Ziele gerichtet: Hintere Mörsbachalm, Schusterboden, Schwarzkarspitze, Sonntagskarspitze, Gstemmerscharte, Gstemmerspitzen, Kleines Bärneck, Silberkarspitz, Silberkar und Riesner Krischpen lassen sich jeweils mit dem Großen Bärneck verbinden. Der gute Name des Mörsbachgebietes hat vor allem Schitourenfahrer immer wieder aufgerufen, hierher zu kommen.

Wir kennen das Mörsbachgebiet erst recht als eine erlebnisreiche Erholungslandschaft, wie sie vor allem Familien im Sommer schätzen: Rundum sprudelt reichlich Wasser, an dem sich Kinder nie langweilen können, weil sie hier ein ideales Spielgelände finden.

Spazierwege über Almbereiche, Wege durch Bergwald, Steige durch Kare zu hohen Übergängen lassen aus dem Mörsbachgebiet Anschluß finden vor allem zum Großsölktal, wohl auch ins Ramertal; schließlich über das Donnersbachtal hinweg und hinauf zur Planneralm.

Im Mörsbachgebiet haben wir uns immer wohlgefühlt.

Auf das Große Bärneck:

Aus dem Donnersbachtal: Von Donnersbachwald (976 m) Aufstieg zur Mörsbachhütte (1303 m) 1 Stunde.

Von der Mörsbachhütte: Über die Hintere Mörsbachalm auf das Große Bärneck 2 Stunden; zum Schusterbodenhütterl und auf den Lämmertörlkopf (2046 m) wie auf die Schwarzkarspitze (1996 m) jeweils 2 Stunden; vom Lämmertörlkopf Übergang zu Hangofen und Gumpeneck 2½ Stunden.

Von Donnersbachwald mit der Riesneralm-Doppelsesselbahn und mit dem Schlepplift auf den Riesner Krischpen; Abfahrt zur Hinteren Mörsbachalm und von ihr auf das Große Bärneck 1½ Stunden.

Aus dem Großsölktal: Von Mössna (1023 m) auf dem Zentralalpenweg auf die Gstemmerscharte und aus ihr über Silberkarspitz auf das Große Bärneck 3¼ Stunden.

Hangofen (2056 m), Plöschmitzzinken (2095 m) und Gumpeneck (2226 m)

Mit 4600 freiwilligen Arbeitsstunden haben Mitglieder der Alpenvereinssektion Öblarn jenen bis dahin jüngsten Stützpunkt geschaffen: Am 11. Oktober 1986 fand die mit der traditionellen Bergmesse verbundene Einweihungsfeier für die Englitztalhütte statt. Damit war ein großes Projekt der Sektion Öblarn abgeschlossen.

Der Umbau und die Erweiterung der alten Englitztalhütte waren notwendig geworden, weil die Pachtverträge für die ebenfalls im Englitztal stehende Kreisterhütte und Schupfenhütte im Auslaufen waren. Dank eines großzügigen Entgegenkommens des Grundbesitzers, Dipl.-Ing. Graf Coloredo Mansfeld, konnte die Hüttensanierung bereits zu Pfingsten 1985 begonnen werden.

Wenngleich alle Mitglieder des Alpenvereins von Öblarn, und darüber hinaus noch eine große Zahl von Freunden, diese Hüttensanierung mit Spenden und Mitarbeit, also mit echt persönlichem Einsatz förderten, so ragt vor allem die Leistung des Hüttenwart-Ehepaares Martha und Hans Stieg heraus. Diese besondere Leistung würdigte der Sektionsvorsitzende Dr. Heinz Becvar anläßlich der Hüttenweihe.

Wie bei einer Sternwanderung waren Hunderte von Gästen aus der Walchen heraufgekommen, um diesen wahrhaft festlichen Tag mitzuerleben.

Die Mittagszeit war schon vorbei, als Luise und ich uns allmählich von dem festlichen Trubel absetzten und gegen den Hangofen anstiegen: auf einem traumhaft schönen Weg.

Aus dem hinteren Englitztal sind wir zu den — leider bereits großteils verfallenen — Almhütten heraufgekommen; im Gegenlicht der Nachmittagssonne war der Hangofen an seiner Nordseite in ein dunkles Blau gehüllt, vor dem sich Gräser und Lärchen in roten und goldenen Farben abhoben.

Vom Hangofen ist's nicht weit auf den Plöschmitzzinken, also gingen wir dort hinüber und hielten von ihm Ausschau auf das Großsölktal. Wie bei allen Rundblicken in den Donnersbacher Tauern war auch dieses Mal der Große Knallstein der Mittelpunkt.

Wer im Englitztal zu Gast ist, sollte wissen, daß am Hangofen und Plöschmitzzinken der darüberführende Höhenweg aus dem Mörsbachgebiet kommt und zum Gumpeneck hinüberleitet.

Von der Ennstalstraße zwischen St. Martin am Grimming und Gröbming ist das Gumpeneck als markant geformter Berg deutlich zu erkennen. Dabei fällt vor allem seine Nordwestflanke auf; sie zieht vom Gipfel in das zwischen Zinken und Blockfeldspitz eingebettete Kar. In ihm entspringt der Feisterbach. Er sprudelt über die Gumpenalm, an deren unterem Rand die Schönwetterhütte steht. An ihr hat die Alpenvereinsjugend von Gröbming, angeleitet vom unverwüstlichen Toni Hirschmann, Geld, Zeit und Ideen investiert und so diese Hütte zu einem lohnenden Stützpunkt ausgebaut.

Wenn Gumpeneck, Kühofenspitz, Plöschmitzzinken, Hangofen, Lämmertörlkopf und Ramertal erwähnt werden, dann wissen wir, daß Schönwetterhütte und Englitztalhütte dazugehören.

Auf den Hangofen:

Aus dem Ennstal: Von Öblarn Zufahrt durch die Walchen bis nach dem Gasthaus „Zum Bergkreuz" (985 m). Aufstieg unter dem Steinbruch der Weißen Wand zur Englitztalhütte (1328 m) 1 Stunde.

Durchs Englitztal auf den Hangofen 2 Stunden. Übergang zum Plöschmitzzinken 1/4 Stunde; aufs Gumpeneck 1 1/2 Stunden.

Auf das Gumpeneck:

Aus dem Großsölktal: Bezeichnete Zufahrt unweit Großsölk bis zum Gehöft Koller (1120 m). Aufstieg zur Schönwetterhütte (1442 m) 3/4 Stunden. Von hier über Gumpenalm und Blockfeldspitz 2 Stunden. Weiterer Aufstieg von Großsölk (941 m) am Feuerbach zur Schönwetterhütte 1 1/4 Stunden.

Stützpunkte

Die Donnersbacher Tauern haben vor allem im Bereich der Planneralm eine stattliche Reihe von Stützpunkten aufzuweisen, die sommers und winters zur Verfügung stehen.

Im Bereich des hinteren Donnersbachtales liegen die Stützpunkte im Ort Donnersbachwald. Der einzige höher gelegene Stützpunkt im hinteren Donnersbachtal ist die im Sommer und Winter bewirtschaftete Mörsbachhütte.

Englitztalhütte (1328 m): unter dem Gumpeneck. Selbstversorgerhütte; Hüttenwart Hans Stieg, A-8960 Öblarn 174; Tel. 0 36 84/430. Zugang von der Walchen, nahe Gh. Bergkreuz 1 Stunde. Übergang zur Mörsbachhütte 3½ Stunden, zur Schönwetterhütte 4½ Stunden.

Gipfel: Hangofen 2 Stunden, Gumpeneck 3 Stunden.

Mörsbachhütte (1303 m): Ganzjährig bewirtschaftet, außer Mai und November. A-8953 Donnersbachwald; Tel. 0 36 80/240. Zugang von Donnersbachwald 1 Stunde. Übergang nach Mößna 3½ Stunden, zur Englitztalhütte 3 Stunden.

Gipfel: Gr. Bärneck 2½ Stunden, Lämmertörlkopf 2 Stunden, Gumpeneck 4 Stunden.

Planneralm (ca. 1575 m):
- *Gasthof Planneralpe,* Tel. 0 36 83/205 (Josef Stieg)
- *Gasthof Tauernhaus,* Tel. 0 36 83/210 (Herbert Herdlicka)
- *Plannerhütte,* Tel. 0 36 83/296
- *Dornbuschhütte,* Selbstversorgerhütte
- *Universitätsheim Graz,* Tel. 0 36 83/268.

Öffnungszeiten für alle Gaststätten Anfang/Mitte Juni bis Mitte Oktober und Ende November bis Ende April. A-8952 Donnersbach. Zufahrt von Donnersbach auf Mautstraße. Übergang zur Mörsbachhütte über Goldbachscharte 5¼ Stunden.

Gipfel: Schoberspitze 2½ Stunden, Plannerseekarspitze 1¼ Stunden, Hintergullingspitz 1½ Stunden, Hochrettelstein 2 Stunden.

Schönwetterhütte (1442 m): auf der Gumpenalm. Anfang Juli bis Anfang September bewirtschaftet, übrige Zeit Selbstversorger. Schlüssel bei Anton Hirschmann, A-8962 Gröbming 481; Tel. 0 36 85/20 8 54. Zugang vom Großsölktal, Gehöft Koller 1 Stunde, von Großsölk 3 Stunden. Übergang zur Mörsbachhütte 6 Stunden, Gumpeneck — Englitztal — Walchen 6 Stunden, nach Öblarn 3 Stunden.

Gipfel: Gumpeneck 2 Stunden, Zinken 1½ Stunden, Schönwetterberg 1 Stunde.

Schladminger Tauern

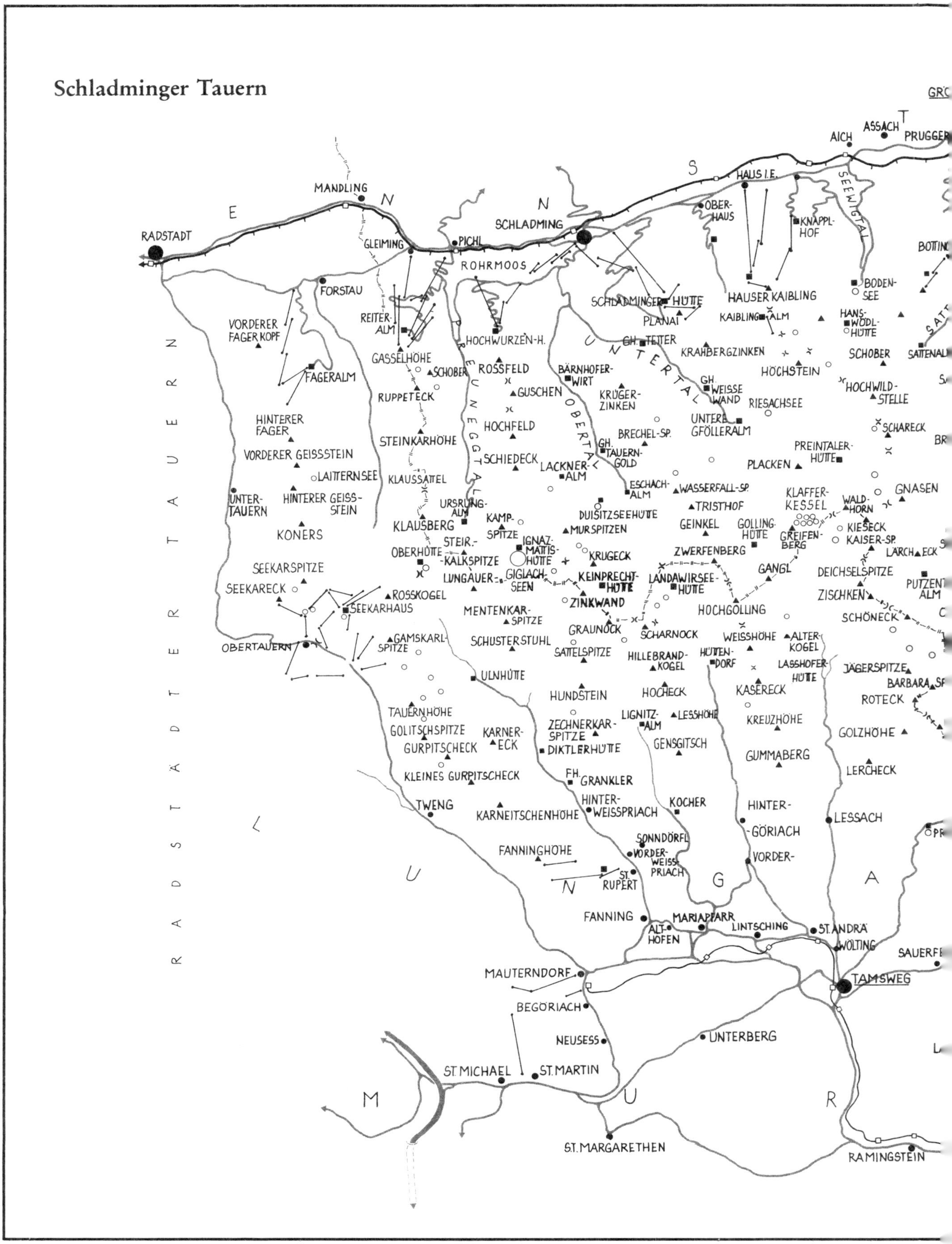

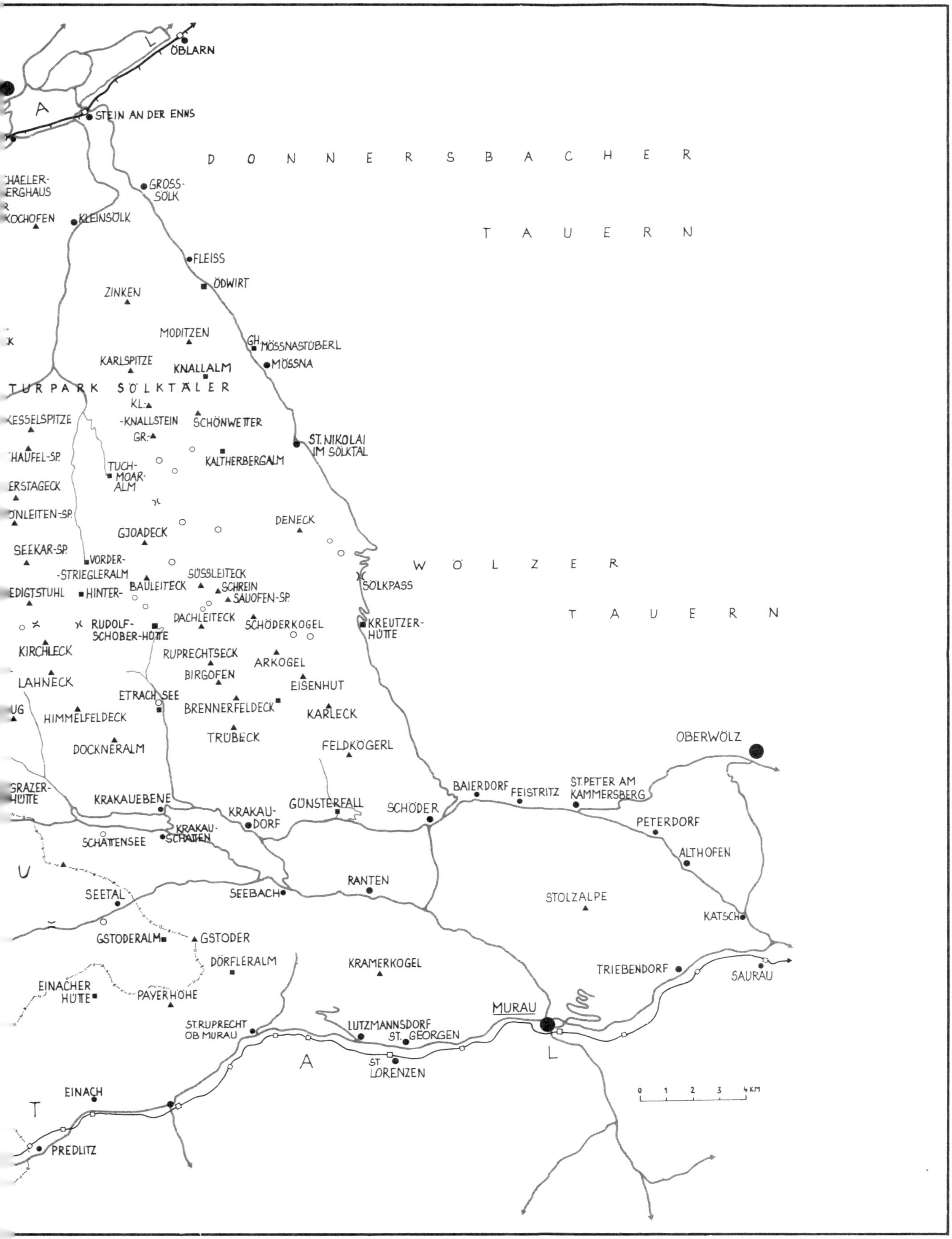

ÖBLARN
STEIN AN DER ENNS
D O N N E R S B A C H E R
T A U E R N
GROSS-SOLK
KLEINSÖLK
KOCHOFEN
FLEISS
ÖDWIRT
ZINKEN
MODITZEN
GH MÖSSNASTÜBERL
MÖSSNA
KARLSPITZE
KNALLALM
TURPARK SÖLKTÄLER
KL.-KNALLSTEIN
GR.
SCHÖNWETTER
ST. NIKOLAI IM SÖLKTAL
KALTHERBERGALM
TUCH-MOAR-ALM
GJOADECK
DENECK
SEEKAR-SP.
VORDER-STRIEGLERALM
HINTER-
BAULEITECK
SÜSSLEITECK
SCHREIN
SAUOFEN-SP.
W Ö L Z E R
T A U E R N
SÖLKPASS
RUDOLF-SCHOBER-HÜTTE
DACHLEITECK
SCHÖDERKOGEL
KREUTZER-HÜTTE
KIRCHLECK
RUPRECHTSECK
ARKOGEL
BIRGOFEN
EISENHUT
LAHNECK
ETRACH SEE
BRENNERFELDECK
KARLECK
HIMMELFELDECK
TRÜBECK
DOCKNERALM
FELDKÖGERL
OBERWÖLZ
BAIERDORF
FEISTRITZ
ST. PETER AM KAMMERSBERG
KRAKAUEBENE
KRAKAU-DORF
GÜNSTERFALL
SCHÖDER
PETERDORF
KRAKAU-SCHATTEN
SCHATTENSEE
ALTHOFEN
RANTEN
SEEBACH
SEETAL
STOLZALPE
KATSCH
GSTODERALM
GSTODER
DÖRFLERALM
KRAMERKOGEL
TRIEBENDORF
SAURAU
EINACHER HÜTTE
PAYERHÖHE
MURAU
ST. RUPRECHT OB MURAU
LUTZMANNSDORF
ST. GEORGEN
A
L
ST. LORENZEN
0 1 2 3 4 KM
EINACH
PREDLITZ

Schladminger Tauern

Großer Knallstein (2599 m)

Immer wieder war diese auffallende Pyramide in unser Blickfeld geraten. Was lag näher, als den Knallstein endlich aufzusuchen!

Noch war das Dörfchen St. Nikolai im Sölktal auf seiner ursprünglichen kurvenreichen Straße zu erreichen, wenngleich ein Großteil der neuen Straße fertiggestellt war, dort und da mächtige Betonfundamente darauf warteten, daß die Brückentragwerke darübergelegt würden. Die Freude an der ausgebauten Großsölkstraße ist deshalb nicht ungeteilt. Und das Naturerlebnis aus einem bis vor kurzem noch ursprünglichen Tal verdrängt.

1. Reihe (v.l.n.r.):
Die Triebentalhütte, eine Selbstversorgerhütte der Akademischen Sektion Graz.
Die Sonnleitnerhütte entstand aus einem einstigen Bauernhaus und dient als Stützpunkt in den Gaaler Tauern.
2. Reihe:
Die Edelrautehütte in den Rottenmanner Tauern wurde 1926 erbaut. Im Hintergrund der Große Bösenstein, rechts das Hauseck.
Die Mörsbachhütte in den Donnersbacher Tauern, mit dem Tourengelände der Schwarzkarspitze.
3. Reihe:
Die Keinprechthütte, Schladminger Tauern, am Tauern-Höhenweg. Auch von ihr aus erfolgt der Zugang zum OeAV-Stollenlehrpfad der Zinkwand. Im Hintergrund der Pietrach.
Die Duisitzseehütte in den Schladminger Tauern: Ein willkommener Stützpunkt nicht nur bei Tagesausflügen von der Eschachalm, sondern vor allem bei der Rundtour in Verbindung mit Ignaz-Mattis-Hütte und Keinprechthütte.
4. Reihe:
Die Englitztalhütte in den Donnersbacher Tauern, am Tage ihrer Eröffnung am 11. Oktober 1986, womit gleichzeitig der 35jährige Bestand der Sektion Öblarn gefeiert wurde.
Die Ignaz-Mattis-Hütte in den Schladminger Tauern, benannt nach ihrem aus Wien stammenden Erbauer Dir. Ignaz Mattis. Er wurde gemeinsam mit Dir. Theodor Karl Holl, der ebenfalls aus Wien stammte, für seine tatkräftige Erschließung der Schladminger Tauern am 26. November 1927 zum Ehrenmitglied der Sektion Schladming ernannt. *Fotos: G. Auferbauer*

ÖAV-Jugendheim
Sonnleitnerhütte

Auf der Kaltherberghütte sind Wegtafel und blaue Markierfarbe bescheidene Zeugen, die uns im groben die Richtung weisen, wohin wir unsere Tour zum Knallstein fortzusetzen haben.

Beim Unteren und Oberen Klaftersee kommen wir allmählich an diesen stattlichen Gipfel heran, sehen vom zunehmend steiler werdenden Rücken in die Kare, in denen Weißensee und Ahornsee liegen.

Vom Gipfel aus reicht unsere Rundschau in die Schladminger, Wölzer und Donnersbacher Tauern, mit der wir Vergangenes und Künftiges in Gedanken verbinden. Wie könnte es anders sein bei dieser Vielfalt von Gipfeln und Bergen!

Auf den Großen Knallstein:

Aus dem Großsölktal: Von St. Nikolai im Sölktal (1128 m) über Kaltherbergalm 5 Stunden.

1. Reihe (v.l.n.r.):
Die Landawirseehütte im Göriachwinkel, Schladminger Tauern, als willkommener Stützpunkt für Touren zu Hochgolling, Samspitze, Pietrach und Scharnock. Unweit der Hütte liegen die beiden Landawirseen.
Die Grazerhütte in den Schladminger Tauern am 25. Juni 1978, dem Eröffnungstag nach dem Umbau. Im Hintergrund der Preber.
2. Reihe:
Die Rudolf-Schober-Hütte liegt ebenfalls an der Südseite der Schladminger Tauern. Ihre einladende Umgebung gleicht einem großen Park.
Die Südwienerhütte am Tauern-Höhenweg in den Radstädter Tauern hat wieder einen guten Namen. Die Hütte dient vor allem als Stützpunkt für Touren auf die Pleißlingkeile.
3. Reihe:
Die neue Franz-Fischer-Hütte in den Radstädter Tauern, unweit vom Zaunersee erbaut, eröffnet den Ausblick von den Niederen Tauern zu den Hohen Tauern. Im Hintergrund rechts die Ankogelgruppe.
Die Tappenkarseehütte, Radstädter Tauern, steht ober dem großen Tappenkarsee. Im stattlichen Haus fühlen sich die Gäste nicht nur im Sommer wohl. Wer im Winter in das Tappenkar kommt, findet bei dieser Hütte einen großen Winterraum vor.
4. Reihe:
Die Sticklerhütte im Mur-Ursprungsgebiet in den Radstädter Tauern läßt sich in den Tauern-Höhenweg miteinbeziehen. Vor allem dient die Sticklerhütte als Stützpunkt für die Touren auf das Weißeck und zum Mur-Ursprung.
Das Albert-Biwak an seinem Eröffnungstag, dem 16. August 1986. Die schmucke Hütte steht unweit der Schmalzscharte in den Radstädter Tauern und ist vor allem als Unterstand gedacht im Zuge der langen Tagesetappe zwischen Tappenkarseehütte und Osnabrückerhütte. *Fotos: G. Auferbauer*

Deneck (2433 m)

Zwischen Sölkpaß und St. Nikolai im Sölktal entdecken wir im Frühjahr die Abgeschiedenheit dieses Berges. Mit Dieter suchen wir uns den Weg von der Kaltenbachalm zum Oberen Kaltenbachsee, der hinter einer Stirnmoräne liegt, über die wir uns gegen Westen halten. Wie auf einem Damm erreichen wir das jenseitige Kar, durch das wir mit Hilfe eines gut begehbaren Rückens auf ein Hochplateau finden, das mit Etrachböden bezeichnet wird.

Von hier aus ist der Weg noch leichter zu finden: Geradewegs nach Norden aufsteigend, sind wir an jenem Steilstück, mit dem sich der Gipfel darstellt. Ein von Sturm und Wetter ausgebleichtes Gipfelzeichen, das entfernt an ein Kreuz erinnert, dort hocken wir eng beisammen, gegen den Wind gewandt, und überblicken gegen Osten die zum Greifen nahen Berge der Wölzer und Donnersbacher Tauern.

Das Deneck ist durchaus zu allen Jahreszeiten gut zu erreichen, doch wir waren an diesem Frühjahrstag mit den Schiern unterwegs und hatten deshalb noch eine weit ausholende Abfahrt durch das Sonnkar vor uns.

Wir haben dabei den Grasrinnrücken überquert und deshalb ein paar Höhenmeter die Schi darübergetragen, doch nach dieser kurzen Unterbrechungsstelle lag die Abfahrt mit ihren Firnhängen vor uns. Bei der Kaltenbachalm waren wir uns einig: Hier bleiben wir für eine Stunde.

Eine Schitour mit einem solch gemütlichen Ausklang, auf aperem Boden sitzend, gegen einen Baum gelehnt und im milden Frühjahrstag ein wenig dösend, das haben wir uns einstimmig zugestanden. Luise und ich richteten uns nach einer Weile allmählich für die weitere Abfahrt ein. Da rief Dieter: „Wo brennt's?“

Von Feuer sahen wir keine Spur. Doch offenbar war es Dieter bei seinem Nickerchen an der Sonne zu heiß geworden.

Wir brauchten nur noch kurze Zeit, um in der gemütlichen Stube des Gasthofes Gamsjäger in St. Nikolai unseren Durst zu löschen.

Auf das Deneck:

Aus dem Großsölktal: Von St. Nikolai (1127 m) im Frühjahr z. T. bereits geräumte Straße, auf eigene Gefahr befahrbar, deshalb Aufstieg meist aus dem Bereich des Hüttfeldes (1368 m) über Kaltenbachalm und Etrachböden 3½ Stunden.

Aus dem Katschtal: Von der Kreutzerhütte (1378 m) am Katschbach aufwärts und nach dem Jagdhaus Aufstieg zur Stampferhütte und durch den zunehmend steiler werdenden Südhang auf die Etrachböden; 3½ Stunden.

Schöderkogel (2500 m)

Am liebsten suchen wir uns die Ziele aus der Karte: Im Ursprungsgebiet des Katschbaches, bei der Hinteren Ginglhütte, erwartet uns jenes Gelände, wie wir es im späten Frühjahr bei unseren Schitouren schätzen: Durchwegs steil, jedoch sicher, weil auch übersichtlich und mit Geländestufen durchzogen; also gibt's Mulden und Kuppen, darüber ein abschließendes Kar.

Auf grobem, gut zu begehendem Blockwerk steigt unsere Tourengruppe auf diesem Südgrat dem Schöderkogel entgegen.

Auf dem Gipfel sitzend, mit dem Rücken gegen eine steil aufragende Nebelmauer gewandt, beobachten Luise und ich, wie die Sonne die von Norden herantreibenden weißen Schleier aufsaugt. Doch der Wind treibt erneut Nebelmassen heran und schiebt sie über den Tauern-Hauptkamm in die sonnenwarmen Täler vor. Während die Luft im Süden flimmert, also Wärme verheißt, rüttelt hier auf dem Schöderkogel der Wind mit solcher Heftigkeit, daß wir gerne daran denken, abzusteigen.

In langen Fahnen streichen die Wolken an dem nach Süden ziehenden Kamm, bis zum Eisenhut entlang.

Ein Traum von Wind, Sonne und Wolken.

An diesem Tag trägt uns der Firnschnee weit hinaus, am Katschbach entlang. Bei der Kreutzerhütte liegt rundum das Frühjahr. Ein leichter Luftzug trägt immer wieder den Duft frisch gespaltenen Holzes zu uns heran.

Wie gerne sind wir im eigenen Land zu Gast.

Auf den Schöderkogel:

Aus dem Katschtal: Von der Kreutzerhütte (1378 m) 4 Stunden. Über Unteren und Oberen Zwieflersee gleich lang. Von den Seen auch auf den Eisenhut.

Schrein (2410 m)

Die Juni-Sonne hatte uns eindringlich bewiesen, daß zum Firngleiten nicht mehr die richtige Zeit sei. Doch hartnäckig, wie wir Menschen sein können, suchten wir so lange nach Schnee, bis wir ihn im Kar oberhalb der Sauofenseen gefunden hatten.

Nahezu vorsichtig waren Helmut, Christa und Wolfmar über den Blütenteppich ausgeschritten, der sich auf der Grafenalm ausgebreitet hatte.

Im Gegenlicht des Morgens stand der Schrein dunkel zu unserer Linken. Nur sein Ostgrat war von Sonne und Wärme überflutet. Umsichtig verstauten wir unsere Firngleiter am Fuße dieses Ostgrates, um diesen recht selten aufgesuchten Schrein in kurzer, doch ansprechender Kletterei zu ersteigen.

Da hielten wir tatsächlich ein wertvolles Gipfelbuch in der Hand: Fein säuberlich mit Tusche war die erste Seite gezeichnet und beschrieben, versehen mit dem Datum 25. März 1951.

Ein echtes Dokument steirischer Alpingeschichte.

Am 15. Mai 1948 haben Liselotte Buchenauer und Johann Fruhmann dazu den ersten und wesentlichen Schritt gesetzt: Mit ihrer Erstbegehung über den Ostgrat und der damit verbundenen Überschreitung mit dem Abstieg über den Westgrat.

Doch für uns war der Rückweg vorgegeben: Wir stiegen über den Ostgrat zurück, nahmen die Firngleiter auf und freuten uns wie beschenkte Kinder über die Abfahrt. Mutwillig stapften wir noch zur Toreben hinauf, um die Höhenmeter mit unseren Firngleitern halbwegs in ein Verhältnis zu bringen, zu Anfahrt und Anstieg an diesem Frühsommer-Wochenende.

Auf den Schrein:

Aus der Krakau und dem Etrachtal: Von der Rudolf-Schober-Hütte (1667 m) 2½ Stunden.

Bauleiteck (2424 m)

Der Hausberg nördlich der Rudolf-Schober-Hütte: Allein der Anstieg zum Unteren Wildenkarsee hat uns bereits in Urlaubsstimmung entrückt, so, als hätten wir reichlich Zeit und müßten nicht schon morgen in die Stadt zurück. Auf dem Gipfel sitzen wir als Quartett beisammen, und der gewichtigste von uns, also Helmut, spricht für uns aus seinem Herzen: Ein Glückwunsch für Christa zu ihrem Namenstag.

Über die Schimpelscharte und über die Schimpelspitze sehen wir zum Süßleiteck hinüber. Gegen Norden stehen die Hasenohren.

Den Nachmittag verbringen wir in der Umgebung des Oberen Wildenkarsees; wie in der Arktis bewegen sich blau und grün schimmernde Eisblöcke auf seinem dunklen Wasser.

Hin und wieder rollt ein Stein aus einer der steilen, dem Grat nahen Rinnen, die zur Steinkarspitze hinaufführen.

Nur noch unsere Stimmen durchdringen diesen Winkel der Ruhe.

Unser Abstieg am späten Nachmittag führt bis zur Schoberhütte; wie in einem Hain steht sie inmitten von Zirben.

Ein schöner Platz.

Auf das Bauleiteck:

Aus der Krakau und dem Etrachtal: Von der Rudolf-Schober-Hütte (1667 m) 2 Stunden.

Seetal und Gstoder (2140 m)

Die Ferienregion „Tauern Süd“ hält im Bereich der Landesgrenze Steiermark/ Salzburg im Bezirk Murau eine ganzjährige Einladung bereit: Der 2140 m hohe Gstoder läßt sich vom Dörfchen Seetal, also von Norden her, durch ein überaus anmutiges Hochwaldgelände erreichen.

Wie ein Inselberg ragt der Gstoder zwischen dem Murtal und der Südseite der Schladminger Tauern auf und bietet deshalb einen umfassenden Einblick in die ausgedehnten Tourenbereiche von Gummaberg, Preber, Dockneralm, Dorferalm bis hinüber zu Eisenhut und Greim, womit erst ein Bruchteil des Ausblickes, der gegen Norden gewährt wird, erwähnt ist.

Das Seetal als nordseitige Grenze des Gstoder wird unweit jener eigenwilligen Hausgruppe von Klausen, wo ein denkmalgeschütztes Tor mit darüber aufwachsender Zirbe steht, von der Landesgrenze durchtrennt. Das Heimathaus von Dr. Eduard Macheiner (1907—1972), einst Erzbischof von Salzburg, steht nur wenige Meter von der steirischen Landesgrenze entfernt.

Das Dorf Seetal zeigt sich mit seinen Familienhäusern und zum Teil behäbig daliegenden Bauernhäusern eher als Streusiedlung.

Der namengebende Seetaler See hat von seiner ursprünglichen Größe seit 50 Jahren zwar viel verloren, aber seinen ideellen Wert als Naturschutzgebiet dokumentiert erhalten.

Und wie immer, wenn Luise und ich bei unseren Touren in den Bauern- und Wirtshäusern Hintergrundinformation erfragen, stoßen wir auf offene Ohren: Gemeinsam mit Freunden waren wir willkommene Gäste in der behaglichen Stube des Bauerngasthauses der Familie Nöstler. Von hier aus haben wir unsere Tour auf den Gstoder begonnen, und mit einem gemütlichen Umtrunk auch ausklingen lassen.

Auf den Gstoder:

Nahe dem Gh. Nöstler, bei einem großen Holzplatz, weist eine Tafel gegenüber der biederen Volksschule zum Gstoder. Auf dem Fahrweg durch die Hausgruppe „In der Stadt" auf den Dürriegel und dahinter zu einer hübschen Lichtung, wo ein breiter Fahrweg erreicht wird. Nun links diesen Fahrweg aufwärts, und entweder auf ihm oder jenseits des Gstoderbaches, den zaghaften blauen Markierungen folgend, auf die Seetaler Alm (1665 m). Bei den hinteren Seetaler Hütten, eher leicht rechtshaltend, durch lichten Wald auf einen Rücken und über ihn in das freie Gelände. Dabei dem Zaun nach, der die Landesgrenze bildet, auf den Gipfel, wo jene nahe dem Gipfelkreuz stehende Bank sogar im Winter willkommen sein mag. 2½—3 Stunden.

Rückweg bzw. Abfahrt wie Anstieg.

Anmerkung: Im Winter ist der Gstoder ein beliebtes Ziel bei jedem Wetter, vor allem auch als Schnuppertour für alle jene, die mit dem Tourengehen vertraut werden wollen.

Predigtstuhl (2543 m)

Einige Wochen lang schwabbelte eine scheinbar undurchdringliche Nebeldecke und füllte alles Land zwischen den Niederen Tauern und den Steiner Alpen aus. Ein echtes Novemberwetter unter solcher Nebeldecke.

Nahe dem Hubenbauertörl waren wir endlich dem tristen Nebelwetter entkommen. In einer Spanne Schnee suchten wir hier und dort nach gutem Tritt. Doch als wir aus der Hinterkarscharte an die Sonnseite der Windschnurspitze querten und durchs Wiegenkar anstiegen, schien der Himmel nach keiner Seite ein Ende zu nehmen.

Fern im Süden lag die Kette jener Steiner Alpen, die wir eine Woche zuvor besucht hatten und damals auf der formschönen Skuta standen. Heute ist unser Ziel der Predigtstuhl.

Von seinem Gipfel aus bestaunen wir jenes Schauspiel: Wie in gewaltigen Strömen fließt der Nebel in die nordseitigen Täler und Kare. Doch diese wie Wasserfälle zu Tal gleitenden Nebelschleier lösen sich in der im Norden liegenden abgetrockneten Luft auf.

Anscheinend vermag nichts diese Witterung zu ändern: Im Süden das Nebelmeer, im Norden die für den Herbst so typisch klare, über 100 km reichende Fernsicht.

Auf den Predigtstuhl:

Aus der Krakau und dem Etrachtal: Vom Etrachsee (1372 m) bzw. von der Rudolf-Schober-Hütte (1667 m) jeweils über Hubenbauertörl, Hinterkarscharte und durchs Wiegenkar 4½ Stunden.

Aus dem Kleinsölker Obertal: Von der Breitlahnhütte (1070 m) über die Neualmen und durchs Hüttkar 4½ Stunden;

von der Breitlahnhütte über die Neualmen und über Rantentörl und durchs Wiegenkar 5½ Stunden.

Aus dem Kleinsölker Untertal: Von der Vorderen Striegleralm (1435 m) über Hintere Striegleralm und durchs Roßkar zum Hubenbauertörl und von hier durchs Wiegenkar 3½ Stunden.

Preber (2740 m), Roteck (2742 m) und Große Barbaraspitze (2726 m)

Der Preber zählt im Lungau als alpines Aushängeschild, denn alle seine Besucher sind voll des Lobes über ihn. Wie sonst könnte es sein, daß Schitourenfahrer in so großer Zahl durch die 1000 Meter hohen Südhänge ansteigen und sich dabei freiwillig Sonne und Schweiß aussetzen.

Der Preber verdankt seine touristische Erschließung jedoch eher der steirischen Seite, weil nämlich am Sattelkogel jene Hütte errichtet wurde, wie sie vor allem dem Sommergast zugedacht ist. Zur Eröffnung dieser Schutzhütte, es ist die Grazerhütte, waren die Festgäste im Jahre 1894 zu Fuß von Murau durchs Rantental in die Krakau hereingegangen. Aus diesem Zusammenhang läßt sich verstehen, weshalb viele der Schutzhütten dort stehen, wo das Verkehrsnetz in der Gegenwart nahe heranführt.

Deshalb findet sich am Sattelkogel ein neues Publikum ein: Tagesgäste aus der Krakau wie Gäste aus dem Lungau steigen herauf zur Grazerhütte. In solche Tagesausflüge wird außerdem gerne der Prebersee miteingebunden. Der Sommertourismus hält sich am Preber jedoch eher in Grenzen, erst recht in Zusammenhang mit dem Übergang durchs Mühlbachtörl und von dort aufs Roteck oder gar zur Großen Barbaraspitze.

Viele fleißige Hände haben beigetragen, daß die erneuerte Grazerhütte sich seit 1978 als gut bewahrtes Schmuckkästchen den Gästen zu zeigen vermag. In der Gaststube hängt das Porträt Dr. Alexander Rieglers, jenes Mannes, der sich nicht nur für den Bau der Grazerhütte einsetzte, sondern der bereits 1891 die Akademische Sektion Graz des DuOeAV gründete und deren Vorsitzender wurde.

Wer Handwerksarbeit zu schätzen weiß, sollte wissen, daß die anläßlich des Umbaues angeschaffte Einrichtung sowie die solid gezimmerte Terrasse aus der Einmann-Werkstätte von August Tanner stammt. Und weil in der Krakau der Familiensinn gepflegt wird, ist die Bewirtschaftung mit der Familie Macheiner auch durch gute verwandtschaftliche Bande gesichert.

Auf den Preber:

Aus der Krakau: Von der Grazerhütte (1896 m) 2 Stunden.
Aus dem Lungau: Vom Prebersee (1514 m) 3 Stunden.
Übergang vom Preber zum Roteck bzw. zur Großen Barbaraspitze 1—1 1/2 Stunden.

Jägerspitz (2573 m) und Kleine Barbaraspitze (2550 m)

„Vorsicht, Jungstiere!". Als unscheinbarer Hinweis hängt diese Ankündigung an einem Baum, bevor der Untere Landschitzsee erreicht wird.

Warum sollten nicht Jungstiere hier oben weiden?

Als uns Lärm, ähnlich einem aufheulenden Dieselmotor, entgegenschlug, war es offenbar höchste Zeit, auf den Auslöser zu drücken, um doch noch mit heiler Kamera ein Bild vom Mittleren Landschitzsee einzufangen. Der rote Rucksack von Luise, hin und wieder willkommen als fotogener Vordergrund, war offenbar eher eine Signalfarbe für jene Jungstiere, die uns mit beachtenswertem Tempo am Seeufer entgegentrabten.

Fast hätten wir durch diese Begegnung bei den Landschitzseen das eigentliche Ziel aus den Augen verloren. Aber im Winkel, einem mächtigen Kar zwischen Mittlerem Landschitzsee und den Barbaraspitzen, hatten wir keine Wegänderungen mehr zu befürchten und sahen deshalb überlegen dorthin zurück, wo uns vor einer Stunde der Mut fast verlassen hätte.

Aus der Moarscharte blickten wir in den Prebergraben hinunter und hatten dabei eine künftige Frühjahrstour erkundet, bevor Luise auf die Kleine Barbaraspitze vorausging.

Roteck und Preber hoben sich mit ihren dunklen Gipfeln von den rasch aufsteigenden Wolken scharf ab. Ein Wechselspiel in Schwarz und Weiß.

Von der Barbaraspitze querten wir nach kurzem Abstieg durch das gewaltige Blockwerk des obersten Kares und damit unter der Großen Barbaraspitze hindurch und gelangten in jene Scharte, die den eigentümlichen Namen Kliemschachtel trägt.

„Bei uns im Lungau werden die Scharten ‚Schachtel' g'heißen", erklärte der Leiter des Vermessungsamtes in Tamsweg, Hans Preßler, gleichzeitig Obmann der OeAV-Sektion Lungau, den wir tags darauf besuchten.

Doch im Augenblick waren wir noch mit dem Anstieg zum Jägerspitz beschäftigt. Rundum Einsamkeit. 500 Meter unter uns der Lindlsee, unser nächstes Ziel. Eine kleine Halbinsel ragt in ihn hinein. Auf sie fiel spärlich Sonnenlicht, als wir endlich am See vorbeikamen.

Am Weg zur Lindlalm fanden wir hin und wieder verblaßte Farbmarken und erfuhren unten bei der Alm, daß der Weg einst von einem Gast bezeichnet worden ist, „weil's ihm da heroben so gut g'fallen hat".

Auf den Jägerspitz bzw. auf die Barbaraspitzen:

Aus dem Lessachtal: Von der Jausenstation Lenzenalm (1253 m) über Unteren und Mittleren Landschitzsee auf die Kleine Barbaraspitze 4 Stunden; durch die Kliemschachtel zum Jägerspitz weitere 1½ Stunden.

Aus der Kliemschachtel leicht auf die Große Barbaraspitze 1 Stunde.

Deichselspitze (2684 m)

Der Winter wird für uns mitunter erst interessant, wenn er sich tief ins Gebirge zurückgezogen hat. Dort mag er sich seinem Gegner, dem Frühling, noch eine Zeitlang ernsthaft und ausdauernd widersetzen.

Dieser Widerstreit gefällt uns: Auf aperen Wegen von der Breitlahnhütte finden wir am ersten Maisonntag ein leichtes Ausschreiten mit schwerem Rucksack, aus ihm ragen die unförmig großen Schitourenschuhe. Doch ab dem Schwarzensee steigen wir in gewohntem Rhythmus auf: Schritt für Schritt mit den Tourenschiern, vertrauend in unsere Ausdauer.

Die Putzentalalm ist noch fest in der Hand des Winters, wenngleich manche Rücken und Kuppen aper geworden sind.

Wie gefrorene Adern zeigen sich die im weiten Halbrund verästelten Gerinne, die aus dem Weitkar und von der Schafkarspitze zur Putzentalalm herunterreichen.

Wir finden unsere ideale Spur nahe dem Kaisergraben in das Weitkar, sitzen für eine halbe Stunde zu verdienter Rast beisammen, ausblickend auf die gegenüberliegenden Gipfel wie Opferstock, Predigtstuhl oder Ghagspitz. In unseren Gesprächen kommen wir ebenso zum Schöneck.

Doch wo finden wir zunächst auf unser heutiges Ziel, die Deichselspitze?

An die fast schwarzen Felsen lehnen wir endlich die Schi und stapfen durch eine Rinne bergauf, in der wir das Eis unter unseren Sohlen spüren, aber aus ihr nur einen kleinen Ausschnitt auf den Himmel wahrnehmen. Am darüber weiterführenden Grat sind es nur noch ein paar Stufen, bis wir neben der Gipfelstange stehen. Wie Dohlen sehen wir von unserem luftigen Grat hinunter ins Weitkar, an den Schwarzensee, wo wir mit unseren Schiern die letzten Schneeflecken suchen werden.

Über 1500 Höhenmeter Abfahrt!

Weil sich Täler und Kare der Schladminger Tauern rundum allmählich mit Wolken füllen, wollen wir nicht den rechten Zeitpunkt für die Rückkehr versäumen...

Bei der Putzentalalm sammelt sich unsere kleine Gruppe wieder; Wolfmar hat seine erste Schitour hinter sich und wir haben, dank seiner Großzügigkeit, den gebührenden Einstand vor uns.

Auf die Deichselspitze:

Aus dem Kleinsölker Obertal: Von der Breitlahnhütte (1070 m) über Schwarzensee und Putzentalalm 5 Stunden.

Kieseck (2681 m)

Als Nachbargipfel dem Waldhorn im Südwesten vorgelagert, laufen am Kieseck drei Grate zusammen. Wir hatten mit zweien der Grate das Kieseck in eine weiträumige Überschreitung miteinbezogen, als wir an einem Augustsonntag von der Preintalerhütte über die Sonntagskarseen und durch die Rettingscharte zum Kieseck aufstiegen.

Von hier folgten wir dem zum Teil breiten Gratrücken aufs Waldhorn, um von diesem Gipfel durchs Waldhorntörl zum Zwerfenbergsee abzusteigen.

Doch erst nach dem Anstieg zur Kaiserscharte ging es mit uns im besten Sinne bergab: Fast tausend Meter tiefer liegt die Putzentalalm, die wir als späte erste Rast zu schätzen wußten. Wieder einmal war Gelegenheit, Selas originelle Küche ebenso kennenzulernen wie ihren natürlichen Eiskeller.

Vielleicht hatten wir doch ein wenig zu lange gerastet. Wie sonst wären uns so viele Lieder eingefallen? Da klangen neue Texte und neue Melodien, als wir längst am Ufer des Schwarzensees entlangeilten, und auch noch, als wir bereits vor der Breitlahnhütte saßen.

Zu Gast bei der Pächterfamilie Gerhardter:

Das schöne Fischwasser bei der Breitlahnhütte ließ uns schwach werden; den Forellen nach Art des Hauses bzw. nach Art der Hütte konnten wir nicht widerstehen.

Ein solcher Sonntag scheint unendlich viel Zeit zu verschenken. Denn es war noch kaum dämmerig, als Luise und ich bei Otto und Mathilde Stücklschweiger im Kleinsölktal zukehrten.

Wir freuten uns, einen solch schönen Tag bis spät abends in Gemeinschaft erleben zu können.

Auf das Kieseck:

Aus dem Untertal: Von der Preintalerhütte (1657 m) über Unteren und Oberen Sonntagskarsee in die Rettingscharte 3½ Stunden.

Aus dem Kleinsölker Obertal: Von der Breitlahnhütte (1070 m) über den Schwarzensee und am Säusenbach aufwärts in die Rettingscharte 4½ Stunden;

von der Putzentalalm (1354 m) über die Kaiserscharte und von hier dem Grat entlang über Kaiserspitze, Meisterscharte und Meisterspitze; unbezeichneter Grat, 4 Stunden.

Waldhorn (2702 m)

Wenn die Niederen Tauern als eine Berglandschaft ernsteren Charakters skizziert werden, mag diese Charakteristik für das Waldhorn gelten: Sein dunkles Aussehen verstärkt den Eindruck des Mystischen, wenn sich Nebel am Hauptkamm stauen und wir unter einem bleichen Himmel unsere Gipfelrast mit den kecken Dohlen teilen.

Das Bergsteigen in den Schladminger Tauern haben wir früh kennengelernt.

Sonntagskarseen, Kapuzinersee, Klaffersee, Angersee, Zwerfenbergsee und die ungezählten kleinen Seen und Meeraugen im Klafferkessel bis hinüber zum Lungauer Klaffersee im Südwesten sind das lebendige Element in dieser eher herben Gebirgslandschaft.

Bei ihrem Anblick wünschen sich viele Menschen, daß man diesen ursprünglichen alpinen Großraum für die Zukunft bewahren könnte.

Auf das Waldhorn:

Aus dem Untertal: Von der Preintalerhütte (1657 m) durchs Lämmerkar und über Kapuzinersee und Waldhorntörl 3 Stunden;

von der Gollinghütte (1651 m) durch den Klafferkessel und über die Breite Scharte 5½ Stunden.

Aus dem Lessachtal: Von der Laßhoferhütte (1280 m) über Zwerfenbergsee und Waldhorntörl 5 Stunden.

Aus dem Kleinsölker Obertal: Von der Breitlahnhütte (1070 m) über die Rettingscharte und das Kieseck 5½ Stunden;

von der Putzentalalm (1354 m) über die Kaiserscharte 5 Stunden.

Hochwildstelle (2747 m)

Die Ersteigungsgeschichte aus dem Jahre 1814 erwähnt die Initiativen Erzherzog Johanns, die Steiermark in allen ihren Landesteilen kennenzulernen. Solche Hoheitsbesuche waren als Anerkennung für die jeweilige Region, für jedes ihrer Täler, zu ermessen. Die Niederen Tauern in der Steiermark hatten mit dem Besuch Erzherzog

Johanns jene Auszeichnung erfahren, die als Brückenschlag zwischem dem Landesherrn und seiner Bevölkerung auch heute noch gültig, ja sogar notwendig ist.

In unserem Zeitalter ist freilich solche historisch gewachsene Ersteigunsgeschichte, wie sie über die Hochwildstelle nachgelesen werden kann, den kurzfristigen Erfolgsbedürfnissen gewichen: Frei von jedem heroischen Gedanken, hat ein völlig neuen Werten zugewandtes Denken das Bergsteigen beeinflußt. Es scheint keine Barrieren mehr zu geben, keine Schwierigkeiten. Die Hochwildstelle steht oft als Ziel für Besteigungen im Winter fest.

Die Schitouren aus dem Sattental sind uns dabei in nachhaltiger Erinnerung verblieben. Doch wie gerne erinnern wir uns jener sonnenwarmen Tage, an denen wir aus dem Bereich der Breitlahnhütte heraufgestiegen sind, oder jener Herbsttage, an denen wir aus dem Seewigtal heraufgekommen und über die Hans-Wödl-Hütte dem Anfang des klassischen Schladminger Tauernweges gefolgt sind.

Die Preintalerhütte zeigt sich schließlich als recht gelegener Stützpunkt für jene Rundtour, die wir uns mit dem Anstieg durch das Trattenkar und mit dem Abstieg über die Kleine Wildstelle und Neualmscharte wählten.

Auf die Hochwildstelle:

Aus dem Seewigtal: Von der Hans-Wödl-Hütte (1528 m) über Neualmscharte und Kleine Wildstelle 3½ Stunden.

Aus dem Untertal: Von der Preintalerhütte (1657 m) durchs Trattenkar zur Wildlochscharte und von dieser über den leichten Südgrat 3 Stunden.

Aus dem Kleinsölker Obertal: Von der Breitlahnhütte (1070 m) über Karlkirche und Trattenscharte zur Wildlochscharte und weiter auf dem Südgrat 5 Stunden.

Aus dem Sattental: Von den Sattentalhütten durch das Stierkar zur Trattenscharte 5 Stunden.

Höchstein (2543 m)

Seine markante Form entgeht unseren Blicken nicht, wenn wir bei Gröbming gegen Westen durch das Ennstal fahren. Zwar ist der Höchstein ein Nachbarberg der Hochwildstelle, doch seine Eigenständigkeit ist offenkundig.

Die Talgemeinde Haus im Ennstal, seit 26. Oktober 1986 mit der Europafahne ausgezeichnet und damit für ihre internationalen Kontakte bedankt, läßt den Zugang für den Höchstein im besten Sinne erleichtern. Dabei dient uns die von Thomas Scharfetter — er war schon zu Lebzeiten eine legendäre Persönlichkeit — installierte „Schladminger Tauernbahn" zur Auffahrt auf den Hauser Kaibling.

Man hat aber schon um 1968 den technisch unversehrt gebliebenen Teil des Höchsteins in das naturkundliche Interesse einbezogen: Damals entstand ein von Prof. Leopold Farnleitner initiierter Lehrwanderpfad, ausgehend auf der Kaiblingalm und über den Roßfeldsattel zum Moaralmsee reichend, der am Nordfuß des Höchsteins eingebettet liegt.

Auf den Höchstein:

Von Haus im Ennstal: Ab der Krummholzhütte am Hauser Kaibling (1838 m) über Kaiblingalm und Kaiblinglochscharte 3 Stunden.

Von Schladming: Ab der Schladmingerhütte auf der Planai (1828 m) über Krahbergzinken, Rauhenberg und Hasenkarscharte 4½ Stunden.

Aus dem Seewigtal: Von der Hans-Wödl-Hütte (1528 m) über Filzscharte und Kaltenbachschulter 3 Stunden.

Aus dem Untertal: Von der Kerschbaumeralm beim Riesachsee (1380 m), über die Neualm und Kaltenbachschulter 3½ Stunden;

von der Preintalerhütte (1657 m) über Neualm und Kaltenbachschulter 3½ Stunden.

Aus dem Gumpental: Von der Moaralm (1347 m) über Moaralmsee, entweder über die Kaiblinglochscharte oder Filzlochscharte jeweils 3½ Stunden.

Krahbergzinken (2134 m)

Wenn wir die Planai aufsuchen, sei es im Sommer oder Winter, bleibt uns immer genügend Zeit, auf den Krahbergzinken zu steigen. Als erster Gipfel eines schroffen eindrucksvollen Bergkammes, der mit dem Höchstein verbindet, bildet der Krahbergzinken den alpinen Eingang hoch über dem Untertal. Denn ein gepflegter Steig führt aus der Lärnachscharte durch steiles Gelände auf den Seerieszinken. Dann folgen Rauhenberg, Sonntagerhöhe, Rabenköpfl, die Tiefentalscharte, anschließend Hasenkarspitze, Hasenkarscharte und endlich die Kaltenbachalm.

Von ihr gehen wir entweder zum Höchstein hinauf oder zur Preintalerhütte hinunter.

Weit und oft sind unsere Gedanken vom Krahbergzinken in die Tauern vorausgeeilt, bis wir uns endlich auch einmal entschlossen haben, diesem Höhenweg zu folgen.

Der Krahbergzinken ist eine Art alpiner Muntermacher; auf seinem Gipfel bekommen wir Lust, einmal dorthin auszuschreiten, um jener Kette dunkler Berge näherzukommen.

Auf den Krahbergzinken:

Aus dem Ennstal: Straße und Seilbahn von Schladming zur Schladmingerhütte (1828 m); von der Hütte $1^1/_4$ Stunden.

Greifenberg (2618 m)

Wer den Klafferkessel durchquert und ihn mit Preintalerhütte und Gollinghütte verbindet, kommt in jedem Fall auf den Gipfel des Greifenberges. Er schließt an der Südwestseite den Klafferkessel ab, ja hilft sogar mit seinen Bergflanken, den Kessel zu bilden. Schließlich ist der Greifenberg sogar ein Grenzgipfel, weil über ihn — als einen der vielen Gipfel im Tauern-Hauptkamm — die Landesgrenze zwischen der Steiermark und Salzburg verläuft.

Wer aus dem Klafferkessel den Greifenberg endlich erreicht hat, nützt die Zeit hier oben, um sich so lange wie möglich darauf vorzubereiten, endlich über die eindrucksvoll steile Westseite hinunterzusteigen und den raffiniert angelegten zahlreichen Windungen des Tauern-Höhenweges hinunter zur Gollinghütte zu folgen.

Es ist nicht nur ein Tiefersteigen vom Greifenberg, sondern auch ein Wechseln aus der Helle und Wärme eines Nachmittags in jene Dämmerung, die sich bereits früh über die Gollinghütte niederläßt.

Auf den Greifenberg:

Aus dem Untertal: Von der Preintalerhütte (1657 m) durch den Klafferkessel $3^1/_2$ Stunden.;

von der Gollinghütte (1651 m) 2½ Stunden.

Aus dem Lessachtal: Von der Laßhoferhütte (1280 m) über Zwerfenbergsee und Obere Klafferscharte 4½ Stunden.

Hochgolling (2863 m)

Der höchste Gipfel der Niederen Tauern läßt sich hinsichtlich seiner Höhe leicht merken: In den Julischen Alpen hat deren höchster Gipfel, also der Triglav, ebenfalls 2863 m. Eine Verbindung solcher Fakten verstärkt wieder einmal, daß das Bergsteigen im wahrsten Sinne über Horizonte hinwegreicht.

Der Hochgolling fasziniert. Er vermag seine eher im Sommer heranpilgernden Besucher zu begeistern, aber vor allem jene Bergsteiger, die den Hochgolling in stilleren Zeiten besuchen: Am Abend, wenn alles Land allmählich ins Dunkel versinkt; im Spätherbst, wenn rundum die Hütten geschlossen sind und ursprüngliche Ruhe zurückgekehrt ist; wenn sich Schibergsteiger in die Einsamkeit dieses Hochgebirges vortasten, ihre Spuren behutsam sogar bis in die Gollingscharte anlegen; wenn Bergsteiger die Flanken und Grate des Hochgollings in dessen wahren Dimensionen durchsteigen und dabei Spuren einstigen Bergbaues entdecken, der vermutlich sogar in der Nähe des Gollinggipfels ausgeübt worden ist.

Wir erinnern uns, den Hochgolling in all jenen Zeiten erreicht zu haben. Das Bergerlebnis hängt mit dem Jahrlauf und den Witterungen zusammen, immer fühlten wir uns als Gäste: Im Winter beim Gollingwinkel, wenn wir den Zwerfenberg als Schitourenziel erstiegen; im Frühsommer, als die Hütten das erste Wochenende geöffnet hatten und der Golling sich als anspruchsvolle kombinierte Tour zeigte; im Hochsommer während einer Gewitterpause, deren Stimmung uns über den Alltag hob; im Herbst, als die Farben des Tales sich mit dem frischen Schnee zu jenem Kontrast verbanden, in denen die Strukturen dieses mächtigen Berges am deutlichsten hervortreten.

Der Hochgolling ist nicht nur der höchste Gipfel der Niederen Tauern und damit der Schladminger Tauern. Er ist im wahrsten Sinne des Wortes ein Höhepunkt.

Auf den Hochgolling:

Aus dem Untertal: Von der Gollinghütte (1651 m) über die Gollingscharte 3½ Stunden.

Aus dem Obertal: Von der Keinprechthütte (1872 m) über die Trockenbrotscharte 4½ Stunden.

Aus dem Göriachtal: Von der Landawirseehütte (1985 m) über die Gollingscharte 3 Stunden.

Kasereck (2740 m)

„A schöne Tour ist das Kasereck", schwärmte Hanns Gruber aus Haus im Ennstal, als ich ihn bat, ein wenig von seinen Touren zu verraten.

Als Luise beim Neumarkter Postmeister Hubert Weinseiss wegen eines Langlauftermines nachfragte, war das Gespräch unversehens vom Neumarkter Sattel in die Schladminger Tauern verrutscht und der Postmeister schwärmte von einem seiner größten aller Tourenerlebnisse: Dem Kasereck.

Auch Albert Essl wußte, als wir ihn auf der Landawirseehütte besuchten, gute Tips fürs Kasereck.

Jetzt wissen wir, Luise und ich, vom Aufstieg aus dem Göriachtal über die Obere Pindlalm und dem Pindlsee, vom Wirriegel und der Wirriegelhöhe, von dem der Grat nordwärts aufs Kasereck führt.

Selbst im Lessachtal, bei der Laßhoferhütte, war uns rasch der Weg gezeigt in den Kasergraben, wo durch die Schneegrube geradewegs der sehr steile Anstieg in die Kaserscharte hinaufführt und aus ihr der Nordgrat aufs Kasereck. Doch irgendwie war uns das Kasereck immer wieder abhanden gekommen. Kein Termin war recht, endlich auf diesen Berg zu steigen.

Wenn wir uns gelegentlich Zeit nehmen werden, in diesem Buch zu blättern, dann werden wir wohl zum x-ten Male ans Kasereck erinnert sein. Vielleicht ist es doch einer unserer nächsten Gipfel.

Auf das Kasereck:

Aus dem Göriachtal: Von der Unteren Pindlalm (1329 m) über Pindlsee 4—5 Stunden.

Aus dem Lessachtal: Von der Laßhoferhütte (1290 m) durch den Kasergraben und über die Kaserscharte 4—5 Stunden.

Von beiden Seiten nicht leicht zu ersteigen, wobei sich der Anstieg auf der Lessachtaler Seite für erfahrene Bergsteiger sogar mit einer Schitour verbinden läßt.

Pietrach (2396 m) und Scharnock (2498 m)

Es wäre kein echter Tauern-Bergsommer, käme nicht auch im August pünktlich Schlechtwetter mit Schnee.

Als wir uns an einem Freitagnachmittag beim Hüttendorf im Göriachtal am tiefblauen Himmel erfreuten und unsere Gedanken mit den am Kasereck vorbeitriftenden Wolken mitziehen ließen, war unsere Stimmung dem Hochsommer angepaßt.

Sogar die Abendluft war mild, als gingen wir einem Seeufer entlang, doch wir waren bereits tief im Göriachwinkel und damit nahe bei der Landawirseehütte. Die Gastlichkeit dieser Hütte hatte uns bald eingefangen: Aus der Küche klangen die fröhlichen Stimmen von Anni und Rosa, am Nachbartisch saß eine Gesellschaft lustiger Frauen und Männer; und von Zeit zu Zeit kümmerte sich Albert, der Hüttenwirt, um unsere Wünsche. Bei so viel Aufmerksamkeit bleibt der Erfolg nicht aus: Die Gäste im Lungau wissen die Landawirseehütte zu schätzen.

Hüttenwirt Albert Essl, Jahrgang 1956, staatlich geprüfter Berg- und Schiführer, nimmt gelassen hin, daß sein Stil gut angenommen wird: Alberts Tourenvorschläge entspringen seinem eigenen Trainingsprogramm; er kennt die Schladminger und Radstädter Tauern mit allen ihren Gipfeln zu allen Jahreszeiten. Gerne hören wir zu, notieren ... und hören die Wettervorhersage: „Eine Kaltfront überquert morgen unseren Alpenraum."

Wir schenkten diesem meteorologischen Kassandra-Ruf nur ein Ohr, wurden aber einen Tag später eines besseren belehrt: Unsere Überschreitung vom Pietrach zum Scharnock war zur Wintertour geworden. Schnee, Nässe und fahler Himmel hatten den Sommer innerhalb weniger Stunden weit hinaus in die Täler verbannt.

Als Luise und ich aus der Scharte zwischen Scharnock und Rotsandspitze durchs Blockwerk des Lanschfeldkares einen Weg suchten, entschlüpften wir allmählich dem vorzeitigen Winterkleid der Tauern.

Beim Hüttendorf im Göriachtal waren wir einsame Gäste. Wo noch vor zwei Tagen die Bäuerin Hedwig Zehner vlg. Urban vor ihrer Almhütte in der Sonne gestrickt hatte, prasselte im Augenblick der Regen.

Zuversichtlich, wie wir dennoch waren, versuchten wir den Bergsommer im benachbarten Lignitztal wiederzufinden; der Erfolg war bescheiden.

Auf den Pietrach bzw. auf das Scharnock:

Aus dem Göriachtal: Von der Landawirseehütte (1985 m) über Trockenbrotscharte auf den Pietrach 1 1/4 Stunden; vom Pietrach in die Krautgartscharte und vom Oberen Landawirsee aufs Scharnock weitere 1 1/2 Stunden.

Aus dem Obertal: Von der Keinprechthütte (1872 m) über Trockenbrotscharte auf den Pietrach 2 1/2 Stunden.

Zinkwand (2442 m)

Wer gerne historischen Spuren folgt, sollte in seinen Tourenplan die Zinkwand aufnehmen.

Wir hatten eines der schönen Wochenenden im August gewählt, um das Bergbaugebiet am Giglachsee zu durchstreifen, sachkundig begleitet von Mitgliedern der OeAV-Höhlenforschergruppe aus Schladming. Beim Vetternstollen waren wir Augenzeugen, als die vom Rotary-Club gewidmete Tafel montiert wurde; damit war unser Erfolgserlebnis am Vetternstollen auch schon erfüllt, denn in den Stollen einzudringen, das wurde uns von Eis und Schnee verwehrt.

Jenseits der Vetternscharte waren wir als fröhliche Schar im Knappenkar unterwegs und ließen uns den „Schneekragen" erklären, wie er heute in seiner Form als Laufgraben erscheint, jedoch seinerzeit — das reicht gut 400 Jahre zurück — den Knappen einen lawinensicheren Zugang zu ihren Stollen in der Zinkwand gewährte.

Die Hütten im Knappenkar hatten noch viele Jahre nach Ende der Bergbauzeit Wind und Wetter widerstanden. Das wußten Wilderer zu schätzen. Doch den Vorteil solch guten Verstecks zerstörten angeblich Jäger: Von den einstigen Knappenhütten blieb nichts Brauchbares erhalten.

Wir tragen unser vermehrtes Wissen nun mit hinauf vom Schneekragen in die Zinkwand und schauen aus der einstigen Schmiede, damals wie ein Adlerhorst angelegt, über Knappenkar, Engelkar und Braunkar. Die drei Kare gehören zum Abschluß des oberen Znachtales.

In der „Knappenstube" wärmen wir uns nicht nur mit Tee auf. Den Vogelbeerschnaps wußten auch schon die Knappen zu schätzen. Wir stoßen auf die Gastfreundschaft der Schladminger Höhlenforscher an, deren Obmann Toni Streicher uns zu diesem Bergglück verhalf.

„Die Zinkwand sieht aus wie ein Laib Emmentaler", umrissen unsere Höhlenführer Sepp Fuchs, Gerhard Zettl und Reinhard Stocker in anschaulicher Weise jenen Berg, durch dessen Inneres wir so lange stolperten, bis wir ihn durchschritten hatten und hoch oberhalb der Keinprechthütte standen.

So zählt die Zinkwand für uns als Rundweg mit Mattishütte und Keinprechthütte zu den bleibenden Erinnerungen.

Zur Zinkwand:

Aus dem Obertal: Von Hopfriesen (1060 m) durchs Giglachtal, über Knappenkreuz und Vetternscharte 3½ Stunden;

von Hopfriesen über die Eschachalm und Keinprechthütte 3½ Stunden.

Aus dem Preuneggtal: Von der Ursprungalm (1604 m) über Ignaz-Mattis-Hütte (1986 m), Vetternkar und Vetternscharte 3 Stunden.

Auskünfte wegen der Führungen in den OeAV-Schaustollen Vettern-Zinkwand: Fremdenverkehrsverein Schladming sowie bei der Keinprechthütte und Ignaz-Mattis-Hütte.

Kornreitwiftl (2169 m) und Vogelsang (2148 m)

Ostern in Schladming. Weil sich unsere Freunde Kurt und Ursel am Fastenberg einen idyllischen Platz sichern konnten und darauf ein gastfreundliches Haus stellten, lehnen wir nun am Balkon und sehen über Rohrmoos gegen die Dachsteinwände. Die Frühjahrsstimmung hält in diesem Teil des Ennstales, zwischen Dachstein und Tauern, nur zögernd Einzug. Erst wenige grüne Flecken lassen sich ausnehmen. Rundum liegen noch Spuren jungen Schnees.

Wir waren ihm gestern entgegengegangen, begleitet von unseren Kindern. Was der Ehrgeiz von Eltern nicht alles zuwegebringt!

Von der Patzenalm durch das Patzenkar hätte uns besser die Sonne begleiten sollen als solch diesiges Wetter, das uns, vereint mit ständigem Schneetreiben, den Tag verleiden wollte.

Doch unser Ziel lag bei der Leiterscharte. In tiefen Stapfen war unsere Spur zum nahen Kornreitwiftl ausgetreten. Doch Gipfel bleibt Gipfel: Aus dem Patzenkar wären wir freilich viel lieber zum Schiedeck hinaufgestiegen. Nun waren wir hingegen auf einem jener steirischen Berge, die wir zur Sammlung kurioser Namen hinzuzählen.

Das Patzenkar wird uns wieder sehen, und zwar deshalb, weil wir vorhaben, von der Leiterscharte durchs prächtige Hochkar zur Landaueralm und zum Landauersee abzufahren, zum Eingang ins Giglachgebiet.

Doch für dieses Mal war uns die Rückkehr im Pulverschnee durchs Patzenkar recht und lohnend erschienen. Nicht zuletzt ist die der Patzenalm folgende Bärnhoferrinne ein zusätzliches Abfahrtserlebnis.

Auf das Kornreitwiftl und den Vogelsang:

Aus dem Obertal: Vom Bärnhoferwirt (982 m) über die Patzenalm und Leiterscharte 2½—3 Stunden.

Schiedeck (2339 m) und Guschen (1938 m)

Für Dieter und mich hat dieser Weg deshalb eine so lebhafte Erinnerung, weil er der Abschlußtag unserer ersten Tauern-Durchquerung war. Der Schladminger Höhenweg von der Ignaz-Mattis-Hütte im Übergang zur Hochwurzen vermag zu begeistern: Ein über weite Strecken in Grat- oder Kammnähe nach Norden ziehender Steig, wobei sich der Ausblick immer wieder auf die Südwände des Dachsteins richtet. Beim Schladminger Höhenweg sollte deshalb das Wetterglück mit dabei sein!

Während zwischen Mattishütte und Schiedeck dieser Höhenweg an zahlreichen Meeraugen, aber auch an kleinen Seen allmählich an Höhe gewinnt, wird nach dem folgenden Gratstück das Schiedeck als höchster Gipfel erreicht. Gegen Südwesten fällt der Ausblick auf die Ursprungalm, doch dominiert die Steirische Kalkspitze, gegen Südosten jedoch reicht der Ausblick hinunter zum Landauersee, also ins Giglachtal.

Doch der Weg führt nach Norden und damit auf die noch weit entfernte Guschen, die der letzte markante Gipfel dieses Höhenweges ist. Aber schon aus dem Latterfußsattel leitet der Abstieg an der Ostseite der Hochwurzen nach Rohrmoos ins Waldgelände hinunter.

Auf das Schiedeck:

Aus dem Obertal: Von der Ignaz-Mattis-Hütte (1986 m) 2 Stunden; Übergang zur Guschen weitere 1½ Stunden.

Von der Hochwurzen (1850 m) über Roßfeld und Latterfußsattel auf die Guschen 2 Stunden.

Ruppeteck (2126 m) und Schober (2133 m)

Unser ausgedehnter Bergurlaub greift Anfang September allmählich in die Schladminger Tauern über. Doch mit den ersten Septembertagen, so erscheint's mir, ist es wesentlich stiller geworden in den Tauernbergen im Vergleich zu den betriebsamen Hochsommermonaten.

Auf der Reiteralm schöpst der Altbauer Franz Trinker vlg. Reiter etliches Stangenholz und erzählt uns: Die Reiteralm ist ein großer Familienbetrieb. Denn die nahe Schutzhütte führt der Bruder Sepp Trinker, dem die Reiteralm zum Lebensinhalt geworden ist, als er schwer verwundet aus dem Krieg zurückgekommen war und hier, auf der Reiteralmhütte, Sinn für das Leben wiederfand.

Fast hätten wir auf unseren Weiterweg vergessen, doch jetzt steigen wir endlich auf die Gasselhöhe. Wie Scherenschnitte stehen die Bäume gegen das Sonnenlicht. Im Westen fließen die blauen Konturen der Radstädter-Tauern-Berge ineinander.

Vom Ruppeteck blicken wir um uns: Kalkspitzen, Hochgolling, weit draußen Mosermandl und Kraxenkogel. Das alles war Urlaub.

Doch heute besuchen wir vom Ruppeteck gleich noch den Nachbarn: Mildes Sonnenlicht des Nachmittags liegt in den Hängen des Schobers. Dorthin sind wir auch schon unterwegs.

Die frühen Schatten des Septembertages hätte ich fast übersehen, deshalb lasse ich den Schober beiseite und steige zum Obersee und zum Mittersee hinunter. Da stehe ich nun vor jenem traumhaften Tauernsee, in dem sich die Dachstein-Südwände spiegeln.

Welch schöner Nachmittag!

Auf das Ruppeteck bzw. auf den Schober:

Aus dem Ennstal: Mautstraße von Pichl auf die Reiteralm (1716 m); nur im Sommer beschränkter Seilbahnbetrieb. Von der Reiteralmhütte aufs Ruppeteck 1½ Stunden; Übergang zum Schober ¾ Stunden.

Steirische Kalkspitze (2459 m) und Lungauer Kalkspitze (2471 m)

Das Bilderbuchwetter eines Wochenendes im August mußte genutzt werden. Mit unserer Gruppe waren wir tags zuvor vom Giglachsee durch die Zinkwand zur Keinprechthütte gegangen, hatten den Nachmittag für einen Abstecher auf den Hochgolling genützt und waren am zweiten Tag dabei, nach unserer Runde über den Duisitzsee bei der Ignaz-Mattis-Hütte ein wenig zu rasten.

Am leichtesten wäre es gewesen, zur nahen Ursprungalm abzusteigen, doch das Stichwort für die Kalkspitze war bereits gefallen. So hat sich unser „harter Kern" aus der großen Gruppe bald abgesetzt und auf der Steirischen Kalkspitze eingefunden. Eigentlich wäre es am Nachmittag angebracht gewesen, auf kürzestem Weg zur Ursprungalm zurückzukehren.

Aber da liegt gegenüber der Ahkarscharte die leicht zu begehende Lungauer Kalkspitze, womit unser Tag seit der Durchquerung beim Duisitzsee eigentlich seinen endgültigen Höhepunkt haben sollte.

Weil uns aber die Richtung gegen Westen wegen der so angenehmen Nachmittagssonne offenbar viel besser gefiel, stiegen wir zum Oberhüttensattel hinunter. Da war auch schon der Oberhüttensee erreicht und der alpine Gastgarten der Oberhütte.

In unserer launigen Stimmung hätten wir fast übersehen, daß eigentlich vorgesehen war, noch heute nach Graz zurückzukehren.

Spät am Nachmittag hat sich unser Grüppchen endlich an der Westseite der Steirischen Kalkspitze bergauf bewegt; die Badstube war dabei der Übergang, bei dem die Ursprungalm am nächsten liegt.

Von der Kranzlhöhe haben wir auf Steigspuren gut zur Ursprungalm hinuntergefunden, in ihren Hütten hatte sich noch ein letztes Sonnenlicht verfangen.

Auf die Kalkspitzen:

Aus dem Preuneggtal: Von der Ursprungalm (1604 m) über Preuneggsattel $2^1/_2$ Stunden;

von der Ignaz-Mattis-Hütte (1986 m) 2 Stunden.

Aus dem Forstautal: Von der Oberhütte (1862 m) $2^1/_4$ Stunden.

Pernerkopf (2409 m) und Gurpitscheck (2526 m)

Die erste Novemberwoche war bereits vergangen, als die Herbstsonne aus einem scheinbar unvergänglich blauen Himmel alles Land mit Wärme überflutete.

Die Tauern-Südseite läßt sich aus dem Lungau weit in die Täler hinein befahren, weshalb Gäste noch spät im Jahr in das hintere Weißpriachtal kommen.

Ein Umstand mehr für den Wirt der Ulnhütte, sein Haus so lange offenzuhalten.

Der Bergkamm des Gurpitschecks zählt nicht nur eine Reihe stattlicher Gipfel, wir finden in seinen zahlreichen Karen auch jeweils einen See. Beim Unteren Wirpitschsee suchten wir uns Wegspuren zum darüberliegenden Tiefenbachsee, dessen Abfluß-Seehöhe mit 1846 m vermessen ist.

Eine Geländestufe darüber liegt der Tauernkarsee, zu dem wir jedoch nicht hinquerten, sondern uns eher am Kampl orientierten, der als schrofiger Gupf dem Pernerkopf östlich vorgelagert ist. Weglos, über Blockwerk, stets einem Rücken folgend, stiegen wir diesem Pernerkopf entgegen, der in der Österreichischen Karte bloß mit der Höhenkote 2409, jedoch ohne Namen, eingezeichnet ist.

Drei Grate laufen hier oben zusammen. Der nach Süden ziehende Kamm enthält eine Reihe bekannter Bergnamen und findet im Gurpitscheck seine höchste Erhebung.

Während wir uns auf dem Pernerkopf an den umliegenden Gipfeln orientierten und dabei hart am Tauernpaß und zugleich am westlichen Rand der Schladminger Tauern standen, engte sich die Fernsicht im Handumdrehen ein: Eine graue Wand drang über die Radstädter Tauern herein, zum Teil auch von Süden, und ließ nicht daran zweifeln, daß der farbenfrohe Herbst hier oben bald endgültig vertrieben sein werde.

Auf den Pernerkopf bzw. auf das Gurpitscheck:

Aus dem Weißpriachtal: Von der Ulnhütte (1300 m; in der ÖK: U. Kühbarnhütte) über Tiefenbachsee auf den Pernerkopf 3 Stunden. Von der Ulnhütte über Schönalmseen auf das Gurpitscheck 3½ Stunden.

Stützpunkte

Die meisten Stützpunkte der Niederen Tauern sind in den Schladmingern zu finden. Wenngleich diese Berggruppe an der Nordseite besonders gut mit Stützpunkten versehen ist, so hat dennoch die Südseite einige recht günstig gelegene Hütten aufzuweisen.

Der Übersichtlichkeit wegen sind im folgenden die Hütten getrennt nach Nordseite und Südseite angeführt.

Stützpunkte an der Schladminger-Tauern-Nordseite:

Bodensee (1150 m), Gasthof im Seewigtal. Ganzjährig geöffnet, außer November. Post A-8966 Aich-Assach; Tel. 03686/4697. Zufahrt bis nahe Gasthof. Zugang von Ruperting oder Aich $1^3/_4$ Stunden. Zur Hans-Wödl-Hütte $1^1/_4$ Stunden.

Gipfel: Hochwildstelle $4^1/_2$—5 Stunden, Höchstein 4—$4^1/_2$ Stunden.

Breitlahnhütte (1070 m) im Kleinsölktal. Ende Mai bis Anfang Oktober. A-8961 Stein an der Enns. Zufahrt bis zur Hütte. Übergang Prebertörl — Grazerhütte 6 Stunden, zur Rudolf-Schober-Hütte 7 Stunden, Rettingscharte oder Trattenscharte — Preintalerhütte 5 Stunden. Wanderung zum Schwarzensee $^3/_4$ Stunden, zur Putzentalalm $1^3/_4$ Stunden.

Gipfel: Hochwildstelle 5 Stunden, Predigtstuhl $4^1/_2$ Stunden.

Dr.-Theodor-Körner-Haus und Taurachhütte (1802 m), zwischen Radstädter-Tauern-Paß und Seekarhaus. Mitte Juni bis Ende September und Anfang Dezember bis Ende April. A-5562 Obertauern; Tel. 06456/202. Zufahrt bis zum Haus. Übergang zur Oberhütte $1^3/_4$ Stunden.

Gipfel: Plattenspitze $1^1/_2$ Stunden, Gamskarlspitze 2 Stunden, Seekarspitze $2^1/_4$ Stunden.

Duisitzseehütte (ca. 1650 m), am Duisitzsee über dem Obertal. Mitte Juni bis Mitte Oktober. A-8970 Obertal. Zugang aus dem Obertal: von der Eschachalm $1^1/_4$ Stunden, von Hopfriesen über Eschachalm 2 Stunden. Übergang zur Ignaz-Mattis-Hütte 2 Stunden, über Neualm zur Keinprechthütte 2 Stunden.

Gipfel: Zinkwand und Engelkarspitze jeweils $3^1/_2$ Stunden, Murspitze $1^3/_4$ Stunden.

Eiskarhütte (1700 m) auf der Reiteralm. Mitte Juni bis Anfang Oktober und Dezember bis Ende April. A-8973 Pichl an der Enns. Zufahrt von Pichl auf Mautstraße. Zugang von Pichl 3 Stunden. Übergang zu Untersee, Mittersee, Obersee 1 Stunde.

Gipfel: Gasselhöhe $^3/_4$ Stunden, Ruppeteck $1^1/_2$ Stunden, Schober $1^1/_2$ Stunden.

Galsterbergalmhütte (1643 m) am Pleschnitzzinken. Anfang Juni bis Mitte September und Mitte Dezember bis Ostern. A-8965 Pruggern; Tel. 03685/2604. Zufahrt von Pruggern bis Bottinghaus; Zugang von hier 20 Minuten. Übergang zur Pleschnitzzinkenhütte 35 Minuten, zur Perneralm im Sattental $2^1/_2$ Stunden.

Gipfel: Kalteck $^3/_4$ Stunden, Pleschnitzzinken $1^1/_4$ Stunden.

Gollinghütte (1651 m) im hinteren Steinriesental. Mitte Juni bis Anfang Oktober. A-8970 Schladming. Zufahrt durchs Untertal bis zur „Weißen Wand" (Bushaltestelle), mit Pkw bis zur Unteren Gfölleralm. Zugang $2^1/_2$ bzw. 2 Stunden. Übergang zur Preintalerhütte $5^1/_2$ Stunden, Landawirseehütte 4 Stunden, Keinprechthütte 5 Stunden.

Gipfel: Hochgolling $3^1/_2$ Stunden, Greifenberg $2^1/_2$ Stunden, Zwerfenberg 3 Stunden.

Hans-Wödl-Hütte (1528 m) im Seewigtal. Mitte Juni bis Anfang Oktober. A-8966 Aich-Assach. Zufahrt auf Mautstraße von Aich oder Ruperting bis zum Bodensee. Aufstieg von hier $1^1/_4$ Stunden, Übergang Neualmscharte — Preintalerhütte $4^1/_2$ Stunden, Filzscharte — Krummholzhütte 4 Stunden, über Hochwildstelle zur Breitlahnhütte $7^1/_2$ Stunden.

Gipfel: Hochwildstelle $3^1/_2$ Stunden, Höchstein 3 Stunden.

Hauser-Kaibling-Bergheim (1778 m) auf der Kaiblingalm. Ganzjährig bewirtschaftet. A-8967 Haus im Ennstal. Zufahrt von Haus mit der Schladminger-Tauern-Bahn. Von der Bergstation $^1/_2$ Stunde, vom Kemeterhof 2 Stunden, von der Gföhlalm $1^1/_2$ Stunden. Übergang Roßfeldsattel — Moaralmsee $^3/_4$ Stunden, Filzscharte — Hans-Wödl-Hütte $3^1/_2$ Stunden, Zwieslingscharte — Preintalerhütte $4^1/_2$ Stunden.

Gipfel: Hauser Kaibling 35 Minuten, Bärfallspitze 50 Minuten, Höchstein $2^1/_2$ Stunden.

Hochwurzenhütte (1850 m). Anfang Dezember bis Ende Oktober. A-8970 Schladming. Zufahrt bis zum Haus: Von Schladming über Rohrmoos, dann Mautstraße oder Sessellift. Zugang vom Gasthof Winterer in Rohrmoos 2 Stunden. Übergang zur Ignaz-Mattis-Hütte 5 Stunden, Latterfußsattel — Ursprungalm (Bushaltestelle) 3 Stunden.

Gipfel: Roßfeld $1^1/_4$ Stunden, Guschen 2 Stunden.

Ignaz-Mattis-Hütte (1986 m) am Giglachsee. Mitte Juni bis Anfang Oktober. A-8970 Schladming. Zugang von Hopfriesen im Obertal 3 Stunden, von der Ursprungalm im Preuneggtal 1¼ Stunden; jeweils Bushaltestellen. Übergang zur Keinprechthütte 3 Stunden, zur Duisitzseehütte 2 Stunden.

Gipfel: Steirische und Lungauer Kalkspitze jeweils 2 Stunden.

Kaiblingalmhütte (1778 m). Selbstversorgerhütte. Auskünfte bei Helmut Walcher, A-8967 Haus im Ennstal 45; Tel. 0 36 86/23 32 (Konsum). Zugang sowie Tourenmöglichkeiten siehe Hauser-Kaibling-Bergheim.

Keinprechthütte (1872 m) unter der Zinkwand. Mitte Juni bis Anfang Oktober. A-8970 Schladming. Zugang aus dem Obertal von Hopfriesen (Bushaltestelle) oder von der Eschachalm 3 bzw. 2½ Stunden. Übergang zur Ignaz-Mattis-Hütte 2¾ Stunden, Gollinghütte 5 Stunden, Landawirseehütte 1½ Stunden.

Gipfel: Zinkwand 1½ Stunden, Vetternspitze 2½ Stunden.

Kemeterhof (1189 m), Berggasthof am Oberhausberg. Ganzjährig geöffnet. A-8967 Oberhausberg 9; Tel. 0 36 86/21 47. Zugang von Oberhaus 1¼ Stunden, von Markt Haus 1½ Stunden. Übergang zur Gföhlalm ½ Stunde, Schladmingerhütte 2 Stunden, Krummholzhütte 2 Stunden.

Gipfel: Hauser Kaibling 2½ Stunden, Höchstein 4½ Stunden.

Knapplhof (1150 m), Gasthof am Gumpenberg. Ganzjährig geöffnet. A-8967 Gumpenberg 2; Tel. 0 36 86/25 48. Zugang von Haus im Ennstal, Ennsling und Ruperting jeweils 1 Stunde. Übergang zur Krummholzhütte 2—2½ Stunden, Kaiblingalm 2⅓—3 Stunden, Gumpental — Moaralmsee 2¼ Stunden.

Gipfel: Hauser Kaibling 2½—3 Stunden, Höchstein 4 Stunden.

Kollerhütte (1347 m) auf der Unteren Maralm. Pfingsten bis Mitte Oktober. Zugang vom Gumpental (Parkplatz) 1 Stunde. Übergang zur Hans-Wödl-Hütte 3 Stunden, Moaralmsee 1½ Stunden.

Gipfel: Höchstein 3½ Stunden, Bärfallspitze 2½ Stunden.

Krummholzhütte (1838 m) am Hauser Kaibling. Ganzjährig bewirtschaftet. A-8967 Haus im Ennstal; Tel. 0 36 86/23 17. Bergstation der Schladminger-Tauern-Bahn nächst der Hütte. Zugang von Haus 3—3½ Stunden, vom Knapplhof 2—2½ Stunden. Übergang Moaralmsee 1½ Stunden, Kaiblingalmhütte ½ Stunde, Schladmingerhütte 3 Stunden.

Gipfel: Hauser Kaibling 25 Minuten, Bärfallspitze $1\frac{1}{2}$ Stunden, Höchstein über Zwieslingscharte 3 Stunden.

Michaelerberghaus (1203 m), über Pruggern und Moosheim. Ganzjährig geöffnet. A-8965 Michaelerberg 118; Tel. 03685/2566. Zufahrt über Michaelerberg bis zum Haus. Übergang nach Kleinsölk $3\frac{1}{2}$—4 Stunden, zur Schladmingeralm $2\frac{1}{2}$ Stunden.
Gipfel: Kochofen 2 Stunden, Spateck über Schladmingertörl $4\frac{1}{2}$ Stunden.

Oberhütte (1862 m), Almwirtschaft, am Oberhüttensee. Mitte Juni bis Ende September. Zugang aus dem Forstautal von der Vögeialm $1\frac{1}{4}$ Stunden, aus dem Weißpriachtal von der Ulnhütte 2 Stunden. Übergang zum Seekarhaus und Radstädter-Tauern-Paß $1\frac{1}{2}$—2 Stunden, zur Ignaz-Mattis-Hütte 2 Stunden.
Gipfel: Steirische und Lungauer Kalkspitze jeweils $1\frac{1}{2}$ Stunden.

Otto-Pfarsbacher-Hütte (1735 m), auf der Planai. Selbstversorgerhütte. Auskünfte bei Anton Weinzierl, A-8970 Schladming, Bergwerkstraße 528; Tel. 03687/238313. Zugang von der Schladmingerhütte 20 Minuten. Übergang zur Gföhlalm $1\frac{1}{2}$ Stunden, zur Kaiblingalm 3 Stunden.
Gipfel: Krahbergzinken $1\frac{1}{2}$ Stunden, Planai 35 Minuten.

Perneralmhütte (1310 m), Almwirtschaft und Jausenstation, im hinteren Sattental. Ende Mai bis Ende September; Notquartier. Zufahrt von Pruggern bis zur Hütte. Übergang zur Sattentalalm 20 Minuten, zur Pleschnitzzinkenhütte $2\frac{1}{2}$ Stunden, Trattenscharte — Preintalerhütte $4\frac{1}{2}$—5 Stunden, Trattenscharte — Breitlahnhütte $4\frac{1}{2}$—5 Stunden.
Gipfel: Hochwildstelle 4—$4\frac{1}{2}$ Stunden.

Pleschnitzzinkenhütte (1944 m). Selbstversorgerhütte. Auskünfte bei Franz Schwab, A-8965 Pruggern 212; Tel. 03685/34035. Zugang von Bottinghaus 1 Stunde. Übergang zur Galsterbergalmhütte $\frac{1}{2}$ Stunde.
Gipfel: Pleschnitzzinken $\frac{1}{2}$ Stunde, Scheibleck $1\frac{1}{4}$ Stunden.

Preintalerhütte (1657 m), auf der Waldhornalm. Mitte Juni bis Anfang Oktober. A-8970 Schladming. Zugang aus dem Untertal vom Gasthaus Weiße Wand $2\frac{1}{4}$ Stunden, von der Unteren Gfölleralm $1\frac{3}{4}$ Stunden. Übergang Klafferkessel — Gollinghütte $5\frac{1}{2}$ Stunden, Neualmscharte — Hans-Wödl-Hütte $4\frac{1}{2}$ Stunden.
Gipfel: Waldhorn 3 Stunden, Hochwildstelle 3 Stunden, Höchstein $3\frac{1}{2}$ Stunden, Greifenberg $3\frac{1}{2}$ Stunden.

Putzentalalm (1354 m), Almwirtschaft, im Kleinsölktal. Keine Nächtigungsmöglichkeit; Anfang Juni bis Ende September. Zugang von der Breitlahnhütte 1¾ Stunden. Übergang Prebertörl — Grazerhütte 4—4½ Stunden, zur Rudolf-Schober-Hütte bzw. zum Etrachsee 5—5½ Stunden, Rettingscharte — Preintalerhütte 5 Stunden.
Gipfel: Kieseck 4 Stunden, Waldhorn 4½—5 Stunden, Predigtstuhl 4½ Stunden.

Reiteralmhütte (1716 m). Mitte Juni bis Ende September und Dezember bis Ende der Wintersaison. A-8973 Pichl. Zufahrt bis zur Hütte, Mautstraße. Zugang von Pichl 3 Stunden. Übergang zum Untersee, Mittersee, Obersee 1 Stunde.
Gipfel: Gasselhöhe ¾ Stunden, Ruppeteck 1½ Stunden, Schober 1½ Stunden.

Schladmingerhütte (1828 m), Planai. Ganzjährig. A-8970 Schladming; Tel. 03687/22639. Zugang von Schladming 2½ Stunden. Übergang zur Preintalerhütte 5 Stunden, Krummholzhütte 3 Stunden, Kaiblingalm 3 Stunden.
Gipfel: Planai ¼ Stunde, Krahbergzinken 1¼ Stunden, Höchstein 4½ Stunden.

Seekarhaus (1797 m), nahe Radstädter-Tauern-Paß. Ganzjährig, außer Mai und November. A-5562 Obertauern; Tel. 06456/213. Zugang von Obertauern ½ Stunde. Übergang zur Ignaz-Mattis-Hütte 4 Stunden, Oberhüttensattel — Forstau 5 Stunden, Südwienerhütte 2½ Stunden.
Gipfel: Seekarspitze 2 Stunden, Seekareck 1¾ Stunden, Zehnerkarspitze 3 Stunden.

Tauerngold (1060 m), Jausenstation. Ganzjährig. Zufahrt durchs Obertal bis zum Haus. A-8970 Schladming, Hopfriesen. Übergang zur Ignaz-Mattis-Hütte 3 Stunden, Duisitzseehütte 2 Stunden, Keinprechthütte 3 Stunden, Landawirseehütte 5 Stunden.

Ursprungalm (1604 m), Almgasthof. Anfang Juni bis Mitte Oktober. A-8973 Pichl. Zufahrt durchs Preuneggtal bis zum Haus; Mautstraße ab Strickbrücke. Übergang zur Ignaz-Mattis-Hütte 1¼ Stunden, Keinprechthütte 4½ Stunden, Seekarhaus 6 Stunden.
Gipfel: Steirische und Lungauer Kalkspitze je 2½ Stunden, Schiedeck 2½ Stunden.

Weiße Wand (ca. 1050 m), Gasthaus im Untertal. Mitte Mai bis Ende September; keine Nächtigungsmöglichkeit. A-8970 Untertal. Zufahrt durchs Untertal bis zum Haus. Übergang zur Gollinghütte 2½ Stunden, Preintalerhütte 2½ Stunden.
Gipfel: Wasserfallspitze 4—5 Stunden, Zwerfenberg 5 Stunden, Waldhorn 5—6 Stunden, Hochwildstelle 5—6 Stunden.

Wismeyerhaus (1670 m), auf der Tauern-Paßhöhe. Anfang Juli bis Ende August und Anfang Dezember bis Ende April. A-5562 Obertauern; Tel. 06456/220. Übergang zum Seekarhaus 1/2 Stunde, Ignaz-Mattis-Hütte 4 1/2 Stunden, Südwienerhütte 2 1/2 Stunden.

Gipfel: Gamskarlspitze 2 Stunden, Gurpitscheck 4 Stunden.

Stützpunkte an der Schladminger-Tauern-Südseite:

Im Einzugsgebiet der Krakau wie vor allem im Lungauer Bereich dienen vorwiegend die Talorte mit ihren Gasthöfen als Stützpunkte. Die Schutzhütten sind nur während des Sommers bewirtschaftet.

Etrachseehof (1372 m). Anfang Mai bis Ende Oktober. A-8854 Krakaudorf; Telefon 0 35 35/377. Zufahrt bis zum Etrachsee. Zugang von Krakauebene 1 1/4 Stunden. Übergang zur Rudolf-Schober-Hütte 1 1/4 Stunden, zur Breitlahnhütte 6 1/2 Stunden.

Gipfel: Rupprechtseck 4 Stunden, Predigtstuhl über Hubenbauertörl 4 1/2 Stunden, Brennerfeldeck 3 1/2 Stunden.

Grazerhütte (1897 m), am Preber. Anfang Juni bis Ende September. A-8854 Krakaudorf. Zufahrt Richtung Prebersee, zum Gappmayeranger; oder nach Klausen am Beginn des Prebergrabens. Zugang vom Gappmayeranger über Grazersteig 1 Stunde, von Klausen 1 1/2 Stunden. Übergang Prebertörl — Breitlahnhütte 6 Stunden.

Gipfel: Preber 2 Stunden, Roteck 3 1/2 Stunden, Predigtstuhl 5 1/2 Stunden.

Günster-Wasserfall (1059 m), Gasthaus zwischen Krakaudorf und Schöder. Ganzjährig geöffnet. A-8844 Schöder; Tel. 03536/7224. Zugang zum Günster-Wasserfall 10 Minuten. Übergang Dorferalm — Krakaudorf 6 Stunden, Toreben — Rudolf-Schober-Hütte 5 Stunden, ins Obere Günstertal (Kaiserhütte) 2 Stunden.

Gipfel: Trübeck 4 Stunden, Feldkögerl 2 1/2 Stunden.

Jogaushütte (1745 m), am Gstoder. Mitte Juni bis Ende September. Zugang vom Gehöft Jogaus (hierher Zufahrt von St. Ruprecht) 1 1/2 Stunden, von St. Ruprecht 2 1/2 Stunden. Übergang Gstoder — Seetal 3—3 1/2 Stunden, Gstoderhütte — Seebach 2 1/2 Stunden.

Gipfel: Gstoder 1 Stunde, Payerhöhe 3/4 Stunden.

Landawirseehütte (1985 m), am Hochgolling. Mitte Juni bis Ende September. A-5571 Mariapfarr, Göriach 73. Winterraum mit AV-Schloß. Zugang aus dem Göriachtal vom Hüttendorf 1 1/2 Stunden, aus dem Obertal von der Eschachalm

3 Stunden, von Hopfriesen 4 Stunden. Übergang zur Keinprechthütte 1½ Stunden, Gollinghütte 3½ Stunden.

Gipfel: Hochgolling 3 Stunden, Pietrach 1¼ Stunden, Scharnock 2 Stunden.

Rudolf-Schober-Hütte (1667 m), auf der Grafenalm, Tauern-Sonnseite. Anfang Juni bis Ende September. Winterraum. A-8854 Krakaudorf. Zugang vom Etrachsee 1½ Stunden. Übergang zu Unterem und Oberem Wildensee 40 Minuten bzw. 1 Stunde, Hubenbauertörl — Breitlahnhütte 7 Stunden.

Gipfel: Predigtstuhl 4½ Stunden, Süßleiteck 3½ Stunden, Bauleiteck 2 Stunden.

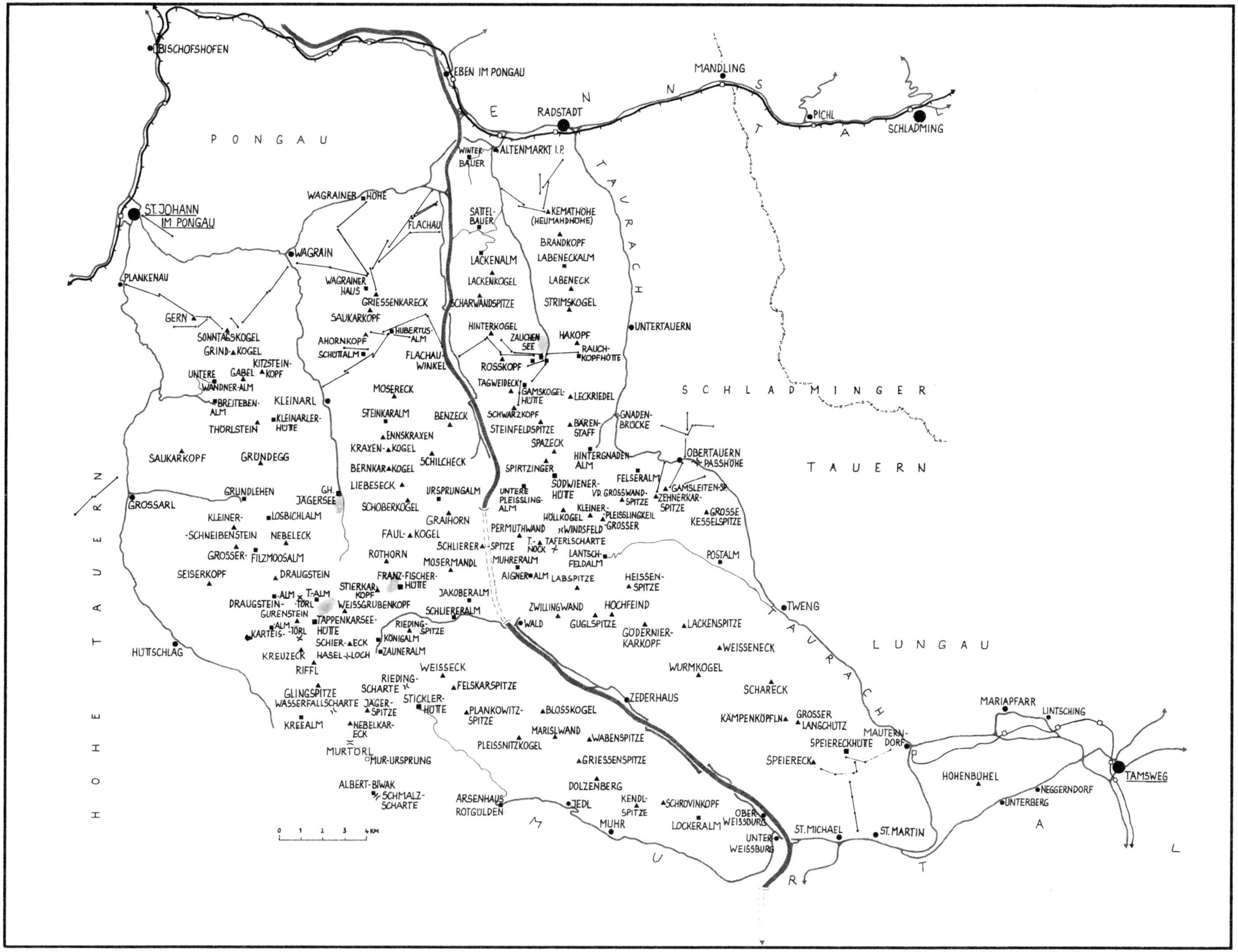

BISCHOFSHOFEN
EBEN IM PONGAU
MANDLING
RADSTADT
PICHL
SCHLADMING
ENNSTAL
PONGAU
ALTENMARKT I.P.
WINTER-BAUER
ST. JOHANN IM PONGAU
WAGRAINER HÖHE
FLACHAU
SATTEL-BAUER
KEMATHÖHE (HEUMAHDHÖHE)
BRANDKOPF
LABENECKALM
LABENECK
STRIMSKOGEL
TAURACH
WAGRAIN
LACKENALM
LACKENKOGEL
PLANKENAU
WAGRAINER HAUS
GRIESSENKARECK
SCHARWANDSPITZE
GERN
SAUKARKOPF
SONNTAGSKOGEL
GRIND-KOGEL
AHORNKOPF
HUBERTUS-ALM
HINTERKOGEL
ZAUCHENSEE
HAKOPF
RAUCHKOPFHÜTTE
UNTERTAUERN
SCHÜTTALM
FLACHAU-WINKEL
ROSSKOPF
KITZSTEIN-KOPF
GABEL
UNTERE WANDNER-ALM
TAGWEIDECK
GAMSKOGEL-HÜTTE
LECKRIEDEL
MOSERECK
KLEINARL
BREITEBEN-ALM
KLEINARLER-HÜTTE
SCHLADMINGER TAUERN
THÖRLSTEIN
STEINKARALM
BENZECK
SCHWARZKOPF
BÄREN-STAFF
GNADEN-BRÜCKE
ENNSKRAXEN
STEINFELDSPITZE
KRAXEN-KOGEL
SPAZECK
HINTERGNADEN-ALM
OBERTAUERN
PASSHÖHE
SAUKARKOPF
GRÜNDEGG
SCHILCHECK
BERNKAR-KOGEL
SPIRTZINGER
FELSERALM
LIEBESECK
URSPRUNGALM
UNTERE PLEISSLING-ALM
SÜDWIENER-HÜTTE
GAMSLEITEN-SP.
GRUNDLEHEN
GROSSARL
GH. JÄGERSEE
VD. GROSSWAND-SPITZE
ZEHNERKAR-SPITZE
SCHOBERKOGEL
GROSSE KESSELSPITZE
KLEINER-SCHNEIBENSTEIN
LOSBICHLALM
GRAIHORN
HÖLLKOGEL
KLEINER-PLEISSLINGKEIL-GROSSER
NEBELECK
FAUL-KOGEL
PERMUTHWAND
WINDSFELD
GROSSER-FILZMOOSALM
ROTHORN
SCHLIERER-SPITZE
T.-NOCK
TAFERLSCHARTE
LANTSCH-FELDALM
POSTALM
HOHE TAUERN
MOSERMANDL
MUHRERALM
SEISERKOPF
DRAUGSTEIN
FRANZ-FISCHER-HÜTTE
AIGNER-ALM
LABSPITZE
HEISSEN-SPITZE
STIERKAR-KOPF
JAKOBERALM
DRAUGSTEIN-ALM
T.-ALM
TÖRL
WEISSGRUBENKOPF
HOCHFEIND
TWENG
ZWILLINGWAND
GURENSTEIN
SCHLIERERALM
TAPPENKARSEE-HÜTTE
RIEDING-SPITZE
WALD
GUGLSPITZE
GODERNIER-KARKOPF
LACKENSPITZE
KARTEIS-ALM
TÖRL
SCHIER-ECK
KÖNIGALM
WEISSENECK
LUNGAU
HÜTTSCHLAG
KREUZECK
HASEL-LOCH
ZAUNERALM
RIFFL
WEISSECK
WURMKOGEL
RIEDING-SCHARTE
FELSKARSPITZE
SCHARECK
GLINGSPITZE
WASSERFALLSCHARTE
JÄGER-SPITZE
STICKLER-HÜTTE
ZEDERHAUS
PLANKOWITZ-SPITZE
BLOSSKOGEL
KÄMPENKÖPFLN
GROSSER LANSCHÜTZ
MARIAPFARR
LINTSCHING
KREEALM
NEBELKAR-ECK
MARISLWAND
WABENSPITZE
MAUTERN-DORF
SPEIERECKHÜTTE
MURTÖRL
MUR-URSPRUNG
PLEISSNITZKOGEL
GRIESSENSPITZE
SPEIERECK
TAMSWEG
HOHENBÜHEL
DOLZENBERG
ALBERT-BIWAK
SCHMALZ-SCHARTE
NEGGERNDORF
ARSENHAUS
ROTGÜLDEN
JEDL
KENDL-SPITZE
SCHROVINKOPF
UNTERBERG
MUHR
LOCKERALM
OBER-WEISSBURG
UNTER-WEISSBURG
ST. MICHAEL
ST. MARTIN
MURTAL
0 1 2 3 4 KM

Radstädter Tauern

Kleiner Pleißlingkeil (2418 m) und Großer Pleißlingkeil (2501 m)

Bei unserem Sommerurlaub in den Radstädter Tauern hatten Luise und ich die Pleißlingkeile in jener Einsamkeit vorgefunden, die in den Alpen angeblich so selten geworden ist.

Wahrscheinlich waren die von Ruhe erfüllten Mittagsstunden eine Art Unzeit. Doch wir haben uns längst von jenen Normen abgewandt, weiß Gott wie früh aufzubrechen, wenngleich wir auch an diesem Tag keine Langschläfer waren: Wir hatten ja aus dem Twenger Lantschfeld über das Windsfeld und die Südwienerhütte einen weiten Weg zurückgelegt.

Rund um uns standen Haufenwolken über den Radstädter Tauern; große Schatten legten sich über die Glöcknerin und die benachbarten Großwandspitzen. In den Karen am Weg zum Großen Pleißlingkeil flimmerte die Luft; ein schöner Sommertag!

Beim Übergang zum Kleinen Pleißlingkeil lernten wir große Schuttflächen kennen. Doch nahe dem Grat fanden wir uns recht gut zurecht, überkletterten das locker geschichtete Gestein mit jener Vorsicht, die man rohen Eiern zuteil werden läßt.

Im Gegenlicht nahm sich der Gipfel des Kleinen Pleißlingkeils als schroffes Horn aus. Eine kurze schiefe Stange markiert diesen Höhepunkt. Aus dem Gipfelbuch entnahmen wir, daß die meisten Besucher als Schifahrer auf den Kleinen Pleißlingkeil kommen.

Ein Wiedersehen im Frühjahr haben auch wir uns vorgenommen, als wir unter der Grünspitze und dem Kesselkopf zum Höllkogel aufstiegen und zum Windsfeld zurückkehrten. Um diese Zeit lag auf dem Lantschfeldtal bereits ein weiter Schatten, doch darüber war der Hochfeindkamm in sanftes Nachmittagslicht getaucht.

Als Luise und ich zur Sennhütte auf der Lantschfeldalm zurückkehrten, war Rosl, unsere gastfreundliche Sennerin, schon ein wenig in Sorge geraten. Doch als sie und Georg hörten, wohin uns die heutige Runde geführt hatte, seufzte sie: „Jo mei, so weit!“

Auf die Pleißlingkeile:

Aus dem Twenger Lantschfeldtal: Von der Lantschfeldalm (1646 m) über das

Windsfeld; von hier auf bezeichnetem Weg zur Südwienerhütte (1802 m) 2½ Stunden. Von der Hütte auf den Großen Pleißlingkeil 2 Stunden; Übergang zum Kleinen Pleißlingkeil ¾ Stunden. Als Rundtour, mit Abstieg ins Lantschfeld, insgesamt 8 Stunden.

Aus dem Pongauer Taurachtal: Von der Gnadenbrücke (1266 m) zur Südwienerhütte 1¾ Stunden.

Aus dem Flachautal: Von der Raststation an der Tauern-Autobahn vor dem Nordportal des Tunnels (1200 m) über die Untere Pleißlingalm zur Südwienerhütte 2 Stunden.

Zwillingwand (2516 m)

Im nördlichen Abschluß des Zederhaustales liegen große Almen: Die Muhreralm und Aigneralm. Ihre alpine Umgebung wird vom Kleinen Mosermandl, von der Schliererspitze, von der Permuthwand, von der Stampferwand und von der frei dastehenden Zwillingwand bestimmt.

Zwischen Aigneralm und Muhreralm führt ein bezeichneter Weg Richtung Taferlscharte, doch am Fuße der Stampferwand läßt sich das Gelände der oberen Aigneralm in unseren Anstieg zur Gebreinspitze und Labspitze einbinden. Dem Zaun entlang folgten wir in leichtem Bergauf und Bergab jenem deutlichen Steig, der uns schließlich in die Rothenkarscharte hinaufführte. Von hier ist es dem Grat entlang nicht mehr weit zur Zwillingwand.

Sie erweist sich als mächtiger westlicher Eckpfeiler des Hochfeindkammes und gewährt einen eindrucksvollen Rundblick zum gegenüberliegenden Weißeck, zur Riedingspitze und zu den beiden Mosermandln, aber auch in Richtung Faulkogel.

Der gleiche Anstieg von der Muhreralm läßt sich außerdem mit mehreren Schitourenzielen verbinden. Dazu zählen Aignerhöhe, Labspitze, Große Guglspitze, aber auch das der Zwillingwand im Nordwesten gegenüberliegende Wurmfeld und im Norden stehende Taferlnock.

Auf die Zwillingwand:

Aus dem Zederhaustal: Zufahrt von Zederhaus auf guter, jedoch schmaler Straße zum Weiler Wald (1328 m) beim Südportal des Autobahntunnels im hinteren Zederhaustal. Oberhalb des Tunnelportals bezeichnete Abzweigung Richtung Aigner- und Muhreralm. Aufstieg von den Hütten der Muhrer- und Aigneralm (1660 bzw. 1710 m) über Gebreinspitze 3 Stunden.

Große Guglspitze (2638 m), Hochfeind (2687 m) und Gödernierkarkopf (2595 m)

Auf den Hochfeind haben wir einen Weg in durchwegs friedlicher Landschaft gefunden.

Mit Georg Ritzer, er arbeitet den Sommer über auf der Genossenschaftshütte am Lantschfeld als Senner, sind wir bei der St.-Leonhard-Kapelle zum Mautling hinaufgestiegen. In Georgs Rucksack waren einige Kilogramm Salz. Georg streute es dort und da auf Steine und das gepflegte Weidevieh drängte zu Georgs gebefreudigen Händen und vor allem zu den Lecksteinen.

Zwischen Mautling und Gebreinspitze, oberhalb der Lacken, trennten wir uns von Georg. Seine gelbe Regenjacke sahen wir weit unten auf der Jokasalm. Luise und ich gingen über die Gebreinspitze auf die Labspitze (2222 m).

Das Gelände um Labspitze und Jokasalm, Lantschfeld, Muhreralm und Aigneralm kennen wir vor allem aus der Schitouren-Literatur des Salzburgers Dr. Clemens Hutter wie auch jener der Gebrüder Rabeder.

Wir gingen also dem Winterführer im Sommer nach.

Über die Rothenkarscharte gewinnt der Weg auf den Hochfeind allmählich alpinen Charakter. Wir nahmen dabei die Zwillingwand aus, sahen hinunter in das eindrucksvoll steile Rothenkar, das in das Zederhaustal hinunterführt und stiegen allmählich durch das scherbenartige Geröllfeld zur Großen Guglspitze auf.

In einem gespenstisch trüben Licht, umgeben von Nebelfetzen, überschritten wir den verwitterten Grat, dessen feinblättrige Gesteinsstruktur an die Bratschen der Glocknergruppe erinnert. Dieser Übergang von der Großen Guglspitze zum Hochfeind läßt in das obere Schieferkar einblicken, dessen Form wir mit einem Amphitheater vergleichen.

Verblaßte weiße, mitunter auch rote und blaue Farbzeichen sind eine spärliche Markierung hinüber zum Hochfeind. Das Gipfelbuch wurde hier oben am 29. Juli 1969 von den Zederhausern Rothenwänder Sepp jun. und sen. gemeinsam mit R. Ernst hinterlegt. Die Besucherzahl auf dem Hochfeind läßt sich pro Jahr an den Fingern abzählen.

Bei der Überschreitung zum Gödernierkarkopf waren uns die vom Gipfel weiterleitenden Markierungszeichen willkommen. Aus der zweiten und tiefsten Scharte sind wir durch das Blockkar hinuntergestiegen zu den auffallend hellen Kalkbänken, die zum Teil mit dunklem Kristallinschutt überdeckt sind und damit eine eigenartige Schwarz-Weiß-Komposition ergeben. Sie wirkte an diesem trüben 20. August wie eine ferne Welt.

Die Kalkfelsen ziehen als lange Bänke in Richtung jenes Grates, der vom Gödernierkarkopf nach Norden zur Heißenspitze ausläuft und vor ihr einen kleinen Sattel bildet. Nun konnten wir nicht nur die Karleiten überblicken, durch die unser steiler Abstieg auf die Jokasalm bald führte, sondern auch die wie Gletscher aussehenden Kare unter dem Gödernierkarkopf und dem Schwarzeck.

Der Hochfeindkamm läßt sich mit dieser Runde, wie wir sie an der Nordseite an diesem Tag zurücklegten, in jener Ursprünglichkeit erleben, die in weiten Teilen der Alpen leider immer seltener zu finden ist.

Auf den Hochfeind:

Aus dem Twenger Lantschfeld: Von der Lantschfeldalm (1646 m) über Labspitze und Große Guglspitze 4 Stunden.

Übergang zum Gödernierkarkopf und Abstieg durch die Karleiten aufs Lantschfeld weitere 3—3½ Stunden. Insgesamt etwa 8 Stunden; zum Großteil unbezeichnet und weglos.

Aus dem Zederhaustal: Von Zederhaus (1205 m) auf bezeichnetem Weg durchs Gödernierkar und über den Gödernierkarkopf 4—4½ Stunden.

Mosermandl (2680 m), Kleines Mosermandl (2538 m) und Schliererspitze (2404 m)

Auf der Schliereralm stand unser Zelt am Riedingbach. Wir haben aber dennoch die Freundlichkeit des Gasthofes auf der Schliereralm kennengelernt, wo wir nicht nur Appetit und Durst zu stillen vermochten, sondern auch unsere Neugierde. Denn an Fragen mangelt es uns nie, weil wir gerne Informationen sammeln, aus denen sich weiträumige Zusammenhänge erkennen lassen.

Da war uns zum Beispiel Peter Gruber vlg. Jakoberbauer zur rechten Zeit entgegengekommen; Luise und ich waren gerade dabei, zur Jakoberalm hinaufzusteigen, als wir erfuhren, welch kostbaren Besitz er dort oben am Fuße des Mosermandl sein eigen nennt.

Rund 150 Jahre alt ist die Almhütte, welche vor allem von Tagesgästen aus dem Zederhaustal gerne aufgesucht wird.

Der Jakoberbauer ließ sich in aller Früh gerne und lange von uns aufhalten, obwohl ihm diese Zeit oben bei der Almhütte fehlte. Dort wurde seine Erzählkunst während dieser Zeit stark vermißt.

Der Zentralalpenweg verbindet die Jakoberalm sowohl mit der Franz-Fischer-Hütte wie — über die Taferlscharte — mit der Südwienerhütte. Luise und ich waren überrascht, welch gewaltige Rucksäcke von Bergwanderern auf diesem Weg unter der Augustsonne geschleppt werden.

Wir waren zunächst Richtung Fischerhütte unterwegs, sind aber nahe der Gruberkarhütte am Nachmittag zum Mosermandl hinaufgestiegen. An diesem Tag hätten wir etwas früher den Gipfel erreichen sollen; aber wahrscheinlich hatten wir uns doch ein bißchen zu lange mit dem Jakoberbauern unterhalten.

Erst beim Abstieg vom Mosermandl nahmen wir die Gewitterstimmung ernst genug und gingen entsprechend schnell weiter. Als wir die Hüttentür erreichten, trieb der Wind auch schon den Gewitterregen in dichten Schleiern durchs Zaunerkar.

Auf das Mosermandl:

Aus dem Riedingtal: Von der Schliereralm (1495 m) auf die Jakoberalm (1846 m) 1 Stunde; bezeichneter Weg zum Mosermandl 2½ Stunden. Vom Mosermandl auf gleichem Weg zurück bis zur Abzweigung bei der Gruberkarhütte und über den Essersee zur Franz-Fischer-Hütte (2001 m) weitere 2 Stunden.

Von der Fischerhütte als Rundtour über Windischscharte auf das Mosermandl und mit Abstieg und Rückweg über Essersee 4—5 Stunden.

Auf die Schliererspitze und das Kleine Mosermandl:

Von der Jakoberalm am Zentralalpenweg Richtung Taferlscharte, doch nach dem Rothenwändersee auf einem Steig durch das Urbakar in die Schliererscharte und über die Schliererspitze auf das Kleine Mosermandl 2½ Stunden.

Als Schitour: Von der Aigner- bzw. Muhreralm (1660 bzw. 1710 m) über die Kößlerhiasalm und durchs Urbakar zur Schliererscharte; aus ihr auf Schliererspitze und Kleines Mosermandl 2½ bzw. 3½ Stunden; vom Weiler Wald jeweils 1 Stunde länger.

Aus dem Flachautal: Von der Raststation an der Tauern-Autobahn vor dem Nordportal des Tunnels (1200 m) durch das Gasthofkar 4 Stunden. Oder über die Marbachalmen und Ursprungalm zur Windischscharte und von hier durch das Innere Gasthofkar 4½—5 Stunden.

Ennskraxen (2410 m) und Kraxenkogel (2436 m)

So oft wie an diesem 6. September 1986 haben wir noch nie „Guten Morgen!“ gewünscht. Denn Luise und ich sind zu einer Zeit von der Tappenkarseehütte zum Jägersee hinuntergestiegen, zu der uns einige hundert Touristen entgegenkamen, deren gemeinsames Ziel der Tappenkarsee war.

Draußen, beim Gasthof am Jägersee, war der Koch hilfsbereit, so kamen wir in einer verkürzten Form auf die Steinkaralm. Es hatte sich nämlich gefügt, daß der Besitzer Franz Winter vlg. Kreuzsal aus Kleinarl zu seiner Steinkarhütte hinauffahren wollte und Luise und mich bereitwillig mitnahm.

Dank dieser Hilfsbereitschaft haben wir an diesem Tag noch leicht die Ennskraxen und den Kraxenkogel ersteigen können. Dort oben begegnete uns auch noch eine kleine Gruppe: vier Männer waren aus dem hinteren Flachautal über die Ennsalmen und den Enns-Ursprung auf den Kraxenkogel heraufgestiegen und hatten vor, übers Mosereck und die Grundbichlhütte nach Flachau-Winkel zurückzukehren.

Der Kraxenkogel, vor allem die nördlich vorgelagerte Ennskraxen, gilt als Hausberg des Kleinarltales. Doch mit einigem Geschick im Wegfinden lassen sich die beiden Gipfel ebenso aus dem Flachautal in eine großzügige Tour einbinden.

Bei der Steinkarhütte zögerten wir so lange wie möglich unseren Abstieg nach Kleinarl hinaus. Allzu gemütlich war es vor dieser gastlichen Hütte. „Die Steinkaralm ist die letzte private Bauernalm in der Gemeinde Kleinarl“, erzählte die Bäuerin Josefine Winter, deren Arbeitstag gar schon um vier Uhr früh beginnt. Rund 70 Stück Vieh sind auf der Steinkaralm aufgetrieben. Doch gibt's auch Pferde: Am besten gefielen uns die Eisenschimmel-Stuten mit ihren Fohlen.

Auf die Ennskraxen bzw. auf den Kraxenkogel:

Aus dem Kleinarltal: Von Kleinarl (1008 m) über Steinkarhütte (1700 m) auf die Ennskraxen 4—4½ Stunden; Übergang zum Kraxenkogel 20 Minuten.

Aus dem Flachautal: Von Flachau-Winkel (1000 m) über die Ennsalmen zum Enns-Ursprung und auf unbezeichnetem Weg auf den Kraxenkogel, mit Übergang zur Ennskraxen 4—4½ Stunden.

Faulkogel (2654 m)

Nach dem Gewitterregen zeigte sich der Faulkogel in einem harten Licht, das die Strukturen dieses reich gegliederten Bergstockes besonders deutlich zeichnete. Im Zaunerkar, durch das wir zur Windischscharte aufstiegen, war ich immer weiter über Blockwerk gegen den Windischkopf gelangt, um diese Felsszene des Faulkogels in einer möglichst objektiven Perspektive auf das Dia zu bringen.

In der Windischscharte stehen mächtige Findlinge; ihre Schatten überdeckten wie dunkle Finger den Rasen, der wie ein kleiner grüner Teppich ausgebreitet liegt. Das Neukar zeigte sich während unseres weiteren Abstieges eher schroff und karg. Doch dieses Bild wandelte sich bald: Spätestens am Neukarsee sahen wir eine nahezu üppige Almlandschaft: Dichte Felder von Eisenhutblüten standen in den Mulden.

Die Neugierde ließ mich so weit wie möglich den Weg durch diesen Boden hinausgehen, bis ich alles Gelände überblicken konnte, das sich unter mir mit der Ursprungalm und den Marbachalmen ausbreitete. Ein primitiver Unterstand, lawinensicher in das Gelände hier oben eingefügt, weckte ebenso mein Interesse. Doch endlich stieg ich der Neukarscharte entgegen, wohin Luise bereits auf einem Abkürzungsweg vorausgegangen war.

Der Gipfelweg auf den Faulkogel hat ab der Scharte einige interessante Stellen, vor allem mit dem kurzen kaminartigen Schluchtgrund.

Das jüngste Gipfelbuch auf dem Faulkogel hat am 23. September 1983 Martin Wallhofer von der Bergrettungs-Ortsstelle Flachau hinterlegt. Es steckt in jener Blechkassette, die die Aufschrift erkennen läßt: Sektion Tauriskia des DuOeAV, 1. 9. 1927.

Wenn wir diese Zeilen mit unserer Faulkogeltour festhalten, liegt eine Jubiläumsspanne von 60 Jahren dazwischen.

Der Faulkogel verspricht mit seiner schroffen Form keine leichten Wege, so bestätigt auch das Gipfelbuch, daß eher wenige Besucher kommen.

Rudolf Weichselbram aus Wagrain hat am 18. März 1986 ins Gipfelbuch geschrieben: „Prosit Neujahr!"

Am 20. April 1984, einem Karfreitag, war Bergführer Helfried Sieder aus Pichl an der Enns „mit Schiern am Gipfel".

Der Rabeder-Clan aus Strobl hat sich am 3. Juni 1984 in das Faulkogel-Gipfelbuch eingetragen. Trotzdem: Dieser Gipfel wird im allgemeinen eher von Einheimischen besucht.

Für uns war der Faulkogel nicht nur Ziel, sondern vor allem ein informativer Aussichtsberg, da wir dank der Fernsicht einen der schönsten Teile der Radstädter Tauern überblicken konnten.

Auf den Faulkogel:

Aus dem Riedingtal: Von der Unteren Eßlalm (1540 m) zur Franz-Fischer-Hütte (2001 m) $1^{1}/_{4}$ Stunden; weiter über Windischscharte und Neukarscharte $3—3^{1}/_{2}$ Stunden.

Aus dem Flachautal: Von der Raststation an der Tauern-Autobahn vor dem Nordportal des Tunnels (1200 m) über die Marbachalmen, Ursprungalm und Neukarscharte $4^{1}/_{2}$ Stunden.

Weißgrubenkopf (2369 m)

„Wir durften das Buch auf den Gipfel tragen", schrieben Bertl und Gretl Rieder aus Zell am See am 15. August 1983 auf die erste Seite. Doch kurios ist, daß darin bereits eine Eintragung, mit 11. August 1983 datiert, vorzufinden ist: Eingeschrieben haben sich Andrea Eichholzer — die Tochter der Tappenkarseehütte-Pächterfamilie —, Anni Jäger aus Filzmoos sowie Christian und Helmut Eichholzer.

Der Weißgrubenkopf läßt sich unschwierig aus der Weißgrubenscharte erreichen und deshalb am Übergang zwischen Tappenkarseehütte und Franz-Fischer-Hütte ohne größeren Aufwand mitersteigen.

Für Luise und mich aber war der Weißgrubenkopf an jenem 5. September 1986 der abschließende Höhepunkt in unserer „Tappenkar-Promenade".

Als wir vom Weißgrubenkopf zur Tappenkarseehütte zurückkehrten, kam noch eine gemütliche Gesprächsrunde mit der Hüttenwirtin zustande. Da erfuhren wir, daß die Familie Eichholzer seit 1970 diese Hütte bewirtschaftet und einige der acht Kinder schon fleißig auf der Hütte mitarbeiten.

Während unseres Beisammensitzens mit Frau Eichholzer tuckerte ein Boot auf dem Tappenkarsee, über den allmählich die Abenddämmerung fiel. Diese romantisch anmutende Bootsfahrt war jedoch bloß ein Zwölftel jenes Transportweges, von dem wir bald zusätzlich erfahren haben: Jeder Gegenstand, der von Kleinarl auf die Tappenkarseehütte gebracht werden soll, muß ein Dutzendmal überhoben werden.

Unser Gespräch streifte nicht nur den arbeitsreichen Hüttentag. So nebenbei erzählte die Hüttenwirtin, daß sie im Jahre 1972 hier oben eingeschneit war. Angst kenne sie im allgemeinen keine — außer vor Feuer.

Solche Sorgen hat Frau Eichholzer vor allem dann, wenn wieder einmal Handwerker im Hause sind, und das wird noch öfter der Fall sein. Denn die in den Jahren 1953/54 erbaute Tappenkarseehütte wird in nächster Zeit neue Schlafräume bekommen und hoffentlich auch schöne Decken fürs Lager erhalten.

Auf den Weißgrubenkopf:

Aus dem Kleinarltal: Vom Jägersee (1097 m) 4 km lange Zufahrt bis zur Schwabalm (1192 m); zur Tappenkarseehütte (1820 m) 2 Stunden; auf den Weißgrubenkopf weitere 2 Stunden; insgesamt 4 Stunden.

Aus dem Riedingtal: Von der Franz-Fischer-Hütte (2001 m) über den Ilgsee und durch die Weißgrubenscharte 2—2½ Stunden.

Glingspitze (2433 m), Schiereck (2366 m) und Gurenstein (2220 m)

Wie ein kleines grünes Horn zeigt sich im Süden der Tappenkarseehütte die Glingspitze. Auch sie erstiegen wir im Zuge der Tappenkar-Promenade. Wir führen die Glingspitze deshalb noch im besonderen an, weil das Tappenkar vor allem bei Schitourengehern seine zahlreichen Bewunderer hat.

Die Zugänge sind im Winter jedoch entsprechend lang und beginnen oft schon weit draußen, zum Beispiel beim Jägersee. Doch hier in der Karlandschaft, in der Umgebung von Riffel, Wurmkogel, Schiereck und Gurenstein liegen die prächtigsten Schihänge einander gegenüber.

Am leichtesten ist aus dem Tappenkar der genau im Westen der Hütte aufragende Gurenstein zu erreichen. Bei ihm werden vor allem die zur Karteisalm hinunterführenden Westhänge geschätzt. Damit sei festgehalten, daß das Tappenkar-Schitourengebiet sowohl aus dem Großarltal nahe Hüttschlag wie aus dem Kleinarltal beim Jägersee seine klassischen Zugänge hat.

Ins Tappenkar:

Aus dem Kleinarltal: Vom Jägersee (1097 m), wenn möglich sogar erst von der Schwabalm (1192 m) am Sommerweg ins Tappenkar und weiter auf die Glingspitze 5½ bzw. 4½ Stunden.

Übergang von der Glingspitze zu Wurmkogel (2155 m) und weiter auf das Schiereck 1½ Stunden.

Von der Tappenkarseehütte auf den Gurenstein 1 Stunde, auf die Glingspitze wie aufs Schiereck jeweils 2 Stunden.

Aus dem Großarltal: Zufahrt über Hüttschlag bis Karteis (1013 m). Aufstieg durch den Karteisgraben und die Hintere Sailsitzalm auf die Karteisalm und ins Karteistörl (2149 m). Dahinter Abfahrt ins Tappenkar und aus diesem auf die Glingspitze 5 Stunden; auf den Gurenstein ebenfalls vom Karteistörl $^1/_2$ Stunde.

Tappenkar-Promenade

Ein Wettersturz hat auch seine wahrhaft schönen Seiten. Im nachhinein. Der Himmel ist so klar, die Fernsicht so weitreichend und die Struktur der Berglandschaft so deutlich wie selten.

Es war der 5. September 1986, der Geburtstag meines Bruders Herbert, an den wir hier dachten, als Luise und ich zu unserer Rundtour um das Tappenkar aufgebrochen waren. In einem unwirklichen Blau spannte sich der Himmel über das tiefgrüne Tappenkar, aus dem sich allmählich der Schatten des Weißgrubenkopfes zurückzog. Bei der Tappenkarseealm stieg Rauch aus der stattlichen Hütte auf und berührte die ersten Sonnenstrahlen, so daß sich für noch kurze Zeit ein stimmungsvolles Schwarz-Weiß-Motiv zeigte.

Aus dem Draugsteintörl ließ sich sogar die Glocknergruppe überblicken. Mit jedem Schritt, den wir nun auf unserem Höhenweg gegen Süden setzten, erschien uns dieser Tag schöner. Karteiskopf, Gurenstein, Karteistörl, Kreuzeck, Glettentörl, Riffel und schließlich die Glingspitze liegen in jenem Kamm, der das Tappenkar an der Westseite begrenzt.

Mit dem Fernglas holten wir uns die frisch verschneiten Gipfel der Ankogelgruppe ebenso nahe heran wie die Berge der Hafnergruppe. Zum Greifen nahe waren Jägerspitze, Nebelkareck und Mureck, womit beim Murtörl die Schnittstelle der Niederen und Hohen Tauern erfaßt war. Sogar das erst wenige Wochen zuvor eröffnete „Albert-Biwak", jene kleine, nahe der Schmalzscharte stehende Holzhütte, konnten wir bei unserer Fernsicht von der Glingspitze ausnehmen.

Weil uns der Höhenweg bisher so gut gefallen hat, wollen wir die Runde dieses Tages „Tappenkar-Promenade" nennen.

Bei unserem Abstieg von der Glingspitze hielten wir uns entlang den weiten Almböden, die zum Wurmkogel hinüberführen. Dort gönnten wir uns eine Stunde, um in einer paradiesisch anmutenden Umgebung innezuhalten; das Wollgras wiegte seine Köpfchen; ein wie der Himmel tiefblaues Meerauge trug kleine Wellen.

Im Haselloch, dem Übergang zwischen Tappenkarseehütte und der Königalm im

Hinterriedingtal, kam eine Handvoll Gäste vorbei. Das war die einzige Begegnung auf unserer Promenade, die, wie ein großes Hufeisen geformt, uns zum Schiereck aufsteigen ließ, von dem wir am Höhenweg allmählich zur Weißgrubenscharte hinübergingen.

Wir überblickten die weiten Karlandschaften, in denen der Hoislsee und Ilgsee liegen; weiter gegen Nordosten Zaunerkar, Gruber- und Moserkar und darüber die Gipfel wie Mosermandl, Windischkopf und Faulkogel.

Nach dem Abstieg vom Weißgrubenkopf blieben wir noch so lange unterhalb der Scharte sitzen, bis aus dem Tappenkar die Schatten heraufgestiegen waren.

Tappenkar-Promenade:

Rundweg von der Tappenkarseehütte über Tappenkarseealm ins Draugsteintörl. Von hier dem Kamm nach auf die Glingspitze und Übergang durchs Haselloch auf den Weißgrubenkopf. Aus der Weißgrubenscharte Abstieg zur Tappenkarseehütte. 6—7 Stunden.

Nebeleck (2159 m) und Gründegg (2168 m)

Als wir das Großarltal kennenlernten, waren unsere Kinder vier und sechs Jahre alt. Ihre Begeisterung hatte vor allem jenem Bauernhof im Hüttschlag gegolten, auf dem wir über Neujahr wohnten.

So waren wir in der Neujahrswoche 1974 von Großarl durch das Ellmautal hereingefahren und vom Grundlehen zur Draugsteinhütte aufgestiegen. Der Draugstein blieb an diesem Tag freilich unbestiegen, weil wir aus dem Quellgebiet des Filzmoosbaches gleich zum Nebeleck die Spuren legten.

Von ihm ist der Weiterweg zum Gründegg nicht zu verfehlen. Stets dem Rücken nach, werden noch das Herrenköpfl und schließlich das Roßfeldeck überschritten, das nur durch eine kurze Senke vom Gründegg getrennt ist. Die Abfahrt durch die Südhänge führte uns zur Weißalm heran, deren Hütten wie Postkartenmotive aussahen:

Eine tief verschneite Landschaft...

Wenn wir hin und wieder an die Urlaubstage in Hüttschlag denken, dann vor allem auch wegen dieser Rundtour beim Draugstein zum Gründegg.

Auf das Gründegg:

Aus dem Großarltal: Zufahrt durchs Ellmautal bis zum Grundlehen (1330 m); kürzester Aufstieg über die Weißalm 2 Stunden.

Als Rundtour: Vom Grundlehen zur Draugsteinhütte (nicht mehr zugänglich) und über das Nebeleck und Roßfeldeck 4—5 Stunden.

Aus dem Kleinarltal: Von Kleinarl (1008 m) über die Kleinarlerhütte (1754 m) 3½ Stunden.

Draugstein (2356 m)

Allein seiner Form wegen ist der Draugstein nicht zu übersehen; vor allem aber nicht wegen seiner Größe. Er liegt im Dreieck von Tappenkar, Hüttschlag und Jägersee.

Alle Zugänge führen in den Filzmoossattel, von dem aus der Draugstein am leichtesten erreichbar ist. Denn die Süd- und die Nordseite zeigen ihn als einen schroffen Berg.

Mit seiner eher abweisenden Bergform mag er für Sagen ein passender Hintergrund sein, wie zum Beispiel für die Sage vom „Rester", die sich die Bewohner von Großarl erhalten haben.

Auf den Draugstein:

Aus dem Großarltal: Von Großarl Zufahrt durchs Ellmautal bis zum Grundlehen (1330 m). Aufstieg über Draugsteinhütte und Filzmoossattel 2½ Stunden.

Von Karteis bei Hüttschlag (1013 m) zur Hinteren Sailsitzalm, durch den Karteisgraben zur Draugsteinalm und über den Filzmoossattel 4 Stunden.

Aus dem Kleinarltal: Vom Jägersee bzw. von der Schwabalm (1097 m bzw. 1192 m) über die Tappenkarseealm und das Draugsteintörl, mit Übergang zum Filzmoossattel und aus diesem auf den Gipfel 4—5 Stunden.

Von der Tappenkarseehütte über Draugsteintörl und Filzmoossattel 2½ bis 3 Stunden.

Weißeck (2711 m)

Am besten ist uns das Weißeck in Erinnerung, als wir mit einer Kindergruppe im Mur-Ursprungsgebiet eine Juli-Ferienwoche verbrachten. Es waren unbeschwerte Tage. Der Bergsommer hielt Einzug, ließ Hunderte Bächlein an die junge Mur heranfließen. Rundum lagen große Schneefelder; wie aus einem Gletschertor sprudelte die Mur bei ihrem Ursprung ans Tageslicht.

Wenn wir auch den ganzen Tag über von der Sonne begleitet waren, so wurden die Schuhe während der ganzen Woche dennoch nicht mehr trocken. Sogar auf unserem Weg hinauf zur Riedingscharte war aller Boden erst kurze Zeit ohne Schnee. Ein breites glitzerndes Band, das der Wind in Form einer gewaltigen Wächte am Anstiegsweg zum Weißeck während des Winters geformt hatte, erinnerte an dieser Stelle an einen Gletscherberg.

Als höchster Berg der Radstädter Tauern hat das Weißeck ausreichend Besucher, überwiegend Sommergäste. Doch das Weißeck hat dank seiner Steilabfahrten in die Rieding noch einen harten Kern von Winterbergsteigern.

Auf das Weißeck:

Aus dem Murtal: Von Rotgülden beschränkte Zufahrt durch den Schmalzgraben zur Sticklerhütte (1752 m); von hier über Riedingscharte 2½—3 Stunden.

Aus dem Riedingtal: Von der Königalm (1680 m) und Zauneralm (1733 m) über Riedingscharte 3 Stunden.

Für Winterbergsteiger: Aus dem Riedingtal, von der Schliereralm (1495 m) durch das Ödenkar 4 Stunden.

Das Albert-Biwak in der Schmalzscharte

Der Mur-Ursprung liegt inmitten der Schmalzgrube, wie das große Kar heißt. Es liegt zwischen Frauennock, Marchkareck und Mureck und ermöglicht den Zugang in die Hohen Tauern.

Der Zentralalpen-Weitwanderweg 02, der vom Murtörl herunterkommt sowie in einer Variante über die Sticklerhütte heranführt, zeigt sich in der Schmalzgrube als eine gut begehbare Trasse. Sie führt hinauf in die Schmalzscharte (2444 m). Wer dieses Teilstück des Zentralalpenweges von der Tappenkarseehütte zur Osnabrückerhütte vor sich hat, sollte wissen, daß seit dem 16. August 1986 nahe der Schmalzscharte eine solid gezimmerte Unterstandshütte steht.

Die Feldmesse für diese Hüttenweihe wurde direkt in der Schmalzscharte gefeiert. Ein buntes Völkchen war heraufgekommen, vor allem Gäste aus dem Lungau.

Im Mittelpunkt dieses Festtages stand das Ehepaar Anne und Albert Knoop aus Holland. Dank ihrer namhaften Spende konnte dieser schon seit langer Zeit beabsichtigte Bau einer Unterstandshütte im Bereich der Schmalzscharte verwirklicht werden. Die Anerkennung für diese großzügige Spende bleibt im Hüttennamen dokumentiert.

Wenn dieses Albert-Biwak auf der Schmalzscharte als letzter Beitrag in diesem Erlebnisteil aufscheint, dann deshalb, weil wir es im besten Sinne als eine Brücke sehen im Übergang von den Niederen zu den Hohen Tauern.

Zum Albert-Biwak:

Aus dem Murtal: Von der Sticklerhütte (1752 m) über Mur-Ursprung und Schmalzgrube $2^1/_2$ Stunden.

Aus dem Kleinarltal: Von der Tappenkarseehütte (1820 m) über Wasserfallscharte, Nebelkarscharte und Murtörl 4 Stunden.

Aus dem Großarltal: Von Hüttschlag Zufahrt bis Stockham (1045 m); Aufstieg über Kree-Alm durchs Kree-Kar auf das Murtörl und durch die Schmalzgrube 5 Stunden.

Stützpunkte

Das besterschlossene Gebiet ist jenes von Obertauern, also das Gebiet auf der Paßhöhe. Alle Häuser dienen für Touren in den westlichen Teil der Schladminger Tauern wie für den östlichen Teil der Radstädter Tauern.

Darüber hinaus sind die Radstädter Tauern mit einer Reihe gut geführter Schutzhütten versehen, wie sie auch in Zusammenhang mit dem Tauern-Höhenweg erforderlich sind.

Akademikerhütte (1569 m) über dem Zauchensee. Anfang Dezember bis Ende April, in der übrigen Zeit Selbstversorgerhütte. A-5541 Altenmarkt im Pongau. Zugang vom Zauchensee $^1/_2$ Stunde. Übergang zur Oberzauchenseealm $^1/_2$ Stunde.

Gipfel: Gamskögerl 2 Stunden, Tagweideck 2 Stunden, Schwarzkogel $2^1/_4$ Stunden, Steinfeldspitze 3 Stunden.

DAV-Haus Obertauern (1738 m) auf der Tauern-Paßhöhe. Mitte Dezember bis Ende April. A-5562 Obertauern; Tel. 06 4 56/307. Übergang zum Seekarhaus $^1/_2$ Stunde, Wildsee — Südwienerhütte 3 Stunden, Felseralm — Südwienerhütte $1^1/_2$—2 Stunden.

Gipfel: Gr. Kesselspitze und Gamsleitenspitze jeweils $1^1/_2$ Stunden, Seekarspitze und Seekareck jeweils 2 Stunden.

Dr.-Theodor-Körner-Haus mit Taurachhütte siehe Seite 217.

Filzmoosalm (1714 m) über dem Großarltal. Mitte Juni bis Ende September. A-5611 Großarl. Zufahrt von Großarl durch das Ellmautal bis zum Grundlehen. Zugang vom Grundlehen 1 Stunde.

Gipfel: Nebeleck $1^1/_2$ Stunden.

Franz-Fischer-Hütte (2001 m) am Zaunersee. Anfang Juli bis Ende September. Winterraum. A-5584 Zederhaus. Zugang aus dem Riedingtal von der Unteren Eßlalm $1^1/_4$ Stunden. Übergang zur Jakoberalm — Schliereralm $2^1/_2$ Stunden, Taferlscharte — Südwienerhütte 6—7 Stunden, Weißgrubenscharte — Tappenkarseehütte $2^1/_2$ Stunden.

Gipfel: Mosermandl $2^1/_2$ Stunden, Faulkogel 4 Stunden, Stierkarkopf 1 Stunde.

Jägersee (1105 m), Gasthof. Anfang Mai bis Ende Oktober und Mitte Dezember bis Ostern. A-5602 Wagrain; Tel. 06 4 18/300.

Übergang zur Tappenkarseehütte 3 Stunden.

Jakoberalm (1846 m) über dem Riedingtal. Anfang Juli bis Ende September. A-5584 Zederhaus. Zugang von der Schliereralm 1 Stunde. Übergang zur Franz-Fischer-Hütte 2 Stunden, Taferlscharte — Südwienerhütte 4½—5 Stunden.
Gipfel: Mosermandl 2 Stunden.

Kleinarlerhütte (1754 m). Ganzjährig. A-5602 Wagrain, Kleinarl. Zugang aus dem Kleinarltal von Mitterkleinarl 2½ Stunden. Übergang zur Draugsteinhütte 3 Stunden, zur Tappenkarseehütte 5½ Stunden.
Gipfel: Thörlstein ½ Stunde, Kitzstein 2 Stunden, Gründegg 1½ Stunden.

Schliereralm (1495 m) im Riedingtal. Anfang Mai bis Ende Oktober. A-5584 Zederhaus; Tel. 06478/343. Zufahrt bis zum Haus, Postauto-Haltestelle. Übergang zur Jakoberalm 1 Stunde, Franz-Fischer-Hütte 2 Stunden.
Gipfel: Mosermandl 3 Stunden.

Seekarhaus siehe Seite 221.

Speiereckhütte (2066 m). Ganzjährig. A-5570 Mauterndorf. Zugang von Mauterndorf 2½ Stunden, von St. Michael im Lungau 3¼ Stunden.
Gipfel: Speiereck, über Kl. Lanschütz oder Trogalm jeweils 1½ Stunden, Schareck 2½ Stunden, Lapernigspitze 3 Stunden.

Steinkarhütte (1700 m), Almwirtschaft, am Fuße der Ennskraxen. Mitte Juni bis Ende September. A-5602 Kleinarl. Zugang von Kleinarl 2 Stunden.
Gipfel: Ennskraxen 2½ Stunden, Übergang zum Kraxenkogel weitere 20 Minuten.

Sticklerhütte (1752 m) nahe Mur-Ursprung. Mitte Juni bis Ende September. A-5583 Muhr; Tel. 06479/349. Zugang von Rotgülden (Postauto-Haltestelle) 2½ Stunden. Übergang zum Albert-Biwak 2½ Stunden, zum Mur-Ursprung 1 Stunde, Tappenkarseehütte über Murtörl — Nebelkarscharte 4½ Stunden, Franz-Fischer-Hütte über Riedingscharte 5½ Stunden.
Gipfel: Weißeck 2½ Stunden, Weinschnabel 4 Stunden.

Südwienerhütte (1802 m), auf der Oberen Pleißlingalm. Mitte Juni bis Ende September. Winterraum. A-5561 Untertauern. Zugang aus dem Taurachtal von der Gnadenbrücke (Bushaltestelle) 2 Stunden, von der Hintergnadenalm 1½ Stunden, von Obertauern 2 Stunden. Übergang zur Franz-Fischer-Hütte 6—7 Stunden, Radstädter-Tauern-Paß über Wildsee 3 Stunden.

Gipfel: Kl. und Gr. Pleißlingkeil $2^1/_4$ bzw. $2^1/_2$ Stunden, Glöcknerin $3^1/_2$ Stunden, Hengst 1 Stunde, Spirtzinger $^3/_4$ Stunden.

Tappenkarseehütte (1820 m). Mitte Juni bis Mitte Oktober. Winterraum. A-5602 Wagrain, Kleinarl; Tel. 06418/308. Zugang aus dem Kleinarltal vom Jägersee 3 Stunden, von der Schwabalm 2 Stunden. Übergang zur Franz-Fischer-Hütte $2^1/_2$ Stunden, zur Königalm im Riedingtal über Haselloch $2^1/_2$ Stunden, Kleinarlerhütte 6 Stunden.

Gipfel: Weißgrubenkopf 2 Stunden, Glingspitze 2 Stunden, Gurenstein 1 Stunde, Draugstein $2^1/_2$—3 Stunden.

Vindobonahaus (1718 m) am Radstädter-Tauern-Paß. Anfang Dezember bis Ende April. A-5562 Obertauern; Tel. 06456/219. Zugang von Obertauern $^1/_4$ Stunde.

Gipfel: Gamsleitenspitze 2 Stunden, Gr. Kesselspitze 2 Stunden.

Wismeyerhaus siehe Seite 222.

Literatur- und Quellenverzeichnis

Alpenverein — Die Alpenvereinshütten, Rother, 4. Auflage, 1985
Alpenverein — Die Erschließung der Ostalpen, Band III, 1894
Alpenverein — Jahrbücher, Jahrgänge 1890—1895, 1911, 1916, 1918, 1924, 1934, 1937, 1955, 1959, 1961, 1970, 1978
Alpenverein — 90 Jahre OeAV-Sektion Schladming, Festschrift, 1984
Alpenverein — 100 Jahre Alpenverein Lungau, Festschrift der OeAV-Sektion Lungau, 1985
Arbeitskreis für Heimatpflege — Da schau her, Beiträge aus dem Kulturraum Liezen
Auferbauer — Erlebnis Steiermark, Stocker, 1985
Auferbauer — Hüttenführer Steiermark, Stocker, 1983
Auferbauer — Alpenvereins-Skiführer Ostalpen, Band 4, Rother, 1986
Brandner — Steirischer Landesrundwanderweg, Eigenverlag SV Steiermark, 1983
Buchenauer — Bergwandern in der Steiermark, Tyrolia, 2. Auflage, 1976
Buchenauer — Verliebt in die Heimat, Leykam, 1975
Buchenauer — Wandern in der Steiermark, Tyrolia, 2. Auflage, 1976
Buchenauer — Höhenwege der Tauern, Band 1, Bruckmann, 1987
Frischenschlager/Senft — Wanderbare Steiermark, Schroll, 1984
Hödl — Auf Schusters Rappen 1, Styria, 2. Auflage, 1985
Hödl — Auf Schusters Rappen 2, Styria, 1984
Holl — Alpenvereinsführer Niedere Tauern, Rother, 4. Auflage, 1983
Janisch — Lexikon von Steiermark, Verlag für Sammler, 1980
Katschner — Erlebnis Lungau, Stocker, 1984
Ladenbauer — Skitouren von der Triebentalhütte, Eigenverlag Akademische Sektion Graz, 1978
Lochner von Hüttenbach — Grazer Linguistische Monographien — Bergnamen in der Steiermark, Institut für Sprachwissenschaft der Uni Graz, 1985
Peterka — Zentralalpenweg 02, OeAV-Sektion Wiener Lehrer, 2. Auflage, 1983
Preintaler — 100 Jahre Alpine Gesellschaft Preintaler, Festschrift, 1985
Prevedel — Schibergsteigen in der Steiermark, Styria, 1985
Rabeder — Radstädter Tauern, OLV, 1984
Rabeder — Skiführer Rottenmanner und Wölzer Tauern, OLV, 1979
Rabeder — Skiführer Schladminger Tauern, OLV, 1982
Senft/Katschner — Erlebnis Dachstein-Tauern, Stocker, 1981
Stadtgem. Schladming — Festschrift zur 50. Wiederkehr der zweiten Stadterhebung, 1975
Steiermärkische Landesregierung — Auf dem Weg zum Nationalpark Niedere Tauern, Konzept der RA 6 — Naturschutz, 1986
Wakonigg — Witterung und Klima in der Steiermark, Verlag für die Technische Universität Graz, 1978
Wödl — Führer durch die Schladminger Tauern, Artaria, 1924
Wurst/Rachoy/Kossina — Salzsteig-Weitwanderweg 09, Styria, 1983
Wurst/Rachoy Steffan — Eisenwurzen-Weitwanderweg 08, Styria, 1980

Stichwortverzeichnis

(B) = Bild, Bildtext
(S) = Skizze
(St) = Stützpunkte